# 世界の街角から東京を考える

青山佾
Aoyama Yasushi

藤原書店

# はじめに

都庁に勤務していたころ、正月休みや夏休みには、ロンドンやニューヨークに行くのが常だった。東京都政の仕事をしていると、都市計画、交通、住宅、福祉、教育など様々な分野についてロンドンやニューヨークではどうしているのかを知りたくなるのである。

都庁を退職して自由業になってからは毎月のようにヨーロッパ、アメリカ、アジアの都市を訪ねるようになった。現地の市役所や日系法人の事務所にお邪魔して現地事情を調べたりしていたが、徐々に知り合いが増えて、先方からも東京の事情を聞かれることが多くなり、それに応えるため英文論文を作成するようになった。

二〇〇四年には「ロンドンプラン」の翻訳をし、二〇〇八年にはニューヨークのコロンビア大学に客員として登録され、両都市とは長い付き合いとなっている。経済の高度成長を終え成熟した大都市は、東京の政策を考えるうえで大いに参考になる。どの都市も、数か月のインターバルを経て訪ねると必ず違った顔を見せる。進化もしている。努力もしている。

日本での仕事の合間に行くから、基本的には一人旅となる。見当をつけてメールを出すとたいていの人と会うことができる。公園のベンチやレストランのテーブルで思わぬ人との出会いや交流が始まることもある。そこから感じ取るものも多い。夏休みには必ず、明治大学公共政策大学院の修了生たちと旅をする。同じものを見ても違った視点や感じ方を彼らから学ぶことが多い。

都市は人間によって成り立っている。街並みから学ぶことも多いがそのまちに住む人たちから学ぶことはもっと多い。知識の交流もさることながら感性の交流から多くの収穫がある。知を磨くのに書物は不可欠だが、都市を知るには現地踏査を欠くことはできない。都市は生き物だから行くたびに違った顔を見せる。海外諸都市の息吹に触れることによる閃きやヒントは、時間と体力そして経費の消耗を超越する喜びを感じさせる。

本書は世界の都市と比較しながら東京の歴史と将来を考え続けた記録である。東京を軸とした都市比較論である。海外に行くたび感じたこと思ったことを記録し、月刊誌『都政研究』に連載した。ほとんどの原稿が機内で書かれている。欧米と往来する飛行機のエコノミー席ほど恵まれた執筆環境はない。暗いし長時間ベルトで縛られ座っているからパソコンに向かう以外ないのである。邪魔が入らず思考を深める至福のひとときでもある。

本書は連載を大幅に加筆修正して一冊の本にまとめた。長期間にわたって誌面を貸して頂いた大塚英雄・都政研究社社長と担当の高和直徳氏、これを本にする声をかけて頂いた藤原書店の藤原良雄社長と担当の刈屋琢氏に心からの謝意を表したい。合わせて、調査にご協力頂いた国内外の多くの人たちや神風旅行に同行してくれた人々に感謝したい。

二〇一四年九月

青山佾

# 世界の街角から東京を考える　目次

はじめに　I

# 第I部　アメリカ

## 第II部　ヨーロッパ

## 第Ⅲ部　アジア

# 世界の街角から東京を考える

# 第Ⅰ部　アメリカ

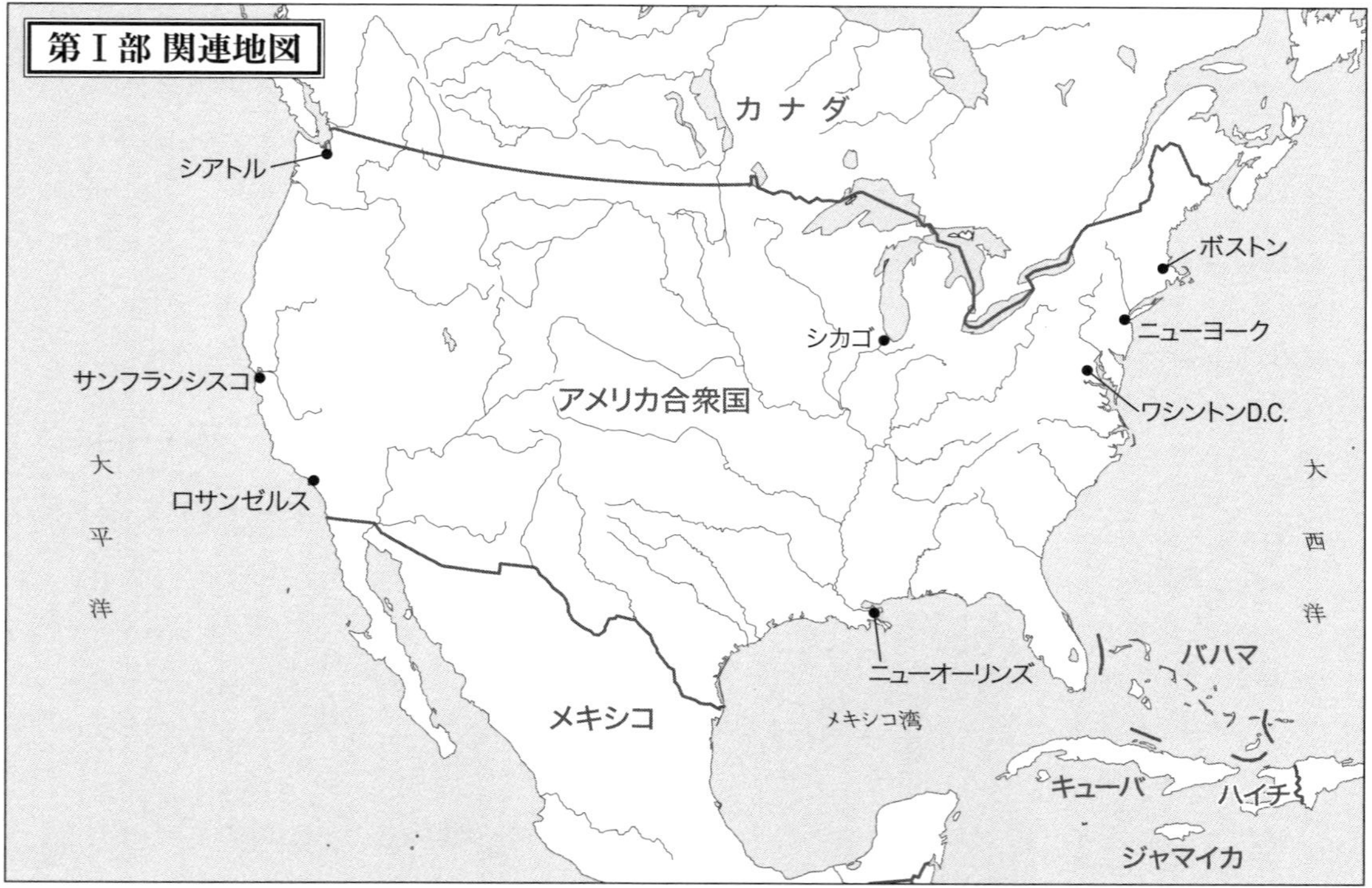
第Ⅰ部 関連地図
カナダ
シアトル
サンフランシスコ
ロサンゼルス
アメリカ合衆国
シカゴ
ボストン
ニューヨーク
ワシントンD.C.
ニューオーリンズ
メキシコ
メキシコ湾
バハマ
キューバ
ハイチ
ジャマイカ
大平洋
大西洋

# ニューヨーク・タイムズ・スクウェア

## ホテルと劇場が集積する世界一の繁華街

ここを歩くと、ニューヨークに来た実感がわく。タイムズ・スクウェアは二十四時間三六五日、賑わっている。人通りが途絶えることがない。デリ、食品スーパー、みやげ物店など、終夜営業の店も多い。タイムズ・スクウェアはニューヨークの繁栄の象徴である。二十四時間賑わっている点は東京の歌舞伎町に似ているが、オフィスとホテルと劇場の集積こそタイムズ・スクウェアが世界一の繁華街である理由だ。

### 人が集まればまちは栄える

ニューヨークというと人は普通、マンハッタン島を思い浮かべる。南北に細長いこの島にアメリカ人は、かなり早い時期にきちんと格子状の道路をつくった。だが一本だけ、西北から東南に向かって斜めに貫く道がある。それがブロードウェイだ。昔オランダ人がつくった道といわれる。このブロードウェイが七番街と交差してできた細長い三角形の広場がタイムズ・スクウェアだ。細長いので最初はロングエーカー・スクウェアと呼ばれた。南北方向でブロードウェイや七番街、あるいは四二、四三、四四、四五、四六、四七丁目通りのいずれを歩いてきても、タイムズ・スクウェアに至る。この斜めの道を残したおかげで、タイムズ・スクウェアは自然に人が集まるところになった。

ブロードウェイの劇場街というのは、このタイムズ・スクウェア一帯のことだと思えばいい。ニューヨークに一流のミュージカルやジャズが育ったのは、マンハッタンに夜間人口が多く、彼らがふだんから目や耳が肥えていて、厳しい目でミュージカルやジャズを育てたからだ。ブロードウェイの繁栄は最初からあったわけではない。住む人たちが楽しむところから発展した。

一九〇四年、ニューヨーク・タイムズの本社がここに移ってきたので、タイムズ・スクウェアと呼ばれるようになった。それまでこの一帯は犯罪の巣になっていて、地元の人たちは改善の努力をしていたが、ニューヨーク・タイムズ本社ビルのオープンを機に環境浄化に勢いがつくと期待した。実際、このころからタイムズ・スクウェアは映画の撮影場所として使用されるようになり、上映のための映画館や劇場も増加し、今日のブロードウェイの原型ができた。

この年の大晦日、タイムズ・スクウェアへの改名式が賑やかに行なわれ、以来、毎年末の大晦日のカウントダウンがここで盛大に行なわれるようになった。これに参加しようとして数十万人が集まる。危険なのでカウントダウンの一時間くらい前には周辺道路が歩道も含めて閉鎖されて、後から来た人はタイムズ・スクウェアには入れない。それでも群衆は氷点下の冷たい風の下、遥かかなたの路上からタイムズ・スクウェアのカウントダウンを待ち、注視し、新年を祝おうとする。

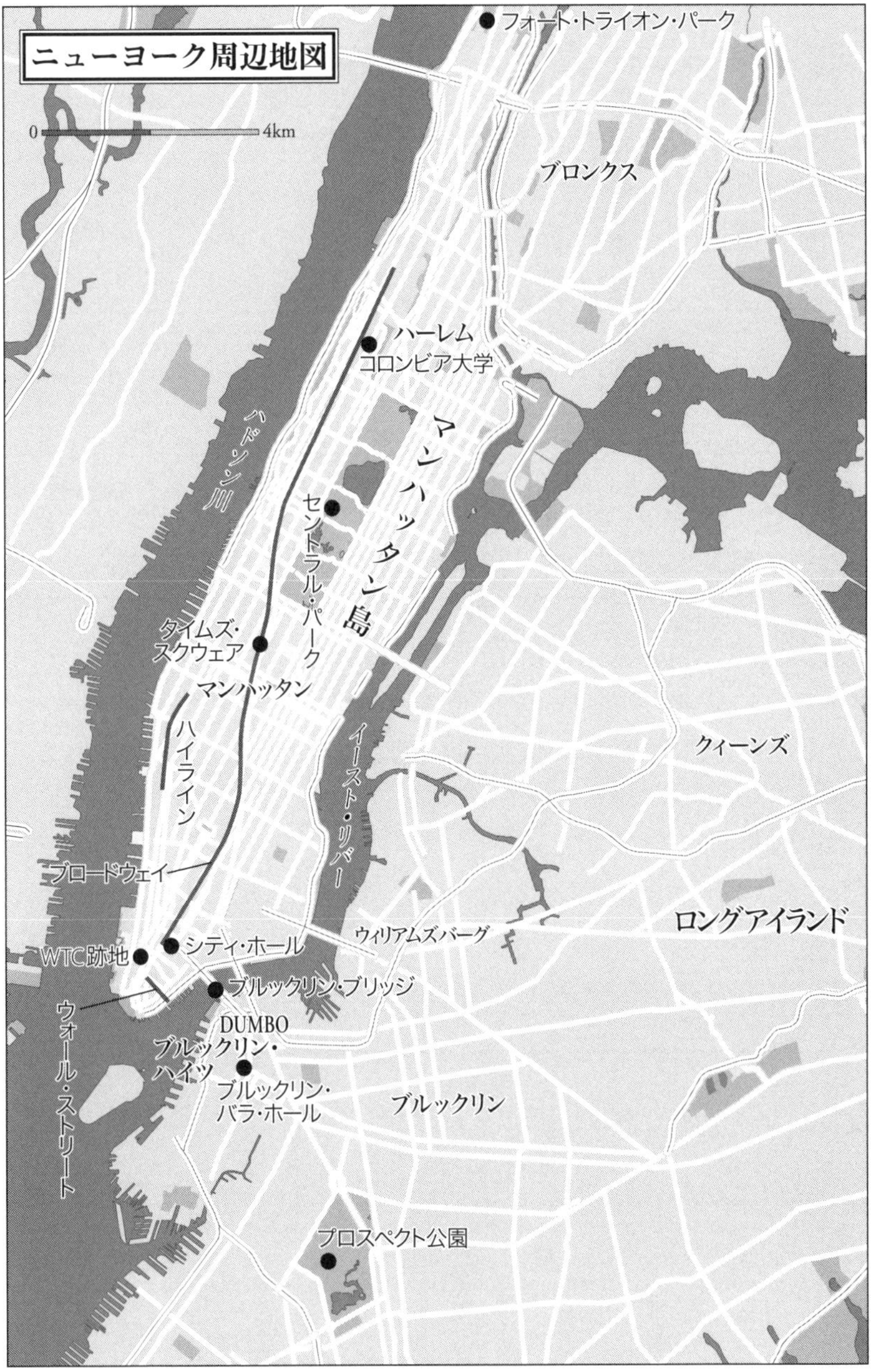
ニューヨーク周辺地図
0
4km
フォート・トライオン・パーク
ブロンクス
ハーレム
コロンビア大学
マンハッタン島
ハドソン川
セントラル・パーク
タイムズ・スクウェア
マンハッタン
ハイライン
イースト・リバー
クィーンズ
ブロードウェイ
ロングアイランド
ウィリアムズバーグ
シティ・ホール
WTC跡地
ブルックリン・ブリッジ
ウォール・ストリート
DUMBO
ブルックリン・ハイツ
ブルックリン・バラ・ホール
ブルックリン
プロスペクト公園

当時のニューヨークは新聞の黄金時代だった。まず、ニューヨーク・ヘラルド紙が、海外特派員による最新ニュース、株式市場、上流社会、スポーツ、宗教、天気予報、婦人欄など今日の総合新聞の原型をつくった。記者にブロードウェイの劇場を取材させ、最先端の大衆文化を報道した。次にピューリッツァーがニューヨーク・ワールド紙を買収して悲惨な生活環境、貧しい学校、質の悪い水などを告発した。さらにハーストがモーニング・ジャーナル紙を買収して新聞に漫画や劇画を加えた。ピューリッツァーもハーストもフリーランスのライターを活用してニュースを競った。そこに割り込んだのが一八九六年にニューヨーク・タイムズを買収したオックスである。オックスは地元ニューヨークの記事に力を入れ、書評など文化欄に紙面を割いた。

古今東西を通じて、人が集まればまちは栄える。しかし、栄え方が問題だ。三〇年ほど前にタイムズ・スクウェアにはポルノショップの類が集中して、再び犯罪が増加した時期があった。私自身、「タイムズ・スクウェアは危険だから近づかないほうがいいよ」と忠告されたこともある。

## 二度の衰退を乗り越え繁栄

しかし、タイムズ・スクウェアの人たちが努力して治安を回復し、今日の繁栄を獲得した。市と州も一体となって再開発を応援した。タイムズ・スクウェアは、いつ行っても何かイベントをやっている。道路の真ん中に特設スタンドをつくって、イベント会場にしている。特設スタンドの下は劇場のチケット売場になっていて、氷点下でも炎天下でも行列ができている。

タイムズ・スクウェアのカウントダウン

タイムズ・スクウェアの赤い階段上から見たチケット売り場の列

七番街や六番街の広い道路も、たびたびイベントのために封鎖される。東京と違って道路の立体交差がほとんどなく、朝夕の渋滞は東京よりずっとひどいニューヨークだが、それでもイベント優先で、道路が封鎖される。マラソンも年に何度かある。各種のお祭りもある。屋台がたくさん出て、日本の祭りで売るようなものをたくさん売っていたりして、そのために道路が封鎖される。

とにかくここは繁華街であることがほかの何よりも最優先だ。だからオフィスビルであっても派手なネオンを設置することが義務づけられている。二〇一二年のオリンピックにニューヨーク市が立候補し、ブルームバーグ市長がタイムズ・スクウェアの西寄り、ハドソン川沿いにスタジアムをつくる提案をしたとき、ニューヨーク市議会はこの提案を否決した。

否決の理由は、公式には交通渋滞がひどくなるということだったが、一説には、タイムズ・スクウェアの人たちがマンハッタンに繁華街はひとつでいいと言って、ロビー活動を展開したのが功を奏したのだという。タイムズ・スクウェアの人たちは努力している。私のホームレス支援活動仲間のロザンヌ・ハガティ氏はタイムズ・スクウェアのＢＩＤ協議会（ビジネス地域運営協議会・市役所を通じて税を徴収することもできる）の役員をしていたが、いつもまちが発展するためのアイデアを考えている。

いま、タイムズ・スクウェアを訪れる人は毎年二六〇〇万人を超えるという。このまちの繁栄をみるたび、東京でも歌舞伎町にオフィスとホテルと劇場を加えたいと思う。日本でも歌舞伎町にはまちの人たちの努力があり、大衆の支持があるから、きっとさらに栄えるに違いない。それが東京の繁栄にもつながる。

# ニューヨーク南端
## ワールド・トレード・センター周辺のまち

オランダに雇われたイギリス人ヘンリー・ハドソンがマンハッタン島南端に毛皮などの交易拠点をつくったのは一六〇九年で、このときからアメリカ人にとってのニューヨークの歴史が始まる。彼らは原住民を追い出し、まちの名をニュー・アムステルダムとした。ハドソンの名前はマンハッタン島の西側を流れるハドソン川として現代に残った。

オランダ人たちはマンハッタン島の北側から攻めてくる外敵から拠点を守るため、壁すなわちウォールを築いた。その壁のあったところが今日のウォール・ストリートである。東西わずか一km足らずだが、ここが今日でも世界の金融取引の中心となっている。

### アメリカの歴史を体現するウォール・ストリート

ウォール・ストリートが世界金融の中心を意味する言葉となった象徴的な建物が、古代神殿のようなデザインのニューヨーク証券取引所である。

昔は見学者用の通路があって取引所内部の様子を見学できたが、テロ対策のため、現在は関係者以外は立ち入ることはできない。入り口にテントを張って、出入りする人を厳重にチェックしている。自爆テロの車を防止するための装置も設置されている。

ニューヨーク証券取引所の筋向かいにある、何本もの円柱と大きな階段をもつ建物が、一七八九年にジョージ・ワシントンが大統領就任式を行なったフェデラル・ホール・ナショナル・メモリアルである。現在は独立当時の歴史資料等を展示する博物館になっている。道路上には、ウォール・ストリートという道路名の由来が書かれている。

ニューヨーク市庁舎（シティ・ホール）はウォール・ストリートより少し北側にある。市域が壁から北へ北へと拡張していった時代に建てられた。

一般にデザイン性に優れているとは言い難いニューヨークのまちの中では異色の、フランス・ルネッサンス調の優雅な建物である。しかしニューヨーク市役所の人たちはこの建物ではなく、周辺のフルトン・ストリートやジョーン・ストリート沿いの大きくて無粋で殺風景なビル群の中で仕事をしている。

この市役所の近くからは、ブルックリン・ブリッジを歩いて渡ることができる。高い橋桁というより塔は、マストが高い船が通れるためのものだが、そのためにこの橋を際立って美しいものにした。しかも人が歩くための通路が車道より高いところを通っているから、歩いていて気分がいいし、景色もよく見える。マンハッタンのビル群を眺めるには最もいいポイントである。一八八三年に完成したわけだから、それ以来一〇〇年以上にわたって、無数の人がこの橋を通った。

## 因縁と悲しみが漂う跡地

ニューヨーク市庁舎の西側にワールド・トレード・センター跡地がある。今は追悼の池も完成し、ビルも立ち上がっているので跡地というのは酷だが、やはり昔のワールド・トレード・センター・ビルの印象が強いので跡地と言ってしまう。

東京都がニューヨーク市との交流を盛んに行ない始めたのは、二〇年以上前のことだ。それ以前は課長級の職員がニューヨーク市役所内にいて、連絡にあたっていたのだが、東京都がニューヨーク、ロンドンと並んだ世界都市を強く意識するようになって、「ニューヨークに自前の事務所を持とう」という機運が生じてきた。実務的には、そうしないとスムーズに仕事ができなくなっていた。

当時、生活文化局の企画、計理、庶務の各課長を歴任していた私にとって、行政改革を標榜していた当時の鈴木俊一知事に対してどうやってニューヨーク事務所の設置を認めてもらうかが実務上の最大課題の一つだった時期がある。

こういう事案は、「ないと不自由だからニューヨーク事務所を設置したい」という演繹法的な持ち上げ方をしても認めてもらえない。もっと切迫した事態にならないとだめだ。そんなとき、当時の富士銀行から「ワールド・トレード・センター・ビルの上層階に適当なスペースの空き室が生じた」という情報がもたらされた。

ワールド・トレード・センタービルは、ニューヨーク・ニュージャージー・ポート・オーソリティの持ち物だ。この話しの前の年だったか、鈴木知事はニューヨーク・ニュージャージー港と東京港の提携行事でニューヨークと関わりを持っていて、いわゆる土地勘がある。「現に最適の空き部屋がある」という帰納法的な論理も功を奏してニューヨーク事務所の設置は円滑に決まった。

ところが一九九三年、ニューヨーク事務所があるワールド・トレード・センター・ビルの地下駐車場で爆破テロがあった。東京は夜中だったが、私はすぐ、東京都ニューヨーク事務所に電話した。しかし、つながらない。ニューヨーク郊外に住む所長の自宅に電話した。奥さんが出たが、本人と連絡がとれないという。このときは肝を冷やした。

所長は、煙が充満するビルを皆と一緒に時間をかけて非常階段を降りてきたということがあとでわかった。このとき、ワールド・トレード・センター・ビルの強度は爆発物に十分耐えられるという評価がされたが、後の九・一一テロのことを考えると、その評価がどうだったのかと疑問をもつ。

その後、私が東京都の副知事になったとき、緊縮財政の象徴として私たちはニューヨーク事務所を廃止した。そのため九・一一のテロによる犠牲は免れたが、日本人ビジネスマンが何人も犠牲になった。ウォール・ストリートとその周辺は今でも世界金融の中心だが、一方、今でも長い歴史を刻み、因縁をかかえ、多くの悲しみが漂っている。

ワールド・トレード・センター追悼の池

ニューヨーク・ウォール・ストリートの証券取引所

## ニューヨークの都市計画と都市構造
### 特区も国や州の干渉を受けずに決定

ニューヨークの都市としての基本構造は、一八一一年にニューヨーク市議会の承認を得て定められたコミッショナー・プラン（コミッショナーは理事で、現代の議会の前身）によって形成された。マンハッタン島のグリニッジ・ヴィレッジ以北の未開発地（当時）に土地の起伏にかかわらずグリッド状の街区を定め、一二本の南北方向のアヴェニューと一五五本のストリートが直交する碁盤目道路構造である。

その後、一八九八年にマンハッタン、ブロンクス、ブルックリン、クィーンズ、スタッテンアイランドという五区がニューヨーク市を形成すると定められた。各区の区長は選挙で選ばれ、区には議会ではないが理事会がある。各区の中はさらに計五九のコミュニティに分かれて、各コミュニティには委員会がある。

## 自動車交通には不便な碁盤目構造を二百年前に決定

一九〇四年にはニューヨーク市地下鉄が開業し、一九三一年には四四九mの高さを誇るエンパイア・ステート・ビルが完成し、ほぼこのころにはスカイスクレーパーズすなわち空を引っかくような超高層ビル群を基本とするニューヨークの基本的な都市構造が決まっていった。

現在のニューヨーク市は面積七八九km²に約八二四万人が住んでいる。人口密度は一km²あたり一万人。マンハッタンだけでは一km²あたり二万七〇〇〇人住んでいる。東京二三区は面積六二二km²に八九四万人住んでいるので人口密度は一km²あたり一万四〇〇〇人となる。

東京二三区の方が全体としては人口密度が高いように見えるが、ニューヨークの場合、マンハッタンだけでは人口密度二万七〇〇〇人とかなり高い。ニューヨークは都心居住が多いと言える。

実数で見るとマンハッタンには一六〇万人住んでいて、東京の場合、マンハッタンとほぼ同じ面積（約六〇km²）の千代田、中央、港、新宿の四区に七三万人しか住んでいない。

ニューヨークの「二十四時間都市」を地下鉄やバスが二十四時間走っている都市と勘違いする人もいるが、ニューヨークでは、たとえば一九六〇年代に「ロウアー・マンハッタンには約五〇万人の就業者がいるが、住宅がないので、夜間も人が住む二十四時間都市にしよう」とニューヨーク州知事とニューヨーク市長が話し合ってバーテリーパーク・シティ構想を策定したように、この場合は「都心に人が住む都市」を二十四時間都市と言う。

ニューヨーク市の特徴は移民が多いということである。現在のニューヨーク市民のうち三〇五万人すなわち三七%が外国生まれである。そのうちドミニカが一一%と最も多く、次いで中国の一〇%、ジャマイカとメキシコの各六%、ガイアナ（南米北東部）五%と続く。

かつてブッシュ大統領が移民制限策を打ち出したとき、当時のブルームバーグ市長が、自身もブッシュと同じ共和党系であるにもかかわらず、「ニューヨークは今後も移民を受け入れる」と宣言してニューヨーク市役所に移民局を新設し、三歳の時にアメリカに渡ってきたドミニカンを移民局長に任命したのもこのような背景がある。

現在の都市計画の仕組みは、州政府はマスタープランをつくるが、これは基本的な方針を定めるのみで、具体的な都市計画は、ニューヨーク市が定める。ニューヨーク州政府は、マスタープランを定めると同時にニューヨーク市に対する都市計画授権法を制定した。これに基づいてニューヨーク市は一九一六年にニューヨーク市ゾーニング条例を定めた。

このゾーニング条例では、幅員一〇〇フィート（三〇m余）のストリートに面するビルの場合、道路に面したビルの壁の高さは一五〇フィート（四五m余）まで垂直で建ててよいこととし、それ以上高い部分については「光と風」を確保するための斜線制限がかけられている。

この結果、計算上、ニューヨーク市内に五千万人の人のためのスペースを確保できるとしている。

この計画を大きく転換したのが一九六一年のゾーニング条例で、キャパシティは一気に一一〇〇万人分にダウンしている。基本思想は公園の中にタワーが立っているというものであり、用途を住居、商業、工業に分類した。

## 国の干渉を受けずにニューヨーク市の権限で特区を決定

さらに一九八〇年代から今日までは、周辺あるいは近接する建物高さとの調和を重視するゾーニングに変更している。その後しばしば改正され、今日では、ゾーニングの設定は、市域のうち道路二一%を除いた敷地面積の六五%を占めている。市内敷地面積のうちゾーニング対象外は、パーキングスペースや緑地等である。

ニューヨークのゾーニングをダウンゾーニングというのは、このようにゾーニングの歴史が、全体としての容量が当初はあまりに過大に設定されたため、徐々に全体のキャパシティは減少させながら、後述する特別の地区では思い切って大きな容積率を認めるという過程を辿っているからである。また、私たちが、ニューヨークの比較的低層の地域を歩いていて、突然、高いビルが一本だけ建っているのを奇異に感じることがあるのは、かつての過大な容積を企図していた時代に高いビルが建ってしまって、その後はその地区はダウンゾーニングしたため一本だけ高いビルが残ってしまったというケースである。

R(住居)がゾーニング地域面積の約七五%占めている。RはまずR-1からR-10まで分けられそれにさらに枝番がつくので、三〇種類以上に分類される。たとえばR-1なら容積率は五〇%、R-10Aなら容積率一〇〇〇%と容積率や建物の高さが決められている。

C(商業)、M(工業)についても同様に、枝番がたくさんついて細分化されて容積率や高さが決められている。Cは八〇種類以上、Mは三〇種類以上に分類される。しかもこれらの地区は互いに重複指定（たとえばR地区だが商店がほしいのでCと重複指定）するなど、オーバーレイすることができる。

さらに特定目的地区が定められていて、これらについてはそれぞれの特定目的地区ごとに種々の都市計画が定められることになっている。

現在、ニューヨーク市の特定目的地区は、ハーレムの一二五丁目通りに沿った二〇〇八年指定の一二五丁目地区（一二五と言われる）など、約六〇種類に及ぶ。

これらに加えてインクルージョナリー・ハウジング・プロジェクトがあって、市内各地で中・低所得者用の住宅プロジェクトを盛んに実施している。老朽化した公営住宅もこれらのプロジェクトによって魅力的な住宅群につくり変えようと努めてはいる。たとえば建物面積の二〇%を「アフォーダブル（安価で手頃な）住宅」として提供すると三三%の容積率が割り増しされる、といった手法である。歴史的建造物の保存については各種の厳しい規制とかなり思い切った恩典がある。

また近年は異常気象によって、二〇一三年十一月のハリケーン・サンディのように大きな被害をもたらす洪水が頻発していて、低地帯の建物については低層階に住むことを禁止したり高床式建築を義務づけたり（洪水レジリエンス・ゾーニング）している。

以上、ニューヨークの都市計画の特徴は、ほとんどニューヨーク市のイニシアティブで決められること（たとえば用途地域の種類や特区について中央政府の干渉を受けることなくニューヨーク市が決める）、したがってかなり柔軟にゾーニングの運用をしていることである。

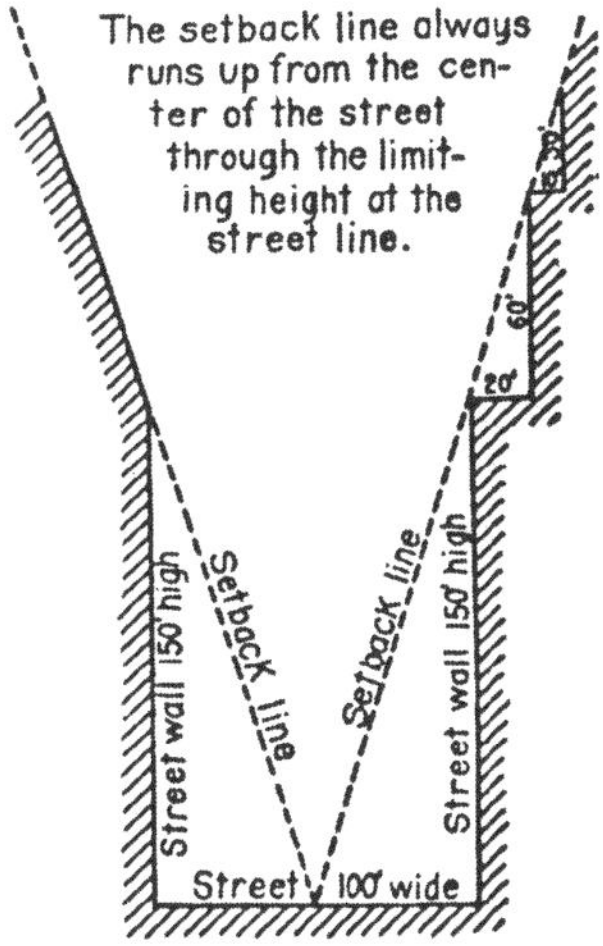


**Figure 3:** **Diagram of setback formula in a 1 1/2 times district.**

1916 年のニューヨーク・ゾーニングによる斜線制限

# Zoning Map 2014

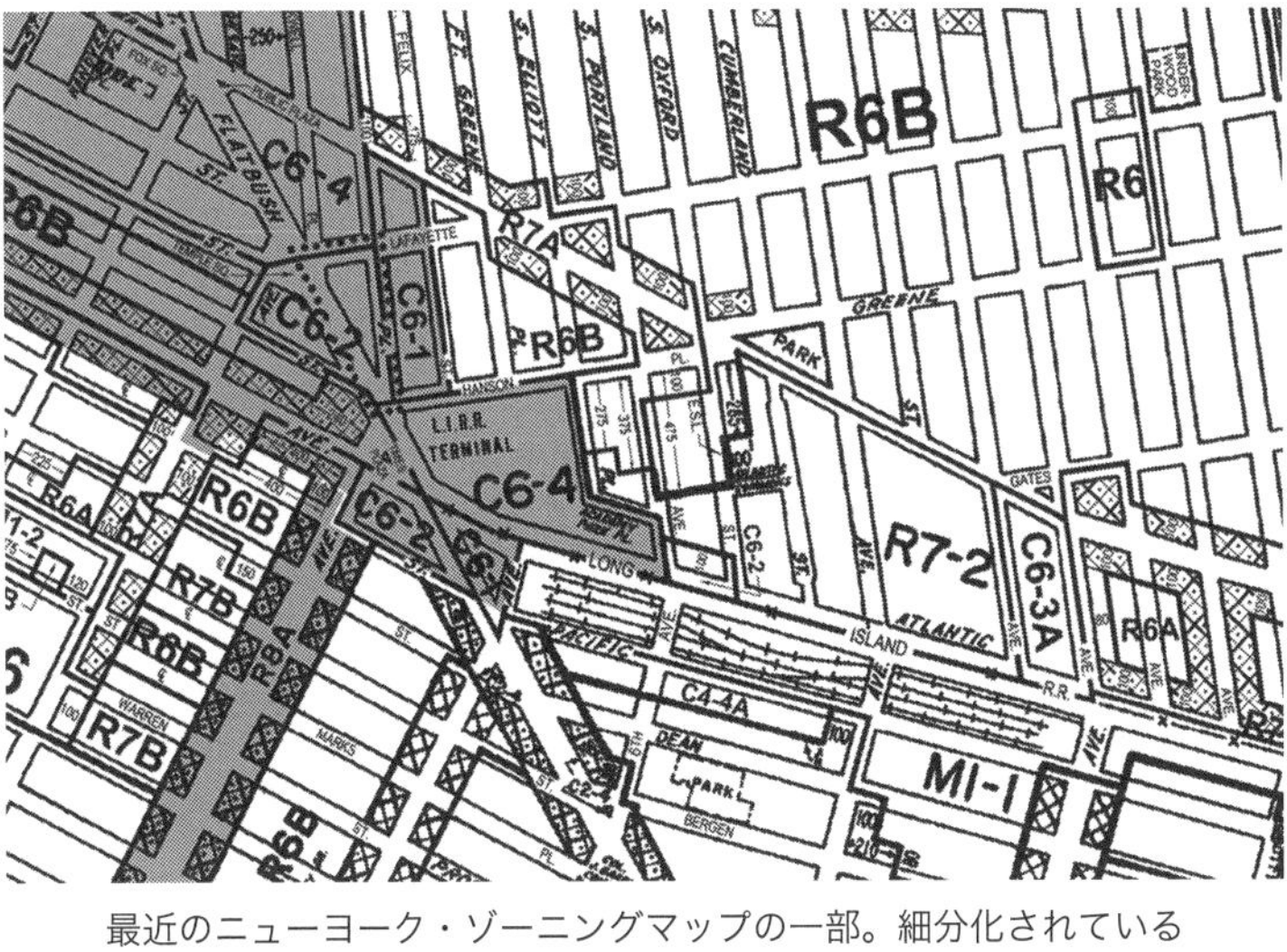


最近のニューヨーク・ゾーニングマップの一部。細分化されている

# ニューヨークの遊歩道ハイライン
## 潤いあるまちに変身

ニューヨークのダウンタウンの西側、すなわちハドソン川沿いの高架貨物鉄道廃線跡を再利用した「ハイライン」という遊歩道が出来たのは、数年前のことだ。草木が植えられ、小さな水遊び場がいくつもあり、元々は工場や倉庫だった隣接するビルが個性的な店やレストランに生まれ変わり、楽しい道となった。

高架だからハドソン川や対岸のニュージャージーの街並みもよく見えて、歩いていて飽きない。ベンチもたくさん置いてある。今では年間数百万人が訪れる、ニューヨークの代表的観光スポットの一つとなった。

### 二人の青年がハイライン遊歩道化プロジェクトを先導

十九世紀半ばころから、このあたりは臨海工業地帯として発展し、工場から工場へ、あるいは他の地域に部品や材料、製品を運ぶために、路面上に鉄道路線が敷設されていたが、次第に過密化していくこの地域で鉄道と自動車や人間との事故が多発するようになり、事故を避けるために、馬に乗った人が貨車を先導して人々に注意を呼びかけながら貨物列車が走るような状態だった。

そこで連続立体交差化する工事が一九二九年から三四年にかけて実施され、ほぼ現在の形の高架鉄道が出来上がった。しかし、その後トラック輸送が主流となり、一九八〇年を最後に貨物列車は走らなくなり、事実上、廃線となった。

このころからこの高架貨物鉄道、特にアーティストが多く住んでギャラリーも多いチェルシー地区を縦断する部分がハイラインと呼ばれるようになった。

この地区ではハイラインは道路の上ではなく、建物群の中を通り、ところどころで倉庫や工場、ビルの中を貫通する高架鉄道として建築されていて、街区の中に溶け込んでいる。

廃線跡は他の鉄道会社に転売され、ニューヨーク市は撤去の方針だったが、遊歩道計画案もあった。一九九九年の夏にこの地区のコミュニティボードのミーティング（集会）が開かれ、これらについて議論されることになった。

このミーティングでは、ハイラインは崩壊の危険があるし暗い、地域の発展を阻害しているので撤去したほうがいいという意見が多かった。これに対して、集会に参加した二人の青年、ジョシュア・デイヴィッドとロバート・ハモンドがハイラインを残すべきだと考えて、フレンズ・オブ・ザ・ハイラインという組織をつくり市民運動を開始する。

ニューヨーク市長がジュリアーニだった時代のニューヨーク市役所はハイライン撤去という方針

だったが、二人の運動が拡がりつつあるときに誕生したブルームバーグ市長はこの運動に好意的で、マンハッタン区長も遊歩道を支持、ニューヨーク市議会議長には遊歩道を支持する議員が当選、寄付も集まり始め、遊歩道建設への流れができた。二区に続いて四区のコミュニティボードがハイライン保存の決議をしたのが二〇〇三年のことである。

このころから、ハイライン北側のハドソンヤードにオリンピック・スタジアムをつくり二〇一二年オリンピック招致をしようとする動きがあり（ブルームバーグ市長が推進）、ハイライン保存運動にとってはデリケートな状況となったが、これは否決され、ハイライン保存運動は影響を受けずにすんだ。

### コミュニティボードという市民自治組織が機能

そのほか様々な障害があったが、保存運動はこれらを乗り越え、ニューヨーク市歴史的環境保存条例の指定も受け、ニューヨーク市都市計画によるゾーニングの指定も受け、遊歩道の設計コンペが行なわれた。

ベンチを多く置いたのは、パリ一二区の散歩道プロムナード・プランテ（バスティーユとサンモール間を結んでいた国鉄近郊線の高架橋の遊歩道化プロジェクト）に、ベンチが少ないという声が上がっていたのを聞いたためだという。

ハイライン遊歩道のテープカットは二〇〇九年六月に行なわれた。ここに至る長い経過は、運動

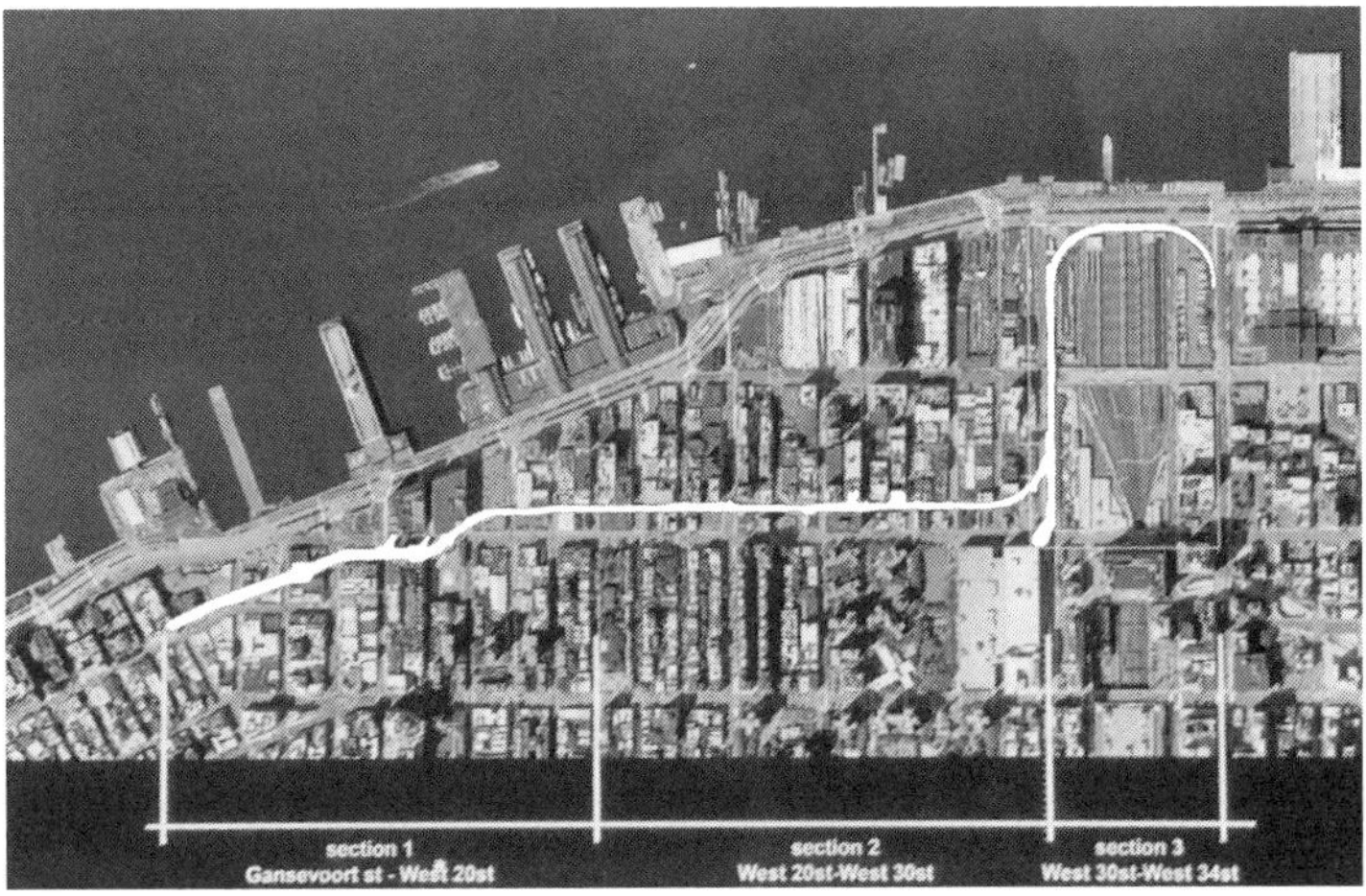


ハイラインの地図（ニューヨーク市都市計画局提供）

ハドソン川に沿って歩くハイライン

を進めたジョシュアとロバートが著した『HIGH LINE』(邦訳アメリカン・ブック&シネマ)に詳しい。

ニューヨーク市は五九のコミュニティに分けられている。平均すると一つのコミュニティは人口一〇万人あまりだからかなり大きい。マンハッタン区の場合は一二のコミュニティに分けられていて、それぞれにボード(委員会)が設置されている。各コミュニティボードは五〇人の無給のメンバーで構成されている。メンバーは選挙で選ばれた区長または市議会議員によって任命される。コミュニティボードは行政権を持たないが、市に対してコミュニティの住民を代表して意見を述べることができる。一九七七年につくられた制度である。

各コミュニティはさらに小さいエリア、いわゆるネイバーフッドに分けられている。ネイバーフッドは行政単位ではなく、ニューヨーク市の文化や歴史の中で形成されてきた慣習的な区分けであり、各ネイバーフッドの名前や境界は確定的ではなく人によって異なる区分けがなされている。ニューヨーク市の都市計画局はネイバーフッドの名前と境界を定めた独自の地図を作成していて、都市計画の説明などに活用している。

二人の普通の青年が始めたハイライン遊歩道化プロジェクトが実現にまでこぎ着けたのは、ニューヨーク市という大都市におけるコミュニティボードという市民自治組織が機能したこと、アメリカ人の寄付習慣という背景があったことなどによる。無機質的な傾向の強い都市景観のニューヨーク市で、このような水と緑のプロジェクトが成功したということは、これからニューヨークが潤いのあるまちに変わっていく可能性を示している。

# ニューヨーク・ブルックリン
## 歴史、風景そして人々の生活臭漂うまち

ニューヨークのマンハッタン島は細長い島で、南端にワールド・トレード・センター跡地やニューヨーク市役所がある。昔はミッドタウンから下がってくる地下鉄に乗って車掌が「ウォルスト!!(ウォール・ストリート)」と怒鳴るように言うと、その駅でネクタイやスーツ姿のビジネスマンたちは皆降りてしまったという時代があった。ガイドブックには、「ブルックリンには行かないほうがいい」という趣旨のことが書いてあった。

### マンハッタンから橋を歩いて渡る

しかし、実は、ブルックリンに渡るとすばらしいものがたくさんある。それは、歴史、風景そして人々の生活臭だ。私はよく、ブルックリン・ブリッジを歩いて渡る。ニューヨーク市役所のシティ・ホールの前の噴水を抜ける通りを渡ると、自然に橋を歩いて渡るコースに出る。歩きながら後ろを振り返るたびにマンハッタンの摩天楼の景色が変わっていく。

ブルックリン橋は一八八三年完成。橋の長さ一八三四m、高さ八〇mを超す二本の高い塔による吊り橋である。塔のゴシック様式のデザインがマンハッタンのスカイスクレーパーズ（空を引っかく超高層ビル群）と対照的だ。アメリカ人にとっては、橋を吊るワイヤーを生産した、当時の工業力が自慢でもある。ジョン・ローブリングがつくり始めたが事故で死んだ。息子のワシントン・ローブリングがあとを継いでつくり続けたが、水中の基礎工事で潜水病にかかって身体が不自由になった。工事現場が見える自宅から双眼鏡で進捗状況を見ながら工事の指揮をとって完成させた。

橋を渡りきって左に汚く暗い階段を降りてイースト・リバーに出ると、そこがDUMBO（ダンボ＝ダウン・アンダー・マンハッタン・ブリッジ・オーバーパス）だ。

ここはマンハッタン・ブリッジの下だから、ブルックリン・ブリッジがよく見える。座って摩天楼を眺めていると、壮烈なビジネスドラマが繰り広げられている超高層ビル群が箱庭のように見える。この周辺にはたくさんのアーティストが住んでいて、ギャラリーも多い。

この地域のさらに北側一帯はアフリカンとユダヤ人のトラブルが頻発したウィリアムズバーグだ。右にブルックリン・ハイツの高級マンション群、左に公園の緑を見ながら坂を上がっていくと、一五分ほどでバラ・ホール（ブルックリン区役所）前の広場に出る。ここに座っていると、待ち合わせしている人、市場で買い物をする人など、人の動きが豊かで、想像力が描き立てられて飽きることがない。はるかにマンハッタン・ブリッジの高い塔が見える。マンハッタンは広場のないまちだが、これに対してブルックリンのバラ・ホール前の広場は世界でも有数の人間交差点だ。

バラ・ホールの左を抜けて大きな通りを抜けると、フルトンモールという賑やかなショッピングモールがある。アフリカ系の商品、特に色とりどりの衣料品を売っている店が並んでいる。今でもアフリカンが多い。もっとも近年は、少し行ったところにタイガーという近代的なアウトレットモールができて、人の流れも歩いている人種も変わった。ブルックリン全体が多様化しているようだ。

フルトンモールを少し歩いてから北に向かって一〇分ほど歩くと小さな緑の丘がある。一七七六年にアメリカが独立宣言をしたとき、ワシントンが最初に砦を築いたところだ。寄せ集めの市民からなるワシントン軍は正規軍のイギリス国王軍に負けて、マンハッタンへ逃れ、さらに今のハーレムに砦を築くが、それも放棄を余儀なくされ、ニューヨークはイギリス国王軍に占領される。ワシントンがニューヨークを取り返したのはそれから七年後のことだ。

## プロスペクト公園とブルックリン美術館

戻ってバラ・ホールの裏には地下鉄博物館がある。昔、地下鉄駅だったところを、路線変更に伴い駅としての機能は廃止し、博物館にした。歴代の地下鉄電車がたくさん並べてある。

バラ・ホールから地下鉄に乗って数駅行くと、ブルックリン美術館がある。昔は訪れる人も少なく、印象派の絵を何枚も同時に一人で独占して見ていることができたが、最近は賑わっている。美術館の建物もいいが、周囲の公園(プロスペクト公園)も、いつも美しい花が咲いている。この公園には、かなり深い森もある。公園の南側には広大なグリーンウッド墓地があって、ここには日米和親条約で知られるタウンゼント・ハリスの墓があるという。

そんなブルックリンなのに長い間、北のハーレム、南のブルックリンという感じでイメージが悪かった。映画『狼たちの午後』も、救いのない自暴自棄がテーマだった。ブルックリンのイメージが悪いのはおそらく、長くイタリア・マフィアが跋扈していたためだろう。映画『サタデー・ナイト・フィーバー』も、そういう逼塞したまちのイメージがあったからこそ、そこから爆発する若者のエネルギーが物語化された。ブルックリンには、ビーフハンバーガー、ピザ、イタリアンなど、安くておいしい店がたくさんある。マンハッタンにはない、特色ある店が多い。店の中でほかの客の会話や表情を見ていても、マンハッタンのビジネスライクな雰囲気とは違った面白さがある。

以前、東京都ニューヨーク事務所（現在は廃止されている）に勤務していた今村保雄さんが「ブルックリンは建物が低くて空が見える。だからマンハッタンと違った開放感がある」と解説した。この良さを失わないほうがいいと思う。コロンビア大学のエスター・フュークス教授（都市政治・都市政策）は「ニューヨークのゾーニングはうまく機能していない。思わぬところに高層ビルが建つ」と答えた。惜しいことだ。東京もよその都市を批判できる立場ではないが、ブルックリンのゾーニングは機能していないのではないか。

ブルックリン・ブリッジ

バラ・ホール広場

# ニューヨーク・ブルックリン中央部

## ニューヨーク市に属するが独特の文化をもつまち

ニューヨーク市は、マンハッタンのほか、ブルックリン、クィーンズ、ブロンクス、スタッテンアイランドの計五区で構成される。ブルックリン区は、マンハッタン島の東側にあるロングアイランドという島の最南端にあり、南側には大西洋が広がる。人口約二五〇万人とニューヨーク市で最大の区である。ブルックリンといえばブルックリン・ブリッジ、マンハッタン・ブリッジなどデザイン性に優れた古く巨大な橋、あるいはこれらの橋の袂からみたマンハッタンの摩天楼やその夜景で知られている。

### 住宅や中小工場が無限に広がる中央部

ブルックリンといえばＤＵＭＢＯ（ダンボ＝ダウン・アンダー・マンハッタン・ブリッジ・オーバーパス）からの夜景、その近くの高級マンション群ブルックリン・ハイツ、バラ・ホール（ブルックリン区役所）付近の広場と交通博物館、そこから地下鉄で数駅行ったところにあるブルックリン美術館が印象派の絵画を何枚も所蔵していることなどで知られている。バラ・ホール前広場には、9・11テロのあと、マンハッタンのダウンタウンから移転新設されたニューヨーク市危機管理局もある。

ブルックリンは、南端のコニーアイランド海岸に至るまで、広大な住宅地と中小工場群をもっている。奥深く分け入ると、再びここからは脱出することができないのではないかという錯覚に陥るほど、どこまでも住宅や中小工場、あるいはこれらの跡地が無限に集積するまちである。

ブルックリンの人々は全体として、独自の自治意識というか郷土意識のようなものをもっている。ブルックリンの人をニューヨーカーとは呼ばず、ブルックリナイツと呼ぶ。ニューヨークに併合されたのは一八九八年だが、ブルックリナイツのなかにはこの併合を失敗という人もいる。

アメリカの地域自治制度は元々、日本のような硬直的なものではなく、小中学校を地域で運営したいと思ったら、自分たちの選んだ校長先生を任命して（もちろん一定の資格は必要）、学校区という自治体をつくる、などということが可能だ。

ブルックリン区は、ニューヨーク市の一部であると同時に、ニューヨーク州のキングス郡（キングス・カウンティ）でもある。だから郡裁判所もある。属する他の区も同様である。区長は住民の直接選挙によって選ばれる。

すなわち、住民は区長、市長、州知事、大統領と四層制の政府の選挙権をもっている。区が格別の自治権をもつ自治体というわけでないが、区のことについて政治的に主張する直接選挙の区長を有している。

キングス郡の名前は、イギリス国王チャールズ二世に由来する。隣のクィーンズ郡（クィーンズ区）は、その王后（キャサリン）に由来する。民族的には、ニューヨーク市全体に比べてアフリカンが多く、ヒスパニックの比率が低く、ロシア系等の比率が高い、という傾向がある。アメリカのハードボイルド小説にはブルックリン訛りという言葉がときどき出てくる。ニューヨーク市全体ではスペイン語を話す人が二七％くらいだが、その比率がブルックリンでは相対的に低く、英語を話す人が多い。しかし、訛りがある。ロンドンに比べると英語が聞き取りにくいという事情はニューヨークで共通している。英語の聞き取り能力において劣る私としては、どうせ英語が通じないからニューヨークはロンドンより居心地がいいのである。

## ブラウンズビル公営住宅の再生に取り組む市民たち

ブルックリンの代表的な公営住宅群がブルックリン中央部にあるブラウンズビルである。戸数三万戸余に約一二万人が住む。マーカス・ハーベイ住宅（キング牧師以前の過激な黒人解放運動家）と名付けられた二階建ての戸建て住宅もあるが、多くは十数階、二十数階の高層マンションである。一九一〇年代にすでに荒れ始めたという歴史があるが、過激な社会主義者が移り住んだ時代を経て、麻薬や犯罪がはびこった。特に一九七〇年代には建物もひどく荒れ、貧困やスラムの代表的な地域というイメージが強い。少年刑務所もこの公営住宅群の一角にある。公営住宅といえばスラム、というアメリカのイメージは、ブラウンズビルがつくったと言う人もいる。

ブラウンズビル・パートナーシップの少年指導員。筆者と同じでバスケットボールの突き指で指が全部曲がっている

ブラウンズビルにある少年刑務所

しかしこのブラウンズビルという貧困地域からは、野球、バスケットボール等スポーツの名選手や小説家、演奏家、歌手が多く育った。私がブラウンズビルで知り合った少年指導員は、元バスケットボールのプロ選手だったと言うので、互いに指を見せ合った。私も中学・高校と籠球部（バスケットボール）に所属していて一〇本の手指が全部、突き指で曲がっており、「二人とも同じだね」と大いに意気投合した。勉強しないからスポーツや芸術で優れた才能が開花するのだろうか。

市民運動家ロザンヌ・ハガティがブラウンズビルの地域再生に取り組んでいる。元バスケットボール選手の彼も、ロザンヌ・ハガティらが現地に新たにつくったブラウンズビル・パートナーシップの一員だ。

彼らは、連邦政府や州政府、市役所や民間企業から資金を集めて、ブラウンズビルのコミュニティ再生の活動を始めた。まずは出産・育児から学校、就職、住宅、福祉などあらゆる生活相談に応じている。金融、労働などのプロジェクトのほか、落書き消し、少年指導、健康的な食事の推奨、犯罪防止等に取り組んでいる。「ここにはたくさんのニーズがある」と現地スタッフは言っている。

地域再生策の中核は、無味乾燥な住宅だけの公営住宅群に、グリーン（緑）の潤いを導入し、商店をつくってそこに雇用を創出することである。彼らは、タイムズ・スクウェア再生のとき、アイスクリーム店等（現在はサンドイッチや野菜サラダの店）を開業してホームレスの雇用を創出した実績をもつ。しばらくはブラウンズビルから目を離せないかなと思う。

# ニューヨーク・ハーレム
## アメリカの繁栄と荒廃を象徴するまち

ニューヨークのハーレムほど変遷の激しいまちは世界に例がない。住む人が変わる、まちの姿や雰囲気、安全度が変わる。オランダ人やドイツ人が洒落た住宅街をつくったときもあれば、アフリカンの文化が栄えたときもある。荒廃して犯罪と暴力が支配したかと思うと、現在のような穏やかなまちになったりする。この変化こそがハーレムの魅力だ。

### 激しい変遷こそハーレムの魅力

ニューヨークのマンハッタンは南北に細長い島である。東はイースト・リバー、西側はハドソン川が流れている。真ん中辺にやはり細長く広大なセントラル・パークがある。セントラル・パークから北にしばらくいったところ（一一〇丁目）から、マンハッタンの北端近くまでがハーレムだ。

最初にマンハッタンを植民地にしたのはオランダである。一六二六年に、先住民からなんと二四ドルという安い値段で取り上げたと言われている。いま、マンハッタンは碁盤目状の整然とした道路ができていて、環状道路がないのが渋滞の原因になっているが、一本だけ、ダラダラと斜めに南北に伸びる道がある。ブロードウェイと呼ばれるが、これはオランダ人がつくった。

一六六四年にはイギリスがオランダからここを戦い取ってニューヨークと命名した。一七七六年、アメリカは植民地支配に抵抗して独立戦争を始めた。イギリス軍は当初、ニューヨークを占領し続けたが、数年後に結局、アメリカに明け渡す。そこで一七八九年、一年間だけだが、ニューヨークはアメリカ最初の首都となった。次に首都となったのはフィラデルフィアである。ワシントンに首都が移ったのは一八〇一年だ。

マンハッタンの港は南の方にあるから、北端のハーレムは長い間、開発から取り残されていた。一九〇〇年前後から、最初に住宅群を建て始めたのはドイツ移民、そしてユダヤ人の流入があって良好な住宅群が大量に建設された。

さらに一九二〇年代の好景気の時代にニューヨークは大量の労働者を必要とし、アフリカンが移り住むようになった。旧住民たちはそれを排斥しようとしたらしいが、止めることができなかった。この時期がハーレム・ルネッサンスと言われる時代で、アフリカン特有の音楽、小説、絵画、彫刻、写真などハーレム文化が栄えた。

このハーレム・ルネッサンスも長くは続かなかった。一九二九年の大恐慌のあと、まちには失業者が溢れた。ひところ、ハーレムという言葉はドラッグと犯罪の象徴だった。建物の持ち主は、家賃の不払いと周辺の荒廃に嫌気がさして、自ら持つマンションに放火し、保険金を得てドロンするなどという目茶苦茶な事態が出現し、ハーレムには焼けただれた空きマンションが大量に放置され、そこがまた犯罪の巣になるという悪循環だった。

私が初めてハーレムを訪れたのは一九九〇年頃のことだ。都庁の職員として山谷の日雇い労働者の面倒をみる福祉センターの所長をしていて、共通の問題を抱えるこのまちに親近感をもって見に行った。

ミッドタウンから地下鉄に乗って一二五丁目通り駅で地上に出ると、そこには華やかなマンハッタンとは別の世界が広がっていた。建物は黒く焼かれ、窓は割れて壁には落書き、通りには昼日中から所在なげにたむろする黒人が大勢いるし、連邦政府の事務所の周囲はフェンスで固くガードされていた。アポロシアターにアマチュアナイトを見に行っても、シルビアズのレストランに食事に行っても、用がすむと一目散に一二五丁目駅に駆け込むほかないまちだった。

## 好調なアメリカ経済がハーレムの改善の一因

そういう様子が少しずつ変わったのは、クリントン大統領時代にアメリカの景気が絶好調を維持していたころからだ。変わっていくのに気がついて以来私は、ニューヨークに行くたび、必ずハーレムを歩くことにした。いわば定点観測だ。ＨＣＣＩという宗教者たちの市民団体が一二五丁目通りにスーパーマーケットをオープンして三百人の雇用を創出したことは日本でも報道された。その後、店も増えたし、何よりも各種市民運動団体が福祉や教育、住宅など広範な運動を展開した。連邦政府もここをEZ（エンパワーメントゾーン）に指定して活性化策を講じた。ニューヨーク州や市も手厚い住宅政策を実施した。今では、一二五丁目通りも一三五丁目通りも、ウインドウショッピングを楽しむ人たちを含めて賑わっている。

明治大学公共政策大学院に学ぶ議員、公務員、会社員、大学職員などの院生たちとゼミ旅行に行ったとき、一人が「ハーレムらしい焼けた建物はないか」と言い出して一緒に探したが、なかなか見つからなかった。今は、焼けた建物もほとんど修復されて人が住んでいる。私はHCCIの指導者の一人から「ハーレムを改善したら家賃が高くなって、私たちがハーレムに住めなくなってしまった」と聞いた。

そういえば、将来私がリタイアしてから住むと決めている、ハーレムとは反対側のブルックリンのバラ・ホール駅前広場付近も最近は人気スポットのひとつとなり、家賃が高騰していると聞く。東京よりずっと都心居住が行なわれているニューヨーク（マンハッタン六千haに夜間人口は一五〇万人、同じ面積の千代田、中央、港、新宿で夜間人口九〇万人）でも、まだまだ市民の都心居住欲求は強いのだ。

そのときは結局、バスで一五五丁目まで行ってようやく廃墟を見つけたが、一棟だけなので、昔のような危険な迫力は感じられなかった。しかし、その次に行ったときはもう、その廃墟は修復されて人が住んでいる気配だった。それどころかハーレムのほとんど北端ともいうべきその地域にも数軒の店ができていた。

都市政策の面からは、ハーレムの地域再生にはいろいろな意味がある。

商店がたくさんできたハーレム 125 丁目通り

かつてハーレムには焼けて放置されたビルが多かった

ひとつは、福祉や医療だけにいくら力をいれても、経済が活性化しなければ地域がよくならないということだ。ハーレム再生の背景には、ニューヨークの経済が一貫して好調で、ミッドタウンに都心居住マンションが続々とできてもまだ住宅不足という状況がある。二つ目に、市民活動、自治体、政府の活動や政策がうまくかみ合ったことも大きい。HCCIの活動家も政府がハーレムをEZに指定したことを評価している。

もちろん、課題はまだたくさんある。商店がたくさんできて、単純労働の雇用は確保したが、もともとのハーレムの住民のなかにはろくな教育を受けていない人も多い。二〇〇五年ハリケーン災害後に被災者調査で見て回ったニューオーリンズでは、被災前の黒人市民の四七%が読み書きできなかったというショッキングな事実を知ったが、似たような状況はハーレムにも存在する。

高等教育を受ける機会が平等に与えられ、そしてアメリカ社会が人種や出自にこだわらない、社会的包容力（ソーシャル・インクルージョン）を身につけて、初めて問題が解決するのだろう。

世界の都市を歩いて東京に帰るといつも強く感じるのは、東京にはスラムがないということだ。もちろん住宅密集地はあり、防災上、これらは早急に改善しなければならない。しかし、ニューヨークにも、ロンドンにも、そしてパリにもある、広大なスラム街が東京にはない。これが外国人旅行者をして、東京は安全なまちだと感じさせる一つの原因ともなっている。

そういったいろいろな意味を含めて、当分、ハーレムの定点観測をやめることができそうもない。

# ニューヨーク・コロンビア大学周辺

## ハーレムに近接した知の別世界

コロンビア大学に行くには、ニューヨークの中心部からアップタウンに向かう地下鉄一番・九番線に乗り、ウェストエンド・アベニューの地下を走って一一六丁目駅で降りる。周辺には、大学街らしく、一人でも気軽に入れる、しかも質量・価格とも手ごろなレストランが軒を連ねている。ハーレムはこの辺から始まるが、コロンビア大学のキャンパスはハーレムに近接しているとは思えない、知の別世界だ。駅から地上に出てすぐ門があるが、書物を持った大きな女神が人々を迎える。門を入るとメインキャンパスを貫くカレッジウォークが伸びていて、少し歩くとすぐ左の階段上に巨大な図書館がある。映画『スパイダーマン』で、主人公の学生がスパイダーマンの仕事が忙しくて授業に遅れ、このカレッジウォークを走って来ると、教授が「君はどこに行くのかね？」と聞く。「先生の授業です」「もう終わったよ」という場面はここで撮影された。

## 東京・ロンドン・ニューヨークの都市政策比較研究

コロンビア大学はウェストエンド・アベニューの向かい側、ハドソン川沿いにもたくさんのビルを持っているが、アムステルダム・アベニューの向こう側にも、いくつもビルがある。通りを渡るにはデッキを歩くといい。このデッキから南の方へアムステルダム・アベニューを見ると、真っ直ぐ伸びてどこまでも道が続いている。

デッキを渡ると正面はロースクールの図書館で、向かって左側に抜けると教室や東アジア研究所があるビルに通じている。コロンビア大学周辺はハーレム一帯に対して数十mの高台にあり、ここからの眺望は絶景だ。ハーレムに近接してコロンビア大学があり、しかも浸食しているのが面白い。都市には、こういう意外性があるといい。

私は二〇〇八年九月からコロンビア大学の客員研究員になった。テーマは「東京・ロンドン・ニューヨークの都市政策比較研究」と「アメリカ市民活動の財政力」である。SIPA（スクール・オブ・インターナショナル・アンド・パブリック・アフェアズすなわち国際・公共政策研究所）に所属するエスター・フュークス教授がロンドンとニューヨークの都市政策の比較をしていて、私が「ロンドンプラン」の翻訳をしているなど共通の話題があったからだ。フュークス教授はブルームバーグ・ニューヨーク市長の選挙キャンペーンに参加し、そのまま市長のスタッフとして四年間、ニューヨーク市役所に勤務していたから、実務も知っていて、いつも話が弾んで果てしない議論を重ねた。

私は欧米の大学でドミトリーステイ（寮生活）をしてみたいと昔から思っていた。だから、客員研究員になることが決まったときは、これで長年の夢が実現すると思った。明治大学にも、サバティカル（長期休暇）の手続きをとり、教授会でも承認され、大学の理事会の決定ももらった。給料に加えて、旅費と滞在費が支給される。アメリカ大使館に行って、当面、一四か月間のビザも取得した。関係者からは、おめでとうと言われた。アパートを紹介しようと言ってくれるアメリカ人もいた。コロンビア大学周辺に住もうかな、いっそのことハーレムか、それともブルックリンがいいかな、などと夢は膨らんだ。値段も調べたりした。

## ドミトリーステイはあきらめて頻繁に日米を往来

私たちの世代は読み書きは習った。しかし、話すための英語すなわち英会話は習っていない。バートランド・ラッセルとかサマセット・モームの英文を読解するのが学校の英語教育だった。だから、コロンビア大学と書類のやりとりをするとか、アメリカのビザを取得するため諸々の書類を英文でそろえることは、まちがいなくできる。コロンビア大学の先生方が書いた論文の大意を読み取ることはできる。しかし、英語での議論は何年か留学していた学者の皆さんにはかなわない。

私は、東京都の国際交流の黄金期ともいうべき時代に、それを所管する生活文化局の各課長を歴任した。その間、ずいぶんと外国の人たちと打ち合わせをしたり食事をした。そのときどきの場面で鮮明に覚えているのは、「生半可な英語を使ってはいけない」という上司の注意事項だった。これはお金の分担についての交渉ごとなどを生半可な英語でやってはいけないという教えだったとは思うが、とにかく英会話はできなくてかまわない、という、今から考えると信じられない都庁文化が昔はあった。

コロンビア大学に行く話が進み始めると、かなり年配の教授が、「アジアに行くついでに東京に寄るので面会したい」と言ってきて、日時を約束して東京で会った。アメリカでは年齢による差別を禁止する法律があって、授業が立派なら、何歳になっても教授でいる。ただし、授業が下手なら、若くてもやめさせられる。その老教授は私に「英語で授業をすることに何か問題があるか」と聞いた。ふだんでも留学生向けの授業は英語でしている。ハーバードのケネディ・スクール等、外国のいくつもの大学で英語授業をしたことがある。準備をすれば、発音は下手だが、授業はできる。そう言って、「ただ、学生の質問を理解できた試しがない」と正直に告白した。老教授は大いに笑って、「私も学生の質問はたいてい理解できない」と言った。

こうして、海外生活という私の夢は、すべての条件をパスした。ところが、人生は思わぬ展開をする。私がアメリカへ行くという話が学生たちに伝わったら、大学院（ここは社会人の皆さんが働きながら、夜、あるいは土日に勉強している）の卒業生から、「青山先生の修士論文指導を受けるつもりで入ってきた人に対して、約束違反になりませんか」と言われた。これはもっともな指摘ではある。続いて、学部の学生から、「ゼミをどうするんですか」と言われた。大学の制度は、他の先生に預けるきまりになっている。それも気の毒だ。結局、アメリカに長期滞在するのではなく、バックアンドフォース（行ったり来たり）することになった。私のドミトリーステイは見果てぬ夢となった。

コロンビア大学の、本をもつ女神像

コロンビア大学図書館

# ニューヨーク・マンハッタン北辺

## 歴史と自然が残るフォート・トライオン・パーク

マンハッタンに居住者が多いのは、摩天楼と言われる超高層ビルを建てる一方、ほかの島と結ぶ橋やトンネルを限定して政策的にマンハッタン島に居住させる手法をとったためだと、ニューヨーク市の都市計画担当者は言っている。

昼間賑わっているだけでなく夜間も多くの人が住むマンハッタンであるが、金融やビジネス、あるいは観光や文化芸術の資源は、ほとんどマンハッタン島の中部（ミッドタウン）と南部（ダウンタウン）に集中している。しかし日本人があまり訪れることのないマンハッタン島の北辺にも興味深いまちがある。

### 地下鉄に乗ってひたすら北に向かう

ガイドブックの地図にも、マンハッタンの北部は載っていなかったりする。あるいは、地図を上下に圧縮して掲載している例が多い。実際には南北にとても細長い島なのだが、実際通りに印刷すると本のページに入りきらないので、横幅を拡げて印刷しているのだ。

人があまり行かないマンハッタンの北辺に、地下鉄一九〇丁目駅がある。近年、安全になったと言われるニューヨークの地下鉄だが、照明が暗く電車が汚くて駅員の姿を見ないのは相変わらずだから、ミッドタウンから三〇分以上も地下鉄に乗って行くこと自体、一定の覚悟を必要とする。

地図は見ない。降車駅等は予めメモに書くか頭に入れておく。料金は安い。ニューヨークの地下鉄はどこまで乗っても均一料金で、二ドル二五セントだ。メトロカードというプリペイドカードを買えばいい。一週間乗り放題だともっと安くなる。

ただしグループでこれを使い回しすると逮捕されるので注意したほうがいい。また、プリペイドカードを買う自動販売機は故障している場合もあり、吸い込んだ札が出て来ないとき、それを返してもらうにはけっこう手間と時間がかかるから注意を要する。

一九〇丁目駅に降りたら、暗く長く汚く人影のないホームや通路、あるいは壊れかかったエレベーターにたじろいだりせず、確信をもって早足で地上に出たほうがいい。地上に出るとフォート・トライオン・パークの入り口だ。そう書いてある看板があるので誰でもわかる。公園だからいろいろな道があるが、銃や腕力によほどの自信がある人でなければ、寄り道したり木陰に入ったりせずにクロイスターズ美術館に真っ直ぐ向かうのがいい。美術館に向かう道なら歩いている人にまちがいはないと考えてよい。

フォート・トライオン・パークのフォートは砦を意味する。トライオンは、アメリカ独立戦争のとき、イギリス本国の側の最後のニューヨーク総督であったウィリアム・トライオンの名前を記念した。砦の跡も残っているが、この公園自体がハドソン川に面していて高い丘になっているから、坂を登って行くに従って開けていく眺望が美しい。ニューヨークのマンハッタンにこれほどの自然が残されていたのかと思う。

## 中世ヨーロッパの建築や美術を展示するクロイスターズ美術館

砦やハドソン川の対岸の森を眺めながら小道を登って行くと、一〇分あまりでクロイスターズ美術館に着く。この美術館の圧巻は、キュクサの回廊だ。南フランスのキュクサにあった修道院の回廊を移築したものである。十一世紀から十二世紀にかけてつくられたが、荒れ果てていたのでニューヨークに運んで修復し、不足の大理石もフランス現地産のものを使用した。この回廊に佇んでいると、いつまでもこのままここに立っていたいと思うような、不思議な吸引力をもった回廊だ。

この回廊を含め、中庭を囲む四方の回廊はいずれも時代や地方が異なるものであり、それぞれに興味深いが、全体としては不自然ではなく調和している。

この美術館は、建築以外でも中世ヨーロッパの各種美術品を展示している。元々はジョージ・グレイ・バーナードのコレクションだったが、ジョン・D・ロックフェラー（初代ロックフェラー）が買い取ってメトロポリタン美術館の分館として一九三八年にこの美術館をオープンした。ちなみにクロイスターズとは、修道院とか回廊という意味である。フォート・トライオン・パーク全体が、ロッ

ちょっとたじろぐ駅の通路

クロイスターズ美術館の回廊

クフェラーからニューヨーク市に寄付されたものである。

このような本格的な中世ヨーロッパの建築と美術のコレクションを有しているということが、ニューヨークの多様性とか魅力を構成していると思うが、身の危険について用心しながら行かないといけない点が難点でもある。

なお、一九〇丁目駅のさらに北に、ディックマン・ストリート駅があり、こちらのほうがクロイスターズ美術館には近い。ディックマン・ストリート駅付近は、比較的低層の建物が並んでいて、ブロードウェイの広い通りから空がよく見える。同じマンハッタンとは思えないほど、ミッドタウンやダウンタウンとはまったく違った雰囲気のまちである。このブロードウェイは、タイムズ・スクウェアのブロードウェイから続く道である。

一九〇丁目より南側、一七〇丁目あたりには、フォート・トライオン・パークと同様、ハドソン川に沿って細長くフォート・ワシントン・パークがある。アメリカ独立戦争当時、イギリス国王の軍隊と、ジョージ・ワシントンら独立派の軍隊が、このマンハッタン北部のフォート(砦)を築いたり、争奪戦を繰り広げていた戦跡である。比較的標高の高い丘があって砦を築きやすかったこと、ハドソン川を渡ってニュージャージー州と往来するための拠点もしくは攻撃拠点として戦略上、重要だったことなどによる。マンハッタン北辺には意外な歴史が残っていて、アメリカの一面を知ることができる。ただし、ギャングのまちのイメージもあり、くれぐれも安全に配慮しながら歩く心構えが必要だ。

# ニューヨーク近郊

## ニューミルフォードなどビーアドゆかりのまち

都庁で計画部長を務めているときに『小説　後藤新平』を書いた。執筆中ずっと心に引っかかっていたのは、大正九（一九二〇）年に東京市長になった後藤新平に対して、十一年秋からアメリカの高名な政治学者チャールズ・A・ビーアドが半年も日本に滞在して助言をした動機は何か、ということである。書きあげてからニューヨーク市立図書館に行ってビーアドの著作を拾い読みして、「アメリカはアジアを植民地にするのでなく、彼らの発展に手を貸すべきだ」と考えていたことを知った。帰国してから、後藤新平の秘書をしていたことがある田辺定義氏にそのことを話したところ、そのとき百歳を超えていた田辺さんは「その通りだと思う。日本が日中戦争を始めてからは、私たちがアメリカに行ってビーアドと会おうとしても彼は会ってくれなかった」と言った。

### ハーツデイルのファーンクリフ霊園

ビーアドの墓はニューヨーク郊外にある。マンハッタンのミッドタウンから車で約一時間半ほど行くと、ハーツデイル（ニューヨーク州ウェストチェスター郡）という小さなまちがあり、そこにファーンクリフという大きな霊園がある。ニューヨーク市を出てから約三〇kmほどの距離である。

よく整備された大きな霊園で、林の中に緑地が点在し、その緑地に墓石が埋められている。ネルソン・ロックフェラー元ニューヨーク州知事、マルコムX、蔣介石夫人などの墓もここにある。ビーアドも主要な埋葬者の一人とされている。

霊園事務所で聞くとビーアドの墓はすぐに見つかった。墓の傍らにはビーアドの名前が刻まれた石造りのベンチが置かれている。おそらく遺族が寄付したのだろう。このベンチに座って考えた。ビーアドは、なぜ東京市政にあれほどの協力をしたのか。

ビーアドは一九一三年に『合衆国憲法の経済的解釈』（池本幸三訳、研究社出版）を著して、単純な合衆国憲法礼賛論を厳しく批判し、評判になった。

しかしその後、アメリカがドイツやイタリア、そして日本との戦争を始めてからは、立憲政治、すなわち憲法を守って政治を行なうことの大切さを力説するようになる。この考え方は一九四三年に著された『アメリカ共和国』（松本重治訳、みすず書房）に詳しい。

ビーアドの思想は、観念的なものではなく、いかにもアメリカ人らしい、現実に立脚したものだ。民主制は、公開討論・多数決原理ただし少数意見尊重を内容とする。これに対して共和制は、独裁政治の否定を中核とする。一九四三年の著書の題名を『アメリカ共和国』と名付けたのは、歴史上の現実として民主制が独裁政権を導くことがありうる（ビーアドは例として、世界史上最も民主的な憲法とされたワイマール憲法下でナチスが合法的に政権を取ったことを挙げている）ことから、独裁制を否定する共和制の意義を強調したかったのだろう。戦時には憲法が踏みにじられる危険性が増大する。ビーアドは、だからこそ共和制すなわち独裁否定、立憲政治の重要性を主張したのだ。

フランクリン・ルーズベルト大統領が日本の真珠湾攻撃に対して対日戦争を始めたとき、ビーアドは「ルーズベルトは憲法に定める議会に対する開戦手続きを怠った」と批判した（開米潤監訳、阿部直哉・丸茂恭子訳『ルーズベルトの責任——日米戦争はなぜ始まったか』藤原書店）。ビーアドのこの民主制・共和制を重視する立場から、日中戦争を始めた日本には失望したということだろうか。

霊園は死者のためにあるが、同時にあとに残された者たちが死者と対話するためにもある。私はビーアドの墓でビーアドとの対話を試みたが、簡単には結論は出てこない。

## ニューミルフォードの自宅とサウスケントの農場

ビーアドはニューヨーク州の隣のコネチカット州ニューヘイヴン郡ニューミルフォードというまちに住んでいた。ニューヨークから北へ六〇kmほど行ったところである。

ビーアドの家は丘の上のけっこう広い土地を有していたらしく、現在、そこには数十軒の瀟洒な建て売り住宅的な家が並んでいる。ここにはビーアド・ドライブ（この場合のドライブは私有車道という意味らしい）という看板がかかっている。この看板以外には、ここにビーアドが住んでいたという痕跡はない。ビーアドは一九四八年に死去するまでここに住んでいた。後藤新平の使者として、田辺定義や鶴見祐輔もここを訪れていたはずだが、ここに佇んでいても、残念ながら往時の雰囲気を感じ取ることはできない。

ビーアドは、この自宅があるニューミルフォードから一〇kmほど離れたサウスケントという風光明媚な場所に、農場を持っていた。ビーアドの曾孫のカレンさんは、「行って見れば、なぜビーアドがここに農場を持ったかわかるでしょう」と言った。

たしかに、ここは、なだらかな丘で、農場や牧場にするには絶好の地形だ。それ以上に、ここの風景は、生きる喜びや思索する知的好奇心を呼び起こす魔力をもっているように感じた。

現在、ここは、全寮制の男子高校が購入して、実習農場として使用すべく整備中だが、校長先生は「ここにはエネルギーが満ちている」と言った。日本語にすると「気がある」といった感じだろうか。カレンさんはこのことを言ったのだろう。

ビーアドの娘はドイツ系アメリカ人のヴァクツさんと結婚した。その息子すなわちビーアドの孫のヴァクツ氏は、ハーバード大学の国際法の教授をしていて、ハーバード大学のすぐ近くに自宅がある。築百年以上の大きな木造住宅で、家の前にも奥にもよく整備された庭がある。

ヴァクツさんの奥さんは「ビーアドの著作には妻のメアリー（歴史家）の影響が大きく反映しているのよ」と言った。ビーアドが、理論だけに流れることなく常に現実に依拠していた理由には、そういうこともあるのだろう。その辺に、ビーアドが東京の計画づくりを助けた動機があるのかもしれない。

ビーアドの墓

ビーアドの自宅があった敷地に建った住宅群

## ボストン
### アメリカ独立戦争の歴史を記録する大学都市

ハーバードのケネディ・スクールで授業をしないかと誘われたとき、そこは民主党の政治家を養成するところかと思っていた。しかし、実は、ケネディ・スクールは、政治・行政に限らず、社会一般を変革するリーダーを養成することを目的としている。授業の主眼も知識の付与ではなく、分析力・政策力・リーダーシップ・マネジメント力であり、人格を磨くことである。講師陣は学者よりも各界のリーダーだった人が主流であり、学長にも、元国防次官補のジョセフ・ナイとか厚生省副長官をやったデイヴィッド・エルウッドなどが就いている。卒業式のゲストスピーカーにはクリントン、ビル・ゲイツ、バーナンキといった人たちが招かれる。

ふだんでも、世界の第一線で活躍するゲストスピーカーによる講義が絶えず実施され、たいていはケネディ・スクールの学生以外に対してもオープンである。設立は一九三六年で当初は公共政策大学院だったが一九六六年にボストン生まれのボストン育ち、ハーバード大学出身のジョン・F・ケネディを記念してケネディ・スクールと改称された。ちなみにマサチューセッツ大学には、ケネディ・ホールがある。

## ケネディ・スクールは知識でなく人格を磨く

そういう趣旨だから、ケネディ・スクールに入学するには七年以上の職務経験が必要であり、授業に集まる学生たちは三十歳代から五十歳台までと幅が広い。もちろん半分くらいが外国人だから多国籍の授業となる。学生と教授は対等という考え方で、教室も学生同士が討論しやすいように机とイスが配置されている。

教授は絶対権力といった雰囲気はなく、まず学生の意見を聞こうではないか、という雰囲気が満ちている。私の授業に対しても質問や意見がたくさん出された。もちろんいろいろな国の人の英語だから、私には半分も聞き取れなかったが。懇親会のような場で聞いたことだが、ケネディ・スクールに限らずハーバード大学の図書館は二十四時間オープンだという。でも学生がまったく家に帰らないのは問題があるので、週に一回だけ閉めるという。

一千人近いケネディ・スクールの学生のうち日本人は二〇人くらいしかいないということだったが、日本人学生の会があって、彼らが引率して私がいる明治大学大学院のガバナンス研究科を訪ねてきて、こちら側の学生と交流したことがある。こちらも青年から中高年の社会人が主流、職業も政治家、公務員、会社員と共通の土壌をもつから、話が弾んだ。

ボストンにはアメリカ独立戦争の遺産が多く残っている。歴史遺産をめぐるために道路に赤く歩行者誘導線を塗ってある、全長四kmのフリーダムトレイルを歩くと、ボストン虐殺事件跡、ボストン茶会事件博物館、独立運動の急進派リーダーだったサミュエル・アダムズが眠るグラナリー墓地などを効率よく見ることができる。圧巻はフリーダムトレイルの終点、バンカーヒル記念塔だ。この塔の中の階段を登りきるとボストンのまちがよく見えるのだが、それよりも、ここに刻まれた「敵の白眼を見てから撃て」という一言が胸を打つ。

イギリス国王の軍隊と戦うアメリカ民衆の軍隊は、軍隊とは名ばかりで寄せ集めの部隊であり、弾薬もろくになかった。だから、ムダに弾を撃ってはならない。敵の白眼が見えるほど近くに迫ってきてから初めて撃ってよい。そうすれば確実に敵を倒すことができる。ここでは激しい戦闘が展開され、アメリカ独立軍は結局は負けて、この丘から撤退した。

しかしイギリス軍は丘を占領したものの死傷者数が多かったため、その後数か月の間、さらなる作戦にとりかかることができなかった。彼らはそういう厳しい戦争を経て独立を勝ち取ったのだ。「敵の白眼を見てから撃て」という一言は何よりも雄弁にアメリカ独立戦争の意味を私たちに伝える。

ボストンは（正確にはボストン大都市圏は）、ハーバード大学をはじめ、ボストン大学、バークリー音楽大学、マサチューセッツ工科大学、マサチューセッツ大学など大学のまちであり、多くの学者や学生が住むまちであると同時に、アメリカ独立戦争の歴史遺産の集積により、日本でいえば古都奈良と京都を合わせたような落ち着いた魅力をもっている。

バンカーヒルの塔

路面電車を地下に入れた

## 古都だが新しいまちづくりを発信

アメリカのまちはたいてい、真っ直ぐの道路が碁盤目状に交差する都市構造をもっている。しかしボストンは違う。市の西部に一部、碁盤目状の地域があるが、ほとんどは不規則に複雑に入り組んだ道路構造のまちとなっている。

強いていえばロンドンの都市構造に似ている。もともとヨーロッパ大陸、特にイギリスに近く、複雑な海岸線をもっていて、植民地アメリカの本国イギリスとの交通の拠点として発展したまちなので、イギリスのまちづくりの雰囲気が色濃く残っている。そういう都市構造は、大学のまち、歴史のまちというイメージにふさわしい。

もともと、アメリカのまちにはイギリスのまちの名前をつけた例が多いが、ハーバード大学のあるまちはケンブリッジという。そもそもアメリカ東海岸一帯の都市群（コネチカット州、ニューハンプシャー州、バーモント州、マサチューセッツ州、メイン州、ロードアイランド州）はニューイングランドと呼ばれる。十七世紀にイギリスが植民地として移住者を募集したときに、ニューイングランドと名付けた。

ボストン地下鉄は一八九七年開業、アメリカで最初の地下鉄である（ニューヨークは一九〇四年の開業）。正確にいうと路面電車を地下に入れた、というもので、今でもその路面電車が地下を走っていて面白い。ボストンの道路は曲がりくねっているから、その下を通る地下鉄も曲がりくねって走る。車両編成が短い路面電車に向いているのだ。ボストンは古いまちだが、今でも多くの新しい考え方を世界に発信している。

# 新都ボストン

## 新しいまちづくりに挑戦する古都

古都奈良とか古都京都と言う。しかし古都ボストンとは言わない。ボストンはアメリカ独立戦争時代の遺跡を多く有し、古都である一面をもっているが、一方で常に新しいことに挑戦し続けている。それがボストンの真骨頂だ。

ヨーロッパからイギリス人たちがアメリカに渡って、初めてコロニーをつくったのはボストンである。ボストンはヨーロッパ大陸からアメリカ大陸にきた時に最も近くて、良好な港をもつ。イギリス人は故郷をしのんでこの地方一帯をニューイングランドと名付けた。ニューイングランドにはマサチューセッツ州、メイン州、ニューハンプシャー州、バーモント州、ロードアイランド州、コネチカット州がある。いずれも小説や映画で日本人に馴染みの多い名前だ。ボストンはマサチューセッツ州の州都というだけではなく、これらニューイングランドの中心都市という性格をもっている。

## 「アメリカで最初」が多いボストン

アメリカで最初に地下鉄が通ったのはボストンである。一八九七年に、路面電車の路線同士を結びつけるための地下鉄路線として誕生した。ボストン・コモンという公園はアメリカで最初にできた都市公園である。本格的な野球場もボストンが最初につくった。ボストン・レッドソックスが本拠地としているフェンウェイ・パークがそれである。ハーバード大学が創立されたのは一六三六年、アメリカで最も古い大学となった。初代後援者ジョン・ハーバードの銅像をつくるとき、ハーバード自身の顔写真がみつからなくて学生の顔を使ったという話は知られている。

私は数年前にハーバード大学のケネディ・スクール（公共政策大学院）で授業をしたことがあるが、教室の机の配置が円形になっていて学生同士の顔が互いに見えるようになっている。学生同士の議論を促す考え方によるものだ。ケネディ・スクール教員のほとんどは、学者出身ではなく政治・行政の出身者である。学生も社会人がほとんどで、したがって、議論は具体的で地に足がついたものになる。ハーバードの白熱教室は有名だが、絶えず緊張感をもち続ける大学の姿は、古都の名に甘んじることなく都市政策の挑戦を続けるボストンというまちの姿勢と共通だ。

マーク・ザッカーバーグがフェイスブックを最初に立ち上げたのは二〇〇四年、ハーバード大学の学生のときだから、ボストンはフェイスブック、いや、ソーシャル・ネットワーク発祥の地である。ちなみにマイクロソフトを立ち上げたビル・ゲイツもハーバード大学を中退している。

アメリカに来るたび、入国審査で長い行列に並び、帰るときは手荷物検査で並ぶ。慎重というより、客の捌きが悪い。まちには失業者があふれ、ホームレスが多い。どのまちも、首都ワシントンでさえ広大なスラムをかかえている。ボストンも広大なスラムをかかえている。いろいろな意味でアメリカの都市に比べ日本のほうがはるかに優れていると思うことが多い。

そういうアメリカが、経済力において日本に勝る原因の一つは、コンピュータやそれを扱う情報システムの分野、加えてインターネットの世界を支配しているからだ。私たちは、アメリカが世界を席巻したこれらのシステムなしには生活できない。ある意味、私たちはパソコンに向かうたび、アメリカに何らかのライセンス料を支払っていると思ったほうがいい。そういう知恵のかなりの部分はボストンのまちから生まれている。

## 高架高速道路撤去によりまちの一体化に成功

近年に至って、ボストンは、セントラルアーテリーという高架高速道路のうち五・六kmを壊して地下に潜らせ、地上の跡地約一一haを細長い公園にした。プロジェクトのスタートは、一九九〇年の「ボストン二〇〇〇マスタープラン」である。大規模なトンネルをつくったので、長い工事期間中はビッグ・ディッグ（大きな穴掘り）と言われた。

この計画の主眼は、ボストンのまちのダウンタウンとウォーターフロントを中央で分断しているセントラルアーテリー高架高速道路を撤去して、中心市街地を一体化しようとするものである。

地下高速道路という発想自体は、東京でも、首都高速中央環状線、外郭環状道路など、大規模に実現ないしは計画されていて、決して目新しいものではない。しかし、ボストンの場合は、既存の高架高速道路を撤去することにより都市構造を変革する狙いがあった。

底流には、いったん寂れたウォーターフロントを、港湾・倉庫機能から商業とレジャーを中心とした機能に転換して活性化することに成功していたことがあった。クインシー・マーケットという歴史的建造物を改装し、ファニュエル・ホール・マーケットプレイスという、年間二千万人の集客能力をもつ施設をつくったのが一九七〇年代のことである。

東京の臨海副都心は当初、テレポートセンターを備えてオフィスを中心としたまちづくりを指向したが、その後徐々に、商業、レジャーを含む複合的な土地利用に転換していった。ボストンは早くからウォーターフロントを商業・レジャーゾーンとして位置づけていた。

正確に言うと、跡地すべてを公園にしたわけではなく、二五%は住宅・商業その他、七五%が公園となった。跡地はローズ・フィッツジェラルド・ケネディ・パークウェイと名付けられた。いま、ボストンのウォーターフロントはとても賑わっている。

ボストン市役所にはまちの立体模型が置かれていて、さらに思い切った都市改造をしていくことをアピールしている。アメリカ独立戦争の聖地であり、古都でありながら、常に新しいまちづくりに挑戦し、情報システムの面でも観光都市としてもアメリカの経済の稼ぎ頭であり続ける、不思議な魅力をもったまちがボストンである。高架高速道路撤去により、ダウンタウンとウォーターフロントの一体化に成功したボストンは、新都の名にふさわしい。

賑わうクインシー・マーケット

高架高速道路を撤去したあとに設置された水遊び場

# ハーバード大学とその周辺
## 学問と実務を融合したケネディ・スクール

ハーバード大学は、ボストンのダウンタウンから地下鉄に乗って一五分くらいのところにある。ボストンからチャールズ川を渡った向こう側であり、ボストン市ではなくケンブリッジ市に属する。創立一六三六年とアメリカで最も古い大学とされている。

地下鉄の駅を降りると、昼も夜もとても賑やかだ。学生数だけでも二万人近くいるという。学生のうち三分の二くらいは大学院生であり、そもそもアメリカの大学院はいったん社会人になってから入学する人が多いので、二十歳台に限らず三十歳台やそれ以上の年齢の人も多い。

大学の方針として留学生も多く入学させていて、ざっと四〇%は外国人学生だから、他のアメリカ都市以上にあらゆる人種の人が街を歩いている国際都市でもある。

### 社会のリーダーを養成するケネディ・スクール

ハーバード大学の門で写真を撮ろうと思ったら、駅から少し歩いたハーバード・ヤードの入り口に門らしい門が一つだけあるが、別にここが正式の門というわけでもない。校舎はこのハーバード・ヤードの範囲内だけにあるわけでなく、周辺に無数の校舎があり、大学全体が街に溶け込んでいる。私が時々伺うケネディ・スクールもハーバード・ヤードの外にあるが、門に近い中心地にあるのですぐにわかる。ケネディ・スクールはもともと、日本でいう公共政策大学院的なものである。ここに学んだケネディを記念してその名を冠したのは一九六六年である。

ケネディ・スクールの目的は社会のリーダー養成だから、ここには、政治家や公務員だけでなく、ビジネスマンや技術者など色々な職種の人が集まる。ケネディ・スクールではミッドキャリアと呼んでいるが、職業経験をもっている人たちが学生である。この点は、私が籍を置いているガバナンス研究科と似ている。

ケネディ・スクールでも学生の四〇%以上が外国人だと聞いた。各国の多様な職種の人が集まって議論しながら自分の識見を磨く場という考え方である。ケネディ・スクールに限らずハーバード大学には多数の外国人がいるから、必然的に、ハーバードのまちには各国の料理をつくるレストランが集積した。だからハーバード大学に行って、食べるものに困ることはない。

ただし、駅や公園にトイレがないという欧米都市共通の特徴はハーバードでも同じだから、そのことだけは気をつけたほうがいい。

本屋も多い。アメリカの本屋はふつう、新本屋でも古本を置いている。ハーバード大学周辺の本屋には、日本の古本屋さんのように品揃えが充実したタイプの本屋さんが多い。

ハーバード大学の生協は、本も生活用品もお土産グッズも豊富に揃えている。ＣＯＯＰ（彼らはコープでなくクープと読むらしい）という看板がかかっているからすぐわかる。

私はケネディ・スクールの教室が好みだ。学生の机が教師を囲む形になっていて、学生側からもほかの学生の表情がわかる。日本でも公共政策、会計学、経営学など専門職大学院の授業は、双方向（教師と学生のやりとり）だけでなく多方向（学生同士のやりとり）を重視することになっているが、ケネディ・スクールの教室はそういう授業をやりやすいようになっていて、教室に緊張感がある。居眠りなんていうことはありえない形になっている。

教師の大半は、いわゆる学者ではない。政治、行政、実業の世界で要職に就いていた人を集めている。学生は、自分の国のリーダー層の人たちがアメリカに来ると、自費でボストンに寄ってもらって、ケネディ・スクールの学生たちに対してスピーチをしてもらい、そこでその人を交えてディスカッションを行なう。ケネディ・スクールでは、そのような催しが絶えず行なわれている。

ケネディ・スクールの隣にチャールズホテルがある。チャールズ川が見える場所なので川の名前をとってチャールズホテルと名付けたようだ。一九八四年のオープン。高級だが大きなホテルで、このような建物が建つことについては大いに論争があったようだ。

結果として、ケネディ・スクールに講演に来るような人たちの宿泊やレセプションなどに便利に利用されている。ハーバード大学周辺にはこれ以外にもシェラトンほか、日本人にもお馴染みのホテルがいくつもあって宿泊には便利なまちである。

## ビーアドのお孫さんがハーバードの教授だった

ハーバード大学に来たらチャールズ川に沿って歩くのがいい。綺麗に整備されているし、歩き疲れたらバスで戻ればいい。ハーバード大学からチャールズ川と反対側にはケンブリッジ・コモンという、あまり大きくはないが、ちょっとした公園がある。この場合のコモンというのは、地域の共用地といったふうな意味だ。

そのさらに先には、高級住宅地が続いている。その一角に、ヴァクツ教授の家がある。ハーバード大学で国際法を教えていた先生だ。先日亡くなってしまったが、後藤新平の都市計画や政治に助言したチャールズ・オースティン・ビーアドのお孫さんである。

この家は、すぐにわかる。家の前庭が日本風を意識したつくりになっているからである。ビーアドはアメリカの憲法を中心としたアメリカ政治の学者であったが、アメリカはアジアを植民地にするのでなく友好的に接するべきだという考えをもち、その立場から後藤新平の要請に応えて二度も来日して、東京の都市計画や日本の政治のあり方について的確な助言をした。

ヴァクツ教授の一家（夫人や、大学図書館に勤務する娘さんが健在）は、そういうビーアドの思想に共鳴し、ビーアドが日本に対して助言したことを誇りに思っているように見えた。

ヴァクツ教授によると、ビーアドの教科書はアメリカの多くの学校で使用され、ビーアドが書いた本は一般の人によく売れた。ビーアドはお金の心配をすることはなかったし、アメリカ歴史学会の会長にも選ばれた。

その後、日米戦争についてビーアドは、当時のフランクリン・ルーズベルト大統領が日本の真珠湾攻撃に対して憲法上必要な手続きを踏まずに宣戦布告したことを強く批判した。そのためにかつて非常に高かった人気は失われ、旧友たちも離れていき祖国に対する背信行為だと責められたという（ビーアド著『ルーズベルトの責任』開米潤監訳、阿部直哉・丸茂恭子訳、藤原書店刊、に寄せたヴァクツ教授の序文から）。

ヴァクツ教授は、今日私たちが見ることができるビーアドの写真に風貌がそっくりで、気さくな感じの人だった。ビーアドも、上記開米さんや丸茂さんの調査によると、アジアを旅行するとき、ガイドを雇うことを好まず、自分で切符を買ってくるタイプの人だったという。だから当時の中国を旅行して貧富の差に驚き、近代化に対する助力の必要性を感じたらしい。

ちなみに、ビーアドが東京に助言するために来日した時の旅費を援助したのは、ロックフェラー二世である。そしてその子ロックフェラー三世は、第二次世界大戦が終わった時、これからは日米交流の時代だといってニューヨークのジャパンソサエティを再建した。息子を日本兵に殺された親が多くいるアメリカで、これは相当勇気のいることだったと思う。

私たちは、ビーアドやロックフェラー三世のように、日本のためを思って日本の手助けをしたアメリカ人のことを忘れてはならないと思う。ビーアドはコロンビア大学の人だが、ハーバード大学を歩いてもアメリカ史について色々と感じることがある。

ケネディ・スクール

ヴァクツ邸の前庭

# シカゴ
## 交通渋滞に悩むものづくりのまち

イリノイ州の東北端にあり、人口約二八〇万人を擁し、ニューヨーク、ロサンゼルスに次ぐアメリカ第三の大都市である。なおイリノイ州の首都は三〇〇km以上も西南に行ったスプリングフィールドである。

シカゴはリンカーンの故郷として知られるが、基本的にはものづくりのまちである。市の周辺を含めた工業地帯から食品、家電、自動車、機械、家具など各種の工業製品が産出される。工業都市という性格のため日本との関係も深い。シカゴ日本商工会議所は、日系企業を中心に五百社余の会員を擁している。日本の総領事館も置かれていて、活発な日米交流活動が行なわれ、都庁からも幹部職員が派遣されている。ジェトロも事務所を開設していて、中小企業の取引や進出の支援も行なっている。

ハンバーガーのマクドナルド、チューインガムのリグレーなどはシカゴで誕生した。もともと農畜産業の中心地だったが、一八七一年のシカゴ大火のあと、食品工業をはじめ各種工業が発達した。

摩天楼もこのあとできた。ミシガン湖の南西端に位置して、水面が豊富であり、風光明媚だが冬の寒さは尋常ではない。

## 道路面積は十分あるのに交通は大渋滞、コミュニティの崩壊も問題

ワシントン・パークに隣接したハイド・パーク地区のなかにはシカゴ大学がある。この大学は大学院大学として教育より調査研究に特化して、世界で最も多いノーベル賞受賞者を輩出している。一九四二年、世界で初めて原子炉を運転したのはシカゴ大学であり、それを記念して構内にヘンリー・ムーアの「核エネルギー」という彫刻が置かれている。

ハイド・パーク地区にはオバマ大統領が一九八〇年代に住んでいた家がそのまま残っていて、今、別の人が住んでいる。テラス式の、木立に囲まれた、高級に近い住宅だ。シカゴ市南部一帯は広大なスラム地区だが、ハイド・パーク地区は別で、高級なアパートが多い。

シカゴ市南部一帯はハイド・パーク地区を除いて一般に低所得者が多く居住している。

有名な一九九五年シカゴ熱波に関するニューヨーク大学のクライネンバーグ準教授やシカゴ大学のキャグネイ準教授らの研究は興味深い。シカゴは冬は氷点下一〇度以下に下がることも多く、強い風も吹くが、夏に四〇度くらいに達する熱波が襲来することもある。一九九五年夏には一週間で七百人ほどの人が死亡した。これについてクライネンバーグ準教授らは、死者について社会学的検視が必要であると主張する。

根底にはコミュニティの衰退、商業の衰退などによる孤立化の問題がある。一人暮らしの黒人高齢男性の死亡が多かった反面、コミュニティの結束が強いラテン系の死亡が少なかったからである。ザ・シティ・オブ・ネイバーフッドと言われたシカゴの近隣コミュニティも崩壊しつつある。

## 日本郵船のロジスティックスやスバルの工場が健闘

シカゴの最大の問題は市内の交通渋滞である。公共交通機関が未整備なので、両側一〇車線ほどあるような幅広の道路さえ、四六時中渋滞している。道路面積は十分にあるのにこれほど渋滞がひどいのは、モーダルシフト（輸送手段の転換）や公共輸送機関への誘導がうまくいっていないからである。インフラを整備しなくとも、ソフト面の対策を効果的に実施すれば速やかに渋滞は解消できる。都市行政の担当者にとっては面白そうで腕が鳴るフィールドだ。このまちの交通渋滞を見ているとさまざまな改善策が浮かんでくる。デイリー市長は人気者だというが、できるはずなのにできないのは、市政運営に問題があるからに違いない。

アメリカの国土構造からすると、幹線道路網、鉄道網、航空網ともにシカゴを交通の要衝としている。コンベンションシティという別称もそんなところからきている。

日本郵船が中心となってシカゴにつくったロジスティックスパーク・シカゴは、鉄道とトラックのコンテナ輸送の積み替え基地である。広大な陸軍演習場跡地に二〇〇二年につくった。貨車置き場は現在一〇レーンだが、将来四〇レーンに拡張する計画をもっている。コンテナ輸送が増え続け

日本郵船が中心になって作ったロジスティックスパーク

インディアナ州ラファイエットのスバル工場

ているのである。現在年間一四〇〇万個のコンテナを扱っているが、そのうち日本のものは七％にすぎない。思わぬところで思わぬ日本企業が活躍している。

このようなプロジェクトが成立するのは、シカゴがアメリカ全土の交通ネットワークの中心だからである。シカゴから三〇〇kmあまり行ったインディアナ州のラファイエットに自動車工場をつくったスバルも、多数の部品工場から集荷しやすいという理由でこの地を選んだ。州政府が整地・道路舗装・税優遇など誘致策をとったこともあるが、その程度のことはほかでもやる。自動車工場は雇用創出効果が大きいからである。立地条件のよさが決めてだった。スバルはここで、スバルやトヨタの生産システムを根気強く従業員に浸透させている。

シカゴは交通の要衝にあるが、問題は鉄道網の老朽化である。シカゴに集まる貨物鉄道は月に一回は脱線事故を起こし、復旧に長時間かかる。週に一回は貨車の不具合による事故が発生する。私たちは敢えて、ワシントンからシカゴまでアムトラックに乗って移動してみたが、揺れる、遅れる、乗車券販売システムは非効率など、大丈夫かなあと心配になる鉄道だ。

東京にもいろいろな問題はあるが、シカゴの抱える問題は、より深刻であるように見えた。交通渋滞の問題を含め、解決可能な資源をもっているのに解決できていない、すなわち政治や行政が十分に機能していないからだ。シカゴが住みやすいまちになるかどうかは、市の政治や行政、そして市民社会が問題解決に向けて一丸となることができるかどうかにかかっているように見える。

# シカゴのL
## 鉄と木でつくった都市内の軽便鉄道

アメリカ映画でシカゴが舞台となると、必ずといっていいほどLという高架鉄道がビルの谷間を縫うようにして走る場面がある。Lが出来たのは一八九二年だから百年以上の歴史をもち、ビル群すれすれに走ってまちの表情を豊かに映し出している。

このLは高架（elevated）のELが省略されてLと表示されるようになったらしい。シカゴのLは、東京の山手線や大江戸線と同様に、中心部を回る環状線をもっている。この環状線は東西に五〇〇m、南北に九〇〇mと小さい区域であり、駅も九つしかないが、これをシカゴはループ（Loop）と呼び、この地域はループエリアと呼ばれ、美術館等主要な建築物がこの地域に多く立地している。面白いのは、この小さいループは環状線だけでなく、ぐるぐる回りながら放射状のほかの線路に入っていくことである。もちろん時計回りと反時計回りと両方の路線がある。

## 新交通システムの極致ともいうべきL

Lは道路の上の高架鉄道である。Lの下は道路であり、自動車が走っている。シカゴは一八七一年の大火で焦土と化して、そのあと摩天楼ができたのだが、道路はニューヨーク同様、碁盤の目構造で、自動車交通は交差点ごとの信号ストップによって渋滞が激しい。そのため道路と共存できる高架鉄道が選択されたのである。

その構造は、コンクリートを使わず鉄だけでできていて、ホームは板張りである。私は都庁に勤務していたとき、「新交通システムとかモノレールといっても、これほど大量のコンクリートを使う一大構築物なのか」と驚嘆したことがある。

Lは百年以上前のものだが、まことに軽便な、これこそ新交通システムの極致というべき構造だ。軽いから、道路に建てる柱も細くてすむ。工場生産可能だから短期間で建設可能だ。オリンピックのような、一部区間だけ、短期間だけ集中的に交通需要が生じる催しで検討に値するインフラだと思う。

シカゴは商品取引所で知られているように、アメリカの物流拠点として栄えた。富が集中すれば都市的貧困も深刻化して、シカゴ社会学は現実世界に肉薄する科学として名を馳せた。富の集中は一方で都市中心部の混雑を惹起し、Lが考案された。シカゴには特徴のある、デザイン性豊かな建築物が多いことで知られる。高さ四四三m一一〇階建てのシアーズ・タワーは世界一高いビルだった時代もある。そういうシカゴで、実は百年以上前につくられたLこそ、シカゴの代表的構築物として位置づけることができるのではないか。

Lは高層ビル群の中、道路上を走るから、直角に曲がるし、自動車が信号待ちするように交差点で止まって、自分の前を横切る電車の通過を待っていたりする。それを取り仕切るセンターのコントロールルームにあるコンピュータは旧式で、だからかえって仕組みがわかりやすいと関係者は自慢する。

それぞれの交差点（ジャンクションと呼ばれている）には、彼らがタワーと呼ぶ高架上に取り付けられた小屋があって、オペレーターは高い位置にある小屋から電車の運行を見守りつつ、止まって待てとか進めなどの指示を出す。以前、東京の都電の交差点にあった塔屋と似たような感じである。

Lは全部で八路線あるが、そのうち赤線と青線は都心部で地下部分を通っている。それ以外の区間は全て地上（高架）を走っている。路線延長三六〇km、駅数一四五、周辺八つの都市に延びていて、アメリカではニューヨークの地下鉄に次ぐ規模である。CTA（シカゴ市交通局）が運営している。

Lは、現在はシカゴ市の交通局が運営しているが、元々はいくつかの会社によってそれぞれの路線がつくられ、民営だった。第二次世界大戦後、モータリゼーションの進行によって赤字となって、市が買い取り運行するようになった。このあたりの経緯は、東京の市電や地下鉄が当初、民間会社によって建設され、経営がうまくいかなくて当時の東京市当局が買収した経緯と共通している。

料金は初乗り二・五ドル、乗換え時にはさらに二五セント、ただし駅によっては乗り換えても無料。バスとの乗り換えも二五セントで済む。距離に関わらず均一料金なので、長距離乗るとかなりの割安感があるし、同時にこれでは相当の赤字だろうと心配になるのは、ニューヨークの地下鉄と同じである。

一日券その他旅行者用のチケットもあるが、各駅では一回券しか売っていないので、空港に到着した時に購入しておくといい。青線はオヘア国際空港に乗り入れている。シカゴの道路渋滞は有名で、空港と都心との間が一時間以上かかることはよくあるし、空港のセキュリティチェックも時間がかかるので、出発客は空港には出発時間の三時間前に到着するよう、日本の旅行案内書に記載している例があるが、Lの青線を利用すれば時間を読むことができる。

## オークパークのライト邸に見る日本文化への関心

Lのグリーンラインで十数分、北に行くとオークパークがある。ここのフランク・ロイド・ライト邸は必見である。一八八九年、ライトはここに自宅と設計事務所をつくった。内部は、説明ツアーに参加しないと見学できないし、部屋数が多いからそのツアーは始まってからでも一時間以上かかるが、必見である。

日本人なら誰でも、ライト邸の自宅の玄関やロビーに入った瞬間から、きめ細かな配慮がなされていて、従来の欧米家屋とはかなり異なっていると感じるだろう。玄関は広いが、ロビーについては大きな空間に巨大な家具を置くという欧米の発想ではなく、それほど広くないスペースに壁際のベンチや戸棚が上手に配置されていて心が和む仕掛けが随所に見られる。

ビルの間を縫って走るＬ

ライト邸

食堂は広くはないが窓や照明、さらにはテーブルや椅子に加えられた工夫によって狭く感じることはない。二階の居住空間にも、たとえば浴室から直接屋外を見ることは出来なくとも、外気はうまく取り入れる工夫がなされているなど、日本家屋を見るような工夫がある。設計事務所の、スタッフたちの仕事部屋、応接室、ライト自身の仕事部屋など、いずれも機能的で、仕事に集中しやすいよう、採光、眺望に素人でもわかる工夫が見られる。日本の障子のような仕組みもあるし、スタッフの説明によると、ライトは日本の浮世絵を蒐集していて、何枚も飾ってあったようである。

ライトが来日したのは一九一三年、帝国ホテルの設計のためである。日本に滞在中、安藤広重などの浮世絵を熱心に蒐集したようだ。ただし施主とのトラブルや工期の遅れもあって、帝国ホテルの完成は一九二三年であり、ライトは完成の姿を見ていない。ライトが帝国ホテルの設計を引き受けたのは、私生活の行き詰まりもさることながら、以前から日本文化に関心が高かったからだということは、ライト邸を見ればわかると思う。

今、明治村にある帝国ホテルを見ると、シカゴのオークパークにあるライト邸と帝国ホテルは共通に、西洋建築でありながら日本の感覚を取り入れているように感じる。

オークパークにはライトが設計した邸宅が何軒か現存している。また、話は違うがヘミングウェイが生まれ育った家はライト邸のすぐ近くにあり、これまた説明を聞きながら見学することができる。

## ワシントンDC
### 伸び盛りだったアメリカを象徴するまち

世界で繁栄したまちは、たいてい自然発生的に人々や産業が集中し、その集中がさらなる繁栄をもたらした。しかしワシントンDCは違う。国家が新首都建設の位置を決め、白地に絵を描いて諸々の都市施設や建築の位置を決め、それが成功した。

キャンベラにしろブラジリアにしろ、意図的につくったまちは必ずしも成功したとはいえないが、ワシントンDCは、国家が強い意志をもって建設して成功した珍しいまちだ。それは、アメリカという国の輝かしい歴史を象徴的に体現するまちである。

アメリカという国は現在いろいろな問題をかかえているが、それでもワシントンDCというまちは輝いている。今後、世界におけるアメリカという国の相対的地位は政治、経済、文化、社会、学問、軍事などいずれの面においても徐々に低下していくだろう。それでも、いや国家の威信が低下すればするほど、ワシントンDCというまちの輝きはかえって増していくようにさえ考えられる。ワシントンDCは、伸び盛りだった時代のアメリカを象徴するまちだからである。

## 世界一の図書・資料数を誇る連邦議会図書館

ワシントンＤＣの都市計画は、一方の極にキャピトル・ヒルを配置した。連邦議会議事堂だ。その裏に連邦議会図書館がある。図書・資料合計七千万点余、職員約五千人、世界最大の図書館だ。ルネッサンス様式の本館とその他の何棟かの巨大ビルによって構成されている。アメリカ独立宣言が一七七六年、この連邦議会図書館の設立は一八〇〇年である。

世界の図書館の中でも比較的歴史の浅いアメリカ連邦議会図書館が、世界最大の図書・資料数を誇るに至ったのは、アメリカの歴史が浅いからである。特に初期のアメリカは、植民地時代の宗主国だったイギリスとの紛争が続き、一八一四年にはイギリス軍の攻撃によって連邦議会図書館も被害を受けたことがある。

そういう状況におかれた国家において、その国の知識・教養を高めることは必須の課題であった。また、歴史を蓄積していくことも重要な課題であった。連邦議会図書館の充実は、いわば国家の充実そのものだったのである。だから、この図書館は、議会人のための議会図書館の性格だけでなく、一般人のための公共図書館としての性格も合わせもっている。

アメリカやヨーロッパの一般の図書館・博物館・美術館やコンサートホールがやっているように、この図書館にもツアーコースがある。一定の時間にロビーに集合すると、ガイドが図書館の要所要所を一緒に回って説明してくれる。このツアーに参加すると、この図書館の多目的性と、図書館に託した建国初期のアメリカ人の思いが伝わってくる。日本のこの種の施設にはなぜ、こういうツアーコースが少ないのだろうか。説明するほどの内容がないからなのだろうか。あるいは説明するほどのコンセプトがないからなのだろうか。日本にも誇るべき施設は多いのに惜しいと思う。

キャピトル・ヒルから真っ直ぐ西に向かった都市軸の対極に、リンカーン記念堂がある。その向こうはもうポトマック川だ。このリンカーン記念堂の壁にリンカーンの「人民の人民による人民のための政治」の演説文が刻まれていることは知られているが、階段を上りきった足元に、キング牧師の演説「アイ・ハブ・ア・ドリーム」が刻まれているのも見逃せない。公民権運動のとき、キング牧師はここで大集会を開き、この演説をしたのだ。「私には夢がある。それは黒人と白人が同席する夢だ」という演説だ。この演説をリンカーン記念堂の正面の床に刻み込んだところにアメリカのいい面がある。アフガンやイラクの戦争をどうしても終結できないで世界中の人に迷惑をかけている現在のアメリカにも、昔は夢があったのだ。ワシントンに行くと古き良き時代のアメリカを感じることができる。

キャピトル・ヒルとリンカーン記念堂を結ぶ軸線の真ん中には、ワシントン記念塔がある。ワシントンDCで最も高い建物だ。中にはエレベーターがあって、ここに昇るとホワイトハウスを上から見ることができる。整理券をもらって並ばされて手荷物の検査を受けて、昇るまではけっこう手間がかかるが、一度は昇ってみる価値がある。リンカーン記念堂からポトマック川にかかる橋を渡ると、対岸はアーリントン墓地だ。ケネディの墓と無名戦士の墓には誰でも行くが、さらに上の丘に登ると、ペンタゴンが手にとるように眼下に見える。

## まちの活力源はKストリートに軒を並べるロビイストたち

ワシントンＤＣには、地域自治がない。連邦政府の直轄地だ。そもそもＤＣ（ディストリクト・オブ・コロンビア）というのは、州でも市でもない。上院議員もいない。議会・政府とそれに関連したサービス業が立地しているにすぎない。普通なら、まちは繁栄しない。ところが、アメリカの政治の仕組みは、大統領ではなく議会に法案提出権と予算提案権を認めて、大統領をはじめとした行政府にはそれを認めていない。大統領が強大な権限をもっているように見えるのは、拒否権をもっているからだ。大勢の議員が賛成した法律や予算であっても、大統領一人が反対すると成立しない。

連邦議会が予算と法律をつくるから、大勢のスタッフを公費で雇用することが認められている。上院議員は四〇人、下院議員は一八人のスタッフを公費で雇うことができる。それに加えてロビイストが活躍する。議員経験者、元議員スタッフ、弁護士、行政経験者など三万五〇〇〇人に及ぶロビイストが、全米各団体・利益団体の顧問として、あるいは議員の意を体して、法案の作成や成立に向けて活躍している。これがアメリカの政治の活力を生み、ワシントンＤＣのまちの活力の元となっている。市場主義のいい面がここでは表現されている。ホワイトハウスの数ブロック北をＫストリートが東西に走っていて、この沿道にロビイストたちが軒を並べているが、この通りがワシントンＤＣで最も賑やかで魅力的な一帯である。

連邦議会図書館

ワシントン記念塔から見たホワイトハウス

# シアトル
## 日本郵船が初めて日米定期航路を開いた

シアトルはアメリカ西海岸の最北端に位置している。日本郵船の日米定期航路が最初に開かれた都市である。かつてイチローが属したシアトル・マリナーズの本拠地であるセイフィコフィールド球場があるほか、マイクロソフト社やボーイング社の工場がある。

### ワシントン州日米協会が活発に活動

シアトルを訪れた人が必ず足を向けるのがパイクプレイス・マーケットである。レストランと店を合わせて三百近くが集積する充実したマーケットで、アメリカにおけるショッピングセンターの発祥地とされている。スターバックスの一号店もここにある。マーケットの入り口には、日本人の農業者たちの働きぶりを示した大きな切り絵が何枚も掲示されていて、このマーケットの定着に日系アメリカ人農業者の商品納入が貢献した旨の説明がある。

しかし、彼らは、日本の真珠湾攻撃のあと、フランクリン・ルーズベルト大統領が署名した法律によって全財産を没収され、砂漠の収容所に入れられた。戦後、解放されたが、戻ってきても農場や商店、レストラン、さらには住居も人手に渡っており、再び事業を開始するにしても一から始めるほかなかった。

大戦中、収容所に入れられた日系人の若者たちの多く（全米で約四万人と言われている）は志願してアメリカ兵としてイタリア戦線に出征し、アメリカのために戦った。そこには、アメリカからは手ひどい仕打ちを受けたが、それでもアメリカ人として生きていくほかない、アメリカ人として生きていきたいという気持ちが込められている。

シアトルにあるワシントン州日米協会は一九二三年につくられ、日米戦争中を除き一貫して日米交流事業を実施している。運営費は日系人・日系企業だけでなくアメリカ人・アメリカ企業を含めた寄付によって賄われている。この協会は、日常的にアメリカ人の学校にボランティアを派遣して、日本食や日本語をはじめ日本文化を伝える活動（ジャパン・イン・ザ・スクールズ・プロジェクト）などを行なっている。

日米協会の主要メンバーの一つである二世退役軍人協会（NVC）は、シアトルのキング・ストリートに室内バスケットボールコートや会議室をもつ大きな建物をメモリアルホールとして持っている。ここは一九三八年に剣道の道場として建てられ、大戦中に放置されていたものを一九四六年に二世退役軍人協会として再建したものである。建物は一九五一年に再建され、さらに二〇〇五年に建て直しされている。背景には、復員した日系アメリカ兵は差別されてアメリカ人の退役軍人協会には入れてもらえなかったという事情がある。

このＮＶＣの敷地には二〇一〇年にメモリアルウォールがつくられ、大戦で戦死した大勢の日系アメリカ兵の名前が刻まれている。彼らの名前を仔細に読むと、マサル・リチャード・タムラ、エイイチ・フレッド・ハイタなどと英語のミドルネームがついている人が多い。これらの名前をつけた一世の人たちが、二世にアメリカ人として生きることを期待していたことがうかがわれる。

二〇一三年十二月、明治大学大学院の社会人学生たちとワシントン州日米協会との交流イベントは、このＮＶＣの会議室で行なわれた。日米協会の皆さんが二〇人ほど集まってくれて、福祉、教育、都市、医療などの問題についてグループ別に意見交換を行なった。

元ベトナム大使で在日アメリカ大使館のナンバー2を務めたこともあるミシェル・ミカラクさん、コスコ（日本では「コストコ」と呼ばれている）やマイクロソフト社の社員の人たちなど、アメリカ人のメンバーが何人も参加していた。

大学生の就職活動が話題になったとき、マイクロソフト社の人が「米国の大学では一年生のときからインターンシップを経験して互いに適性を探る」と発言したのには興味をもった。

なお、マイクロソフト社は、シアトルのダウンタウンにある巨大な公共図書館の筆頭寄付者である。この図書館は、各階の閲覧コーナーや書架との間で開放的な構造のホールを持つほか、多数（約百数十台）のパソコンを利用者の使用に供している。

ＮＶＣから一〇分ほど歩いたところに宇和島屋という大きなスーパーマーケットがある。ここでは、あらゆる日本食品が手に入ると言われるほど品揃えが豊富で、多くの買い物客でにぎわっている。宇和島屋という店名が示すように、シアトルには愛媛県からの移民が多い。アメリカ移民の父と言われる西井久八も愛媛県八幡浜出身で、西井はシアトル近辺の製材所勤務から出発してレストラン、クリーニング店、ホテルなどを経営し、郷里から多くの青年を呼び寄せた。

## 今でも日本と関係の深いまち

この一帯には中華料理店も多いが、チャイナタウンとは呼ばずインターナショナル・ディストリクトと呼ばれるのは、日系人の店がけっこう多いためだろう。

『北米報知』という日系人向けの新聞も発行されている。日本語と英語が混じっていて、新たに日系人社会に参加する日本人がいる一方で、日本語を話すことができない日系人が増えていることがわかる。現に、私たちとのミーティングに参加した日系人にも、外見は日本人であってもほとんど日本語を話せない人も何人かいた。一方でミシェル・ミカラクさんのように日本語を不自由なく操るアメリカ人もいる。余談だが、日本語の上手な外国人の共通の特徴は、日本語を読み書きでなく話し言葉で覚えたという事実である。日本人の英語教育でもそういう発想の転換が必要ではないか。

シアトル発祥の地は海沿いのパイオニア・スクウェアであるが、ここには地下都市ツアーの出発点がある。この低地帯につくられたまちに自然流下を原則とする下水道が一八八一年以来普及すると、満潮時には逆流現象が発生した。折しも一八八九年に大火に見舞われ、再建するとき、逆流現象を避けるため一段高いところにまちをつくった。その後いつしか、この地下街は忘れられたが、一九六五年から地下都市を一般の人に見学させるようになった。

シアトルといえば、北方約四〇kmにあるボーイング社エベレット工場を見逃せない。創業者のボーイングが初めて水上飛行機を飛ばしたユニオン湖の近くにつくった、敷地四一五ha、建物面積四〇haというギネスブックに載る巨大な工場である。

７４７型機すなわちいわゆるジャンボ機から始まって、７６７、７７７そして今後の主流となる７８７型機がここで組み立てられている。月曜から金曜まで二十四時間操業の工場である。敷地内に保育所も病院もある。消防署は、企業立では世界一、ワシントン州では公私を通じて一番規模が大きい。７４７型機の部品は六百万個、それに対して７７７型機は「空のＩＴ」と呼ばれるようにコンピュータで設計しコンピュータで組み立てることにより、部品は半分の三百万個に減った。七八七型機に至っては四日で一機が組み立てられる。

工場といっても、ここで生産される部品は一つもなく、世界の約一千社に発注された部品がここエベレットに集められる。東レの炭素材をはじめ日本からの部品が最も多いと言われている。

シアトルは昔も今も日本との関係が深い。シアトルではバス停ごとの詳細な時刻表が印刷・配布されている。まちの人の話では一五分くらいは遅れることが多いというが、努力していることは確かだ。日本人と気質が似ている。シアトルには百年以上前からの日本人の思いや生活の足跡が刻まれてもいる。多くの日本人に関心を持って欲しいまちだ。

日系アメリカ兵のメモリアルウォール

ワシントン州日米協会との交流イベント

## サンフランシスコ
### ウォーターフロントを中心に魅力を形成

サンフランシスコといえばゴールデンゲート・ブリッジ（金門橋）、アルカトラズ島、ケーブルカーを思い浮かべる。ゴールデンゲート・ブリッジは金色でなくオレンジ色に塗られている。それなのにゴールデンゲートと呼ぶのは、大きなサンフランシスコ湾の入り口を一八四六年にゴールデンゲートと呼ぶようになり、そこにその後、一九三七年に橋が架けられ、ゴールデンゲートに架けられた橋という意味でゴールデンゲート・ブリッジと命名されたのである。オレンジ色に塗ったのは、霧が多いサンフランシスコ湾で目立つようにという配慮だという。ゴールデンゲート・ブリッジの建設が決まったのは一九三〇年である。大恐慌の翌年にこのような巨大橋をつくろうとしたところに、当時のアメリカ人の心意気を感じることができる。

### ゴールデンゲート・ブリッジとアルカトラズ島

私たちはゴールデンゲート・ブリッジを歩いて渡ることができる。三〇分ほどで渡り切るが、渡ったところには大したものがあるわけではない。それよりも、橋の袂から少し南にあるゴールデンゲート・パークこそ必見である。

ゴールデンゲート・パークへは、ゴールデンゲート・ブリッジからもユニオン・スクウェアからもバスが頻繁に出ている。ここにはいろいろな施設があるが、カリフォルニア科学アカデミーのプラネタリウムでは、地震の発生メカニズムを立体的な映像で見せる番組を持っている。

また展示スペースでも地震展示は充実している。地球儀によるプレートの説明から個人が備蓄しておくべき物資の一覧まで、具体的に示している。一九〇六年、一九八九年のサンフランシスコ大地震については、その揺れの激しさを体験する設備がある。

一九八九年のサンフランシスコ地震は、震源地の名前をとってロマ・プリータ地震と呼ばれている。二〇一一年の東日本大地震と同じ、北米プレートと太平洋プレートの境界で発生した地震である。多くの死傷者をだしたほか、サンフランシスコという密集した大都市の建物が次々と崩壊し、インフラやライフラインにも多くの被害をもたらした。

東京都はこのとき、専門家による調査団を派遣し詳細な調査を実施し、その後の東京都の防災対策にも大いに役立てた。私はかねてから墨田区両国の都立横網町公園にある復興記念館の展示の充実を提案しているが、なかなか実現しない。関係者は、サンフランシスコの科学アカデミーほどの高水準でなくてもいいから、ぜひ、現代のＩＴ技術を駆使した地震解説を参考にして、復興記念館の展示を充実して、都民の防災意識の啓蒙を図ってほしい。

サンフランシスコ市はロマ・プリータ地震の翌一九九〇年、マスタープランを策定して地震に強い都市をつくることにした。これによって地震に弱い住宅密集地はかなり改善されたが、このとき「解決策は応急のシェルターの設置だけではないことを認め、ホームレスの根源的原因を解消する」と宣言して重点政策とされたホームレスの解消は、残念ながら、いまだに実現していない。

私たちがサンフランシスコ市内を歩くと、どうしてもおびただしいホームレスの人々や物乞いの姿を目にするのはロサンゼルスと似ている。

サンフランシスコの二つ目の名物はアルカトラズ島である。岩倉具視、大久保利通、木戸孝允らによる明治四（一八七一）年の使節団は、日本から船に乗ってまずサンフランシスコに着いた。船がゴールデンゲートを通りすぎたあと、アルカトラズ島の砲台から一五発の祝砲を受けたと、久米邦武編『米欧回覧実記』に記載があり、アルカトラズ島の絵も載っている。

このころのアルカトラズ島は、四百人余の兵が常駐する陸軍の要塞だった。刑務所になったのは一九三四年からである。アル・カポネが入獄していたことや、一九四六年に脱獄事件があったことなどで知られる。刑務所廃止後もインディアンによる占拠事件があった。話題の多い島であり、観光客も多く、見学するには予約が必要だ。

アルカトラズの日本語オーディオガイドは充実している。世界のどこの博物館でも、オーディオガイドに忠実に展示を見て歩く気にならないが、アルカトラズは例外だ。刑務所内のすべての展示をオーディオガイドに従って見て歩くことができる。説明の内容がいいし、順路の案内が的確だ。

ガイドの人がいるが、英語が得意な人でなければ、日本語オーディオに従って見学するほうがアルカトラズの施設を理解しやすい。

## フィッシャーマンズ・ワーフからダウンタウンへ

アルカトラズ島へはフィッシャーマンズ・ワーフ近くの埠頭から船で渡る。フィッシャーマンズ・ワーフ周辺、特にフェリービルディング・マーケットプレイスはシーフードを提供するレストランがたくさんあって、いつも賑わっている。この近くにはギラデリのチョコレート工場兼売り場があり、斜面を利用して規模は小さいが魅力的なまちづくりをしている。

フェリービルディング・マーケットプレイスから陸側に向かって大きな通りを渡るとエンバーカデロ・センターがある。六ブロックを占めていくつものビルの二階、三階がデッキでつながっていて、百以上の店やレストランが集積している。人工的だが緑も豊富に配置されている。

エンバーカデロ・センターの四本の高層ビルは、夜になると四角く縁取りされてライトアップされ、サンフランシスコの夜景のポイントのひとつになっている。

ここは官庁街を含むフィナンシャル・ディストリクトの一角であり、通りすぎるとトランスアメリカ・ピラミッドという高さ二六〇mの三角形をしたオフィスビルがある。トランスアメリカ・ピラミッドはその高さと特長ある形から、見る人がサンフランシスコ市内における自分の位置を知ることができるランドマークとなっている。

この先はさらにチャイナタウンが広がっていて、そこをさらに通りすぎるとユニオン・スクウェアに至る。日本人の心のふるさとジャパンタウンはもっと西の方にある。フィッシャーマンズ・ワーフからこれらルートをすべて歩いて半日あまり、といった感じである。

一八七三年、馬車を引く馬が坂道を転げ落ちて死んだのを契機にできたケーブルカーは、市民の足というより観光名物といった感じであり、市内を移動するにはバスを乗りこなした方が便利だろう。

観光、見物と割り切って乗ればケーブルカーも面白い。起終点で車両を回転させる場面や車掌による乗客の扱いなど、伝統的かつ古典的で興味深いシステムではある。何度か廃止の危機を乗り切って路線を縮小し、今では都市にとって欠かすことのできない風物詩となった歴史は、東京の都電とも似ている。ケーブルカーもバスもウォーターフロントをポイントとして路線が形成されている。サンフランシスコの都市としての魅力はウォーターフロントを中心に成り立っている。

サンフランシスコ国際空港はダウンタウンから車で三〇分程度と便利である。都心から近いのはいいが、ターミナルの規模がアメリカにしては小さい。図面上のデザインは美しくて大きいが、それぞれの便の待合スペースは狭くてごった返していて、椅子の数も十分ではなく、乗客にとっては快適な空港ではない。搭乗手続き後、セキュリティチェックまでの動線もわかりにくくて、これらの欠陥はアメリカの空港にはよくあるケースだが、成功した設計とは言い難い。

ゴールデンゲート・ブリッジ

ギラデリのチョコレート工場

# ロサンゼルス・リトルトーキョー
## 海外雄飛を夢見た日本人の歴史を刻むまち

ロサンゼルスというと、ハリウッドやディズニー、ロングビーチを連想する人が多いと思うが、リトルトーキョーを忘れてはならない。ここは多くの日本人が海外雄飛の夢をもって渡り、活躍したまちである。

アメリカでは日本人を排斥した時代が長かったし、当時の日本人は事前にろくな英語教育を受けることもなく、また多額のドルを持つこともなく、勤勉と志だけを頼りに渡米した例が多かった。そこで自然に、日本人同士が集まったり、情報交換する場が形成された。それがリトルトーキョーである。西本願寺の別院が置かれ、旅館が出来、日本人が経営する店が集積された。

現代においては日本人がアメリカで生活を始めるためにそのような場を必要としないかもしれないが、リトルトーキョーは、渡米した日本人の苦難と努力の歴史を記録し伝える貴重な場として整備されている。特に全米日系人博物館と第二次世界大戦戦死者の記念碑は、日本に暮らす私たちよりもずっと強く日本人としてのアイデンティティを持ち続けた人々の魂を今日に伝え、迫力に満ちている。

## 日系アメリカ人の苦難の歴史を伝える全米日系人博物館

リトルトーキョーは、ロサンゼルスのダウンタウンの一角にある。ロサンゼルス市役所や州政府、連邦政府、裁判所などがある官庁街から歩いても一五分か二〇分くらいのところだ。

最近、ゴールドラインというLRTが通って、ユニオン駅から二つ目の駅がリトルトーキョーである。電車を降りると日本語で「電車に注意を」と書いた標識がある。その必要があるとも思えないので、これ自体がリトルトーキョーを示す看板のつもりなのだろう。ちなみにチャイナタウンの駅には、駅の出入り口に中国風の門をあしらってある。

全米日系人博物館（ジャパニーズ・アメリカン・ナショナル・ミュージアム）の中に入ると、入り口にはうず高く、古びたトランクが積まれている。このトランクの山だけでも、当時の日本人たちの青雲の志が十分に伝わってくる。

人口が今よりずっと少ない時代の日本から、行ったこともないアメリカで働こうと多くの日本人が海を渡ってこの地に上陸したのだ。第一陣は明治二（一八六九）年、明治維新戦争の敗者、会津若松藩の人たちだった。その後も日本各地から次々とアメリカに渡る日本人が続き、明治二十八（一八九五）年にはアメリカ本土だけで六千人を超えた。

彼らはよく働くので、かえって警戒された。この調子で日本人が入ってくると、アメリカ人の職場が奪われるのではないか、あるいは、アメリカ人女性を日本人男性に取られてしまうのではないか。博物館の展示によると、アメリカ人上院議員の「キープ・ホワイト・キャルホニア（カリフォルニアを白人の国として維持すべきだ）」という差別発言まであった。

そこで大々的に実施されたのが写真花嫁、すなわち日本人女性の写真をアメリカに送り、日本人男性と写真お見合いをして、婚約が成立するとその女性は渡米するというものだ。博物館には大勢の日本人女性が渡米した光景の写真が展示されている。当時の日本には勇気溢れる女性が多かったのだ。こうしてアメリカには大勢の二世が誕生することになった。

一世たちは、二世に日本語と日本文化を教えるため、日本語学校をつくった。アメリカの学校に「ノー・ジャップス・イン・ナワ・スクール（我が校には日本人はいません）」という表示があったという展示があるが、どっちみち自前で教育するほかなかったのだ。

カリフォルニア州で日系人の土地所有を禁止する外国人土地法が制定されたのが一九一三年、全米で日本人の移民を禁止する排日移民法ができたのが一九二四年のことである。

そういう厳しい状況のなかで生活していたところに昭和十六（一九四一）年十二月七日（日本時間では八日）、日本の真珠湾攻撃があった。アメリカの世論は激しい反日ムードが支配し、翌一九四二年二月、フランクリン・ルーズベルト大統領は「陸軍省は住民立ち退き命令を出すことができる」とする行政命令九〇六六号に署名した。具体的には、太平洋側地域にいる日本人を強制収容所に入れるという法律である。

この法律に基づき約一二万人の日系人が、家も財産も農地も失い強制収容所に入れられた。そのうち約六〇%がアメリカ国籍を有していたが、それでも敵性人種とされたのである。日本の同盟国でアメリカと戦っていたドイツ、イタリアの人たちには、この法律は適用されなかった。博物館にはこのときの日系人たちの悲惨な生活ぶりが生々しく展示されている。

私たちは、アメリカの民主主義を信じていいが、しかし、戦争状態になれば人権は無視されることを忘れてはならない。フランクリン・ルーズベルト大統領について、私たちは、一九二九年の世界大恐慌に対してニューディール政策、すなわちテネシー川流域開発計画など大型公共事業によって景気を回復させ、失業保険、生活保護制度をつくった大統領として理解しているが、戦時に大量の日本人を強制収容所に入れた大統領であることを記憶しておかなければならない。

ただし、第二次世界大戦後のアメリカは、この強制収容政策について率直に謝罪し、一人当たり二万ドルの賠償金を支払った。レーガンが大統領のときである。この姿勢にも私たちは学ばなければならない。日本人移民を禁止する法律も一九五二年に廃止された。

## 日系アメリカ人の老人ホーム「ケイロー」に見る日本人のアイデンティティ

全米日系人博物館を出て小さな広場を右に行くと、MOCA（ミュージアム・オブ・コンテンポラリー・アート）の別館（本館は市役所近くの丘の上にある。磯崎新設計）があり、さらにその先、駐車場広場の真ん中に大きな円形の黒い碑があり、アメリカ国旗が掲げられている。これが第二次世界大戦に従軍してイタリア戦線でアメリカのために勇猛に戦い、戦死した日系人二世たちの追悼碑である。

彼らは志願して、あるいは徴兵されると、アメリカのために進んで戦い、ハワイとアメリカ本土の日系人によって編成された第四四二聯隊戦闘部隊は全米に勇名を馳せた。リトルトーキョーには日本のものを売り日本のものを食べさせる店も多い。日本人よりアメリカ人たちで賑わっているが、この碑を訪れる人はあまり多くない。しかし、とても重い意味をもった碑である。

碑には「ゴー・フォア・ブローク（当たって砕けろ、または突進あるのみ）」と刻まれている。日本人排斥の世論に対して、死をもって人権回復の道を開こうとしたのである。碑の側面に刻まれた戦死者の名前を見ると、ジョージとかフランクなどと英語名をつけられている人も多く、名前をつけた一世たちが二世をアメリカ社会になじませようと考えていた様子が窺える。

この碑も、全米日系人博物館も、多くの日系アメリカ人や日系企業の寄付によってつくられ、維持されている。寄付といえば、近くにある日系人向けの老人ホーム「ケイロー（敬老）」も寄付によって一九七五年につくられた。寄付集めのリーダーはフレッド和田勇さんである。和田さんは、戦後、日本の古橋、橋爪ら水泳チームがロサンゼルスで行なわれた世界水泳選手権に参加したとき、旅費を工面したり、自宅を合宿所として提供した人である。一九六四年東京オリンピック招致活動のときも、自ら私費で中南米諸国の支持集めに奔走したという。

この老人ホームは、和田さんたち二世が、日系アメリカ人の活躍の道を開いた一世たちの引退後の生活の場を提供するためにつくった。一世は老いると英語を話すのが面倒になり、味噌汁が恋し

リトルトーキョーにある日系人博物館

第二次大戦にアメリカ軍兵士として従軍した人たちの記念碑

くなるからだという。もっとも現在では一世は皆、他界して、二世や新一世が多い。

新一世とは、戦後、渡米してアメリカに生活の場をもった人のことである。日本に占領軍として進駐したアメリカ兵と恋をして夫の帰国と共に渡米した戦後花嫁や、一旗揚げようと戦後の貧しい日本から渡米したような新一世たちは、日本に住み続けている日本人たちよりもずっと、日本と日本文化のことを想っているという。

そういう説明をしてくれた、ケイローの事務局長、大石さんは「私は不法就労で一〇年以上アメリカで働き、結局は市民権を得た。不法だがずっと働いていたという証明をしたら、アメリカの担当官から褒められた。これがアメリカのやり方」と笑う。

リトルトーキョーに私は、日系アメリカ人の日本人としての明確なアイデンティティを見た。都庁を辞めてから海外リサーチの機会が多くなった私自身、日本人としての意識が従来よりずっと強くなっており、リトルトーキョーを維持する人たち、そして海外に雄飛した人たちに共感をもつ。今の日本人は縮み思考が強い。高校・大学の計七年間のうち、せめて一年は必ず留学することにでもすれば、日本は少しは国際化するのではないかと思う。

# ニューオーリンズ
## ハリケーン水害で世界の注目を浴びたジャズのまち

日本は災害と共生する国である。そこからさまざまな生活の知恵を生みだし、科学技術を進歩させてきた。その代表が東京だ。そういう東京にいるから、市民活動家ロザンヌ・ハガティから、「あなたは三宅島の災害対策の経験をもっているのだから、ニューオーリンズの復興プロジェクトを手伝いなさい」とけしかけられて、「ここで後ずさりしたら災害立国日本人の恥だ」とばかり、つい、身を乗り出してしまった。それで、何度も現地に行った。

### 識字率が低くニュースに関心がないため避難命令に反応しなかった

ＣＢＳニュースの記者から、「あなたは、なぜニューオーリンズにたびたび来るのですか」と聞かれた。「東京も、災害が多い。対策は、失敗も多い。しかし、一度失敗したことについては、次回はきちんと対策を立てる。だから、災害対策について、互いの経験に学ぶことに意義がある。東京の三宅島の人々は、火山爆発のため四年半の間、東京に避難した。その間、日が経つにつれて新たな問題が生じた。ニューオーリンズについても、助言するし、参考にもしたい」と答えた。災害対策のノウハウは私たち日本人のほうがアメリカの人たちよりも豊富にもっている。しかし、それでも、ニューオーリンズの災害から学ぶことは多い。

最初に私が疑問を感じたのは、「ハリケーンが来ることはわかっていたのに、なぜ一三〇〇人もの人が犠牲になったのか」ということだ。近くのアラバマ州等では事前に住民を避難させていて、犠牲者を出していない。そこでまず、そのことについて聞いて回った。市の経済界のリーダー、バイロン・ハレル氏は「アフリカンの四七%は文字が読めなくて、新聞も読まずニュースも見ないため、避難指示に反応することができない」と指摘した。災害の本当の怖さは、その地域や社会にもともと内在していた弱さが災害時に一気に露呈してしまうことだ。災害対策は、日常的な地域の防災力を強化することが基本となる。自治体人としては、このことを肝に銘じておく必要がある。

ハレル氏らは、読み書きを教えるチャータースクール（自由学校）を始めた。ハレル氏は、「黒人が読み書きできるようになり、災害、水害、ハリケーン、気象予報とは何かについて、科学的な知識を身につけなければ災害はなくならない」と言う。

## 充実した教育を行なうニューオーリンズのチャータースクール

被災前に市内で一校だけだったチャータースクールが、今は四〇校、生徒数八万人を数えている。被災前のニューオーリンズではすでに公教育が破綻していた。再建にあたって、民間設立の学校

水害をもたらすニューオーリンズの湿地帯

ニューオーリンズのチャータースクール

を主体にしていく発想は支持することができる。州政府もこれらに補助金を支出している。

レイクフォレスト・チャータースクールのマードレ・アーリー校長は、被災前に公立学校の校長を務めていたが、教育方法に自主性が認められるチャータースクールをつくる夢を永年持っていた。そこに災害が発生し、自分の家もなくした状態だったが、公立学校をリフォームしてチャータースクールを開校したいと州政府に申請した。

州政府は当初、「この地域には住民がほとんど戻ってきていない」と言ったが、アーリーさんは「学校がオープンしなければ、戻りたい人も戻れない」と強く主張して、被災半年後に学校を開設した。幼稚園から中学校二年生まで四百人以上の生徒と五〇人を超える教職員を擁し、州のなかでも成績上位の学校となった。しかし学校の幹部たちは、資金調達に苦慮している。州政府の補助金だけでは学校を維持運営することは難しく、民間寄付を募っており、これがうまくいかないと行き詰まってしまう。公共と民間の役割分担という根源的な課題について考えさせる深刻な問題だ。

日本、アメリカ、それぞれに市民活動の特徴があって、どちらが優れているとかいう問題ではない。アメリカに比べると、日本のほうが地域の住民同士の結束は強いと思う。しかし、民間資金を集める仕組みについては、日本の制度を充実して市民運動の財政力を強くしていくことが必要だ。

復興は遅々として進まないようにも見えるが、市民たちは着実に一歩一歩、災害に強い社会をつくろうと前に進んでいる。私たちがアメリカ社会から学ぶものがあるとすれば、マードレやハレルに見られる、行政から自立した、市民社会の自主的な取り組みだと思う。

# その後のニューオーリンズ

## 下九区にもようやく家が建ち始めた

私は社会的包容力論や孤独死防止対策をめぐってニューヨークで議論を重ねたのを契機に、フォード財団に誘われて「災害から学ぶ——ニューオーリンズと三宅島」というプロジェクトを主宰して、何度もニューオーリンズを訪れた。二〇〇〇年以降の三宅島噴火被災者の支援活動を担った人たちとニューオーリンズの人たちとの交流プロジェクトも何度か実施した。ニューオーリンズの人たちに三宅島や、墨田区のゼロメートル地帯等を訪ねてもらうプロジェクトも行なった。

今、被災から年月を経て、低所得者が多く住む下九区やダウンタウンでもようやく家が建っている。訪問する私も本場のジャズを楽しんだり、マルディグラのパレードを見物する余裕ができてきた。

### もともとはフランスの植民地だった

ニューオーリンズのダウンタウン（中心市街地）の構造は単純で、クラシックな市電が通るカナル・

ストリートという太いメインストリートが真っ直ぐ南のミシシッピ川に向かって伸びていて、主要なホテルはたいていこの通り沿いか少し入ったところにある。

これらのホテル群のうち、シェラトンの中二階に大きなラウンジがあり、軽食を取ることができて便利なので、たとえそこに泊まらなくとも私たちは打ち合わせによく利用する。そこにとても働き者のウェイトレス（アフリカン）がいて、あるとき、私に「何度もニューオーリンズに来ているみたいだが、何のためか？」と聞いた。彼女は客を識別しているのだ。

アメリカの社会システムはどこか壊れていて頼りない。私はニューオーリンズ訪問十回のうち、三回、ロストバゲージを経験している。三回ともトランクはあとでホテルに届いた。アメリカで飛行機を乗り換えた以上はそれくらいのことは覚悟しないといけない。そしてクレームシートに記入するときは、トランクやベルトの形状・色をきちんと絵にすること、そして宿泊するホテルの住所をきちんと記入しておくことが大切だということを学んだ。文字で詳しく説明しても解読してもらえるとは限らない。この国では絵が一番だ。

いずれにしろ、アメリカではロストバゲージくらいで騒ぐ人はいない。みな、淡々とクレームシートに記入している。できれば、アメリカでは飛行機の乗り継ぎをしないのが一番いい。どうしても乗り換えざるを得ない場合は、一回一回トランクを回収してまた預けるのが一番いい。こんな国だから、シェラトンのウェイトレスみたいな働き者は、貴重だ。

有名なフレンチ・クォーターというのは、カナル・ストリートをミシシッピ川に向かって、左側の一帯にある飲食店街のことをいう。一番の繁華街をフレンチ・クォーターと呼ぶのは、ここがフランスの植民地だったからである。そもそもニューオーリンズという名前は、ラ・ヌーベル・オルレアンから来ている。アメリカ合衆国は、ニューオーリンズを含むルイジアナ州を一八〇三年にフランスから買った。その後、一八一五年に米英戦争でジャクソン将軍が英軍をニューオーリンズの戦いで破ったので、この町のミシシッピ川近くにはジャクソン広場があり、ジャクソン将軍の像がある。

フレンチ・クォーターの中心がバーボン・ストリートで、一番にぎやかだから、すぐにそれとわかる。バーボン・ストリートを歩けば、ガンボ（オクラと鶏肉、豆、魚介類などを煮こんだスープ）などニューオーリンズの名物料理（ケージャン料理）を食べることもできるし、ジャズを聞くこともできる。

飲食しながらでなく、ジャズを聴くことに専念したい人には、ピーター・ストリートにあるプリザベーション・ホールがお勧めだ。夕方、行くと、行列ができているからすぐにわかる。一〇ドルくらいで、古い小屋の土間で、喜怒哀楽に即興を加味したニューオーリンズ独特のジャズを聴くことができる。床几風の椅子が何脚かあるだけなので、たいていは立ったまま聴くが、それで疲れたと感じたことはない。

## 個性を頑固に主張し続けてつくった魅力

ニューオーリンズ・マルディグラというのは、カソリックのお祭りで、一月から二月にかけてにぎやかなパレードが行なわれる。パレードの台車からも、あるいはバーボン・ストリートのバルコニーなどからも、大量のビーズの首飾りが投げられ、これを拾うと幸運がもたらされると言う人もいる。

ニューオーリンズ名物のひとつ、プランテーションというのは、昔の農場である。一般に、安価な労働力を使って大規模な農業経営を行なうことを言うが、ニューオーリンズの郊外には、奴隷制廃止以前のプランテーションが農地・邸宅ともいくつも保存され、ボランティアグループの運営により観光客を受け入れている。プランテーションの売店では、手作り風の凝った装飾品を売っていたりする。

震災後二、三年は、ニューオーリンズの復興はなかなか進まないと言われた。コロンビア大学やニューヨーク大学で議論するとき、うっかり「アメリカは災害復興を市民セクターが担っていて、日本としては学ぶところがある」などと褒めると、「アメリカのどこがいいのか。ニューオーリンズの復興が進んでいないではないか」とアメリカ人学者から反論されたが、今は、「災害から十年経って、下九区にもようやく家が建った」と言うべきだろう。

この間にニューオーリンズにはたくさんの友人ができた。これでニューオーリンズ通いは終わり、とはいかない予感がしている。ニューオーリンズは独特の文化と風土、そしてストーリー性をもち、不思議な魅力を発信している。このまちの魅力は、個性を頑固に主張し続けることによって育まれたのだろう。

ニューオーリンズで行われるマルディグラのパレード

下９区が荒れていたころ

## ニューオーリンズ・ダウンタウン
### 自治体ではなく市民運動が復興をリード

フォード財団のニューオーリンズ・ハリケーン災害復興プロジェクトに関わって、はじめの頃は州議会、州政府、市役所、市議会、FEMA、大学などを訪ねたが、被害の全貌や原因、復興の実態などがなかなか納得のいく形でわからなかった。そのうちわかってきたのは、日本では地域の中心となって復興を担うのは自治体だが、アメリカでは各種の市民活動が復興を担うということである。

### 後藤新平賞を受賞したキャロル・ビーベル

そういうニューオーリンズの市民活動家の一人がキャロル・ビーベルだ。ニューオーリンズ出身、アフリカ系アメリカ人の彼女は、ニューオーリンズにあるロヨラ大学で社会学を学んだ。「そのころまでは、バプティスト派クリスチャンである自分がイエズス会（カソリック系男子修道院）のロヨラ大学に入ることはできなかったが、それが許されるようになった時代に私は生きた」と彼女は語っている。

大学を卒業して約二〇年にわたってニューオーリンズ市役所の教育・社会・健康プログラムの管理者・プランナーを務めたのち、彼女は一九九〇年に独立して教育・文化活動に従事した。働きながらチューレーン大学の大学院で教育学を修めている。詩人でもある。

一九九八年、ニューオーリンズ・ダウンタウンの外れにアシェ文化芸術センター（ASHE CULTURAL ARTS CENTER）を設立、所長として現在に至る。アメリカの諸都市ではダウンタウンの外れあたりにスラム地区が広がっている例が多いが、ニューオーリンズも同様だ。アシェ文化芸術センターは、そういう地区で低所得者が多いアフリカ系アメリカ人のための民営文化交流拠点として、ホールや舞台、ギャラリー、手作り民芸品の販売コーナーをもっている。コミュニティの住民が内職や小さなレストランや商店を始めるときに小口融資を行なう、コミュニティバンクとも連携している。

アシェ文化芸術センターは、二〇〇五年のハリケーン・カトリーナ襲来後、事業を拡大強化し、全米各地に散った被災者がニューオーリンズに帰ってきて生活を再開するときの、心の拠り所として文化芸術を通じた各種のプロジェクトを展開した。

彼女たちは、「人々が避難先から帰ってきたらアシェ文化芸術センターの活動を再開しよう」とは考えなかった。「人々がニューオーリンズに帰ってくるためには、心の拠り所であるアシェ文化芸術センターを再開しておく必要がある」と考えた。

この考え方はニューオーリンズの市民活動家に共通している。

いち早くニューオーリンズにチャータースクールを設立したレイクフォレスト・チャータースクールのマードレ・アーリー校長は、州政府が「まだ子どもたちが避難先から戻ってきていない」と設立許可を渋ったのに対して「学校をつくらなければ子どもたちが戻って来られない」と主張して早期に学校をつくった。チャータースクールというのは、州政府が約九〇％の補助金を出すが政府のカリキュラムに拠らず、経営権や人事権を独自に保有する学校法人のことである。マーケット・アンブレラ（傘一本で開く青空市場）も、やはり同様の趣旨でハリケーン災害後、早期に再開されている。

後藤新平は「自治は市民のなかにある」と市民の自治意識醸成に努めながら、関東大震災の震災復興に力を尽くした。「後藤新平の会」では後藤新平を記念して毎年、後藤新平の精神に通じる業績を残している人に対して後藤新平賞を授けている。初回以来、李登輝、鈴木俊一、ロザンヌ・ハガティ、緒方貞子氏らが受賞している。キャロル・ビーベルの活動は後藤新平の地域自治の精神に通じるものとして、二〇一一年、後藤新平賞が授与された。キャロル・ビーベルはこのとき仲間と計五人で授賞式に来日し、その足で東北の被災地に赴き被災者たちと交流した。

## アメリカでは市民活動への資金の流れがいい

キャロル・ビーベルの活動に限らず、ニューオーリンズの復興を担う市民活動は、いずれも、全

後藤新平賞授賞式のあと自分の活動と人生を語るキャロル・ビーベル

ニューオーリンズのアシェ文化芸術センター

米に存在する各種の財団からの寄付を受けて実施されている。アメリカでは、災害復興にあたっては、自治体の力は日本に比べて相対的に弱いが、市民活動の財政力が強い。どちらがいいかというと、私は日本の社会システムのほうが優れていると思う。財団の理事会は市民の選挙によって構成されているわけではないから、そういう財団によって、社会的資金の投入先が決定されるよりも、議会によって民意が反映される仕組みが構築されている自治体が主導するほうが、公平・最適・透明など社会的な大切な原理が適用されやすいと考えるからである。しかし、日本でも、市民活動に対する資金の流れをもっと早く大きくしたほうがいいと思う。

二〇一一年の東日本大震災に際して、ニューヨークのジャパンソサエティは、さっそく支援のための募金活動を開始した。そこで、私はジャパンソサエティに対して、「ニューオーリンズとの交流について日本側のまとめ役だった、東京災害ボランティアネットワークのような草の根市民グループにも少しは寄付したらどうですか」とメールを出した。

すぐに「プロポーザル（支援申請書）を出してください」と返信があり、申請書をメールで送ると臨時理事会を開いてくれて、四月一日には一五万ドル（約一二〇〇万円）が振り込まれた。七月にもさらに追加で一五万ドルが振り込まれた。

東京災害ボランティアネットワークはこれを初期資金として、被災した人たちを支援するためのボランティア活動拠点を登米市に開設し、活動している。現地では、ほかにも多くの市民活動団体が活躍していて、日本のボランティア活動もずいぶん力をつけてきたと感じる。

# 第Ⅱ部　ヨーロッパ

# 第Ⅱ部 関連地図

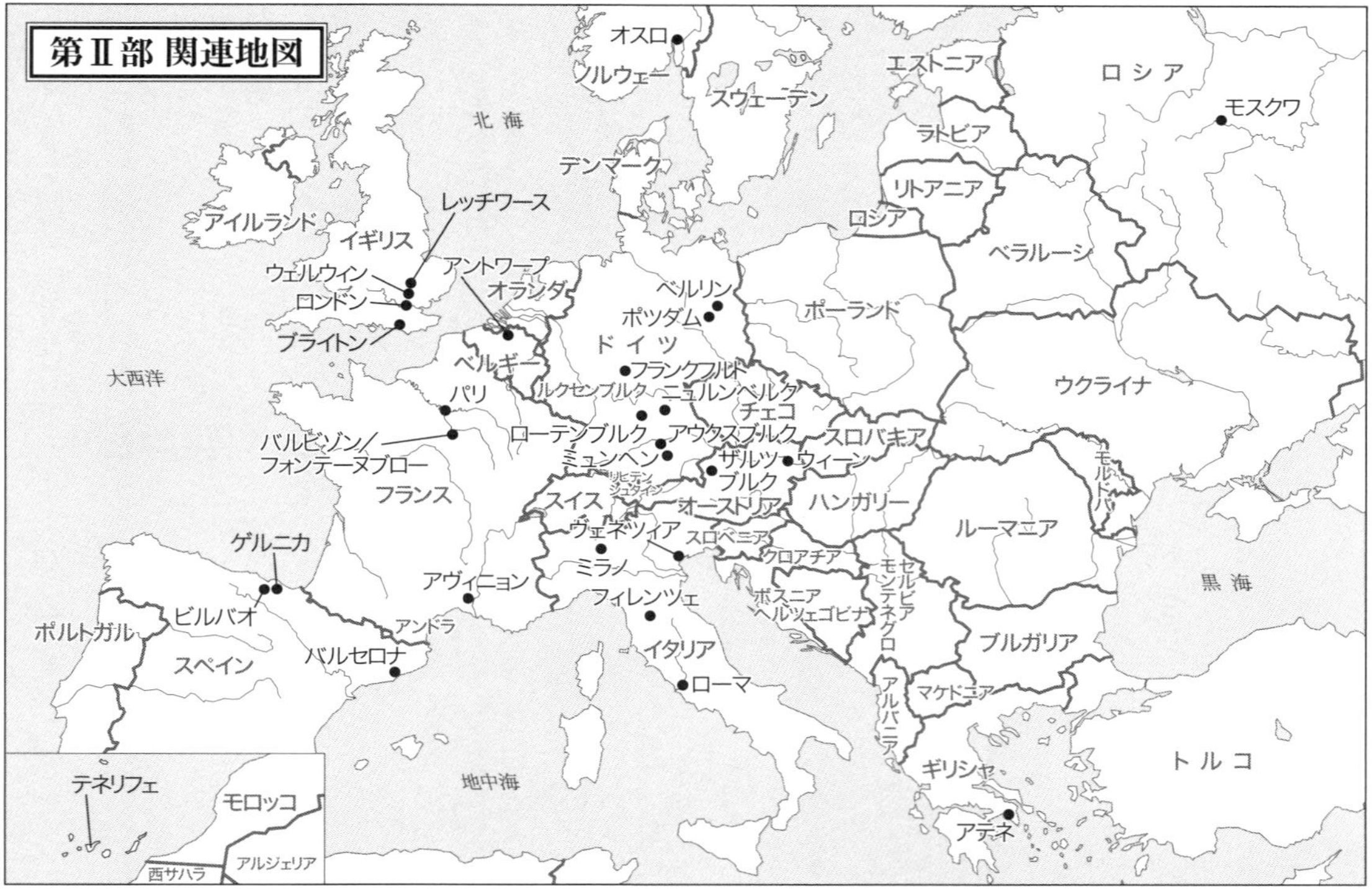
オスロ
ノルウェー
スウェーデン
エストニア
ロシア
モスクワ
北海
ラトビア
デンマーク
リトアニア
レッチワース
ロシア
アイルランド
イギリス
ベラルーシ
ウェルウィン
アントワープ
オランダ
ベルリン
ロンドン
ポツダム
ポーランド
ブライトン
ドイツ
ベルギー
フランクフルト
大西洋
ルクセンブルク
ニュルンベルク
ウクライナ
パリ
チェコ
ローテンブルク
アウクスブルク
スロバキア
バルビゾン／
フォンテーヌブロー
ミュンヘン
ザルツブルク
ウィーン
モルドバ
リヒテンシュタイン
フランス
スイス
オーストリア
ハンガリー
ルーマニア
ヴェネツィア
スロベニア
ゲルニカ
クロアチア
セルビア
モンテネグロ
黒海
ミラノ
アヴィニョン
ボスニア
ヘルツェゴビナ
ビルバオ
フィレンツェ
ポルトガル
アンドラ
ブルガリア
イタリア
スペイン
バルセロナ
ローマ
アルバニア
マケドニア
ギリシャ
トルコ
地中海
テネリフェ
モロッコ
アテネ
アルジェリア
西サハラ

## シティ・オブ・ロンドン
### 区役所をギルドホールと呼び事業者が選挙権を持つ

大ロンドン市の中は三二の区と一つのシティに分かれる。シティは正式にはシティ・オブ・ロンドンと言う。シティは面積二九〇haとほかの三二区のいずれよりも小さいが、いろいろな意味で特別の区である。

シティは、ロンドン発祥の地である。一世紀ころ、ローマ人がロンドンを占領してシティを中心地としたとき以来、ここは二千年にわたって世界の商業取引の中心地としての地位を保っている。イングランド銀行、ミッドランド銀行、旧王立取引所など大英帝国の栄光を示す由緒ある建物、そしてロイズ保険会社やリ社など、ビッグバンのシンボルともいうべき奇抜なビルなど、イギリスの歴史を語るときに必要なものがここには揃っている。シティには、王による施政の拠点であり刑務所でもあったロンドン塔が今でも残っている。七世紀からの歴史を誇るセント・ポール寺院もある。タワー・ブリッジもここにある。世界初の地下鉄は、シティの北にあるファリンドン・ストリート駅から西へ六km、パディントン駅まで、一八六三年に開通した。私たちが公営住宅の理想モデルとしたことのあるバービカンの市営住宅はシティの北端にある。その手前にあるロンドン博物館の庭をはじめ、シティのあちこちには今でもローマ人がつくった壁が現存する。

## 一六六六年のロンドン大火から復興

近世における世界二大火事ともいうべき大火は、一六五九年の江戸・明暦の大火（振袖火事）と一六六六年のロンドン大火である。いずれも市街地の大半を焼失した。ロンドン大火は九月一日、まだ夏だった。深夜、ロンドン・ブリッジ（タワー・ブリッジより上流）付近のパン屋から出た火は、乾燥と強風のため、ロンドンの市街地を焼き尽くした。当時の貧弱な消防ポンプやバケツリレーは役に立たず、周辺地域を広範囲に爆破して延焼を防ぐことによって数日後に鎮火したが、シティには残ったものは何もなかった。セント・ポール寺院もギルドホールも、そして王立取引所も焼失した。

しかし、ロンドンが復興にとりかかるのは早かった。これは、シティの商業取引機能の回復が各方面から望まれていたからでもあった。国王チャールズ二世の名において新しい街路が決定され、新しい建築物は石造もしくはレンガづくりとすることが求められた。現在のロンドンの都市構造の原型はこのとき決められた。徳川幕府が明暦大火後も木造建築を認め、その後も大火が絶えなかった江戸とは違い、ロンドンではその後、大火は発生していない。

とりかかったのは早かったが、ロンドンの復興にはその後長い年月がかかっている。シティの代表的建築物であるセント・ポール寺院の場合は、クリストファー・レンが設計者として指名された

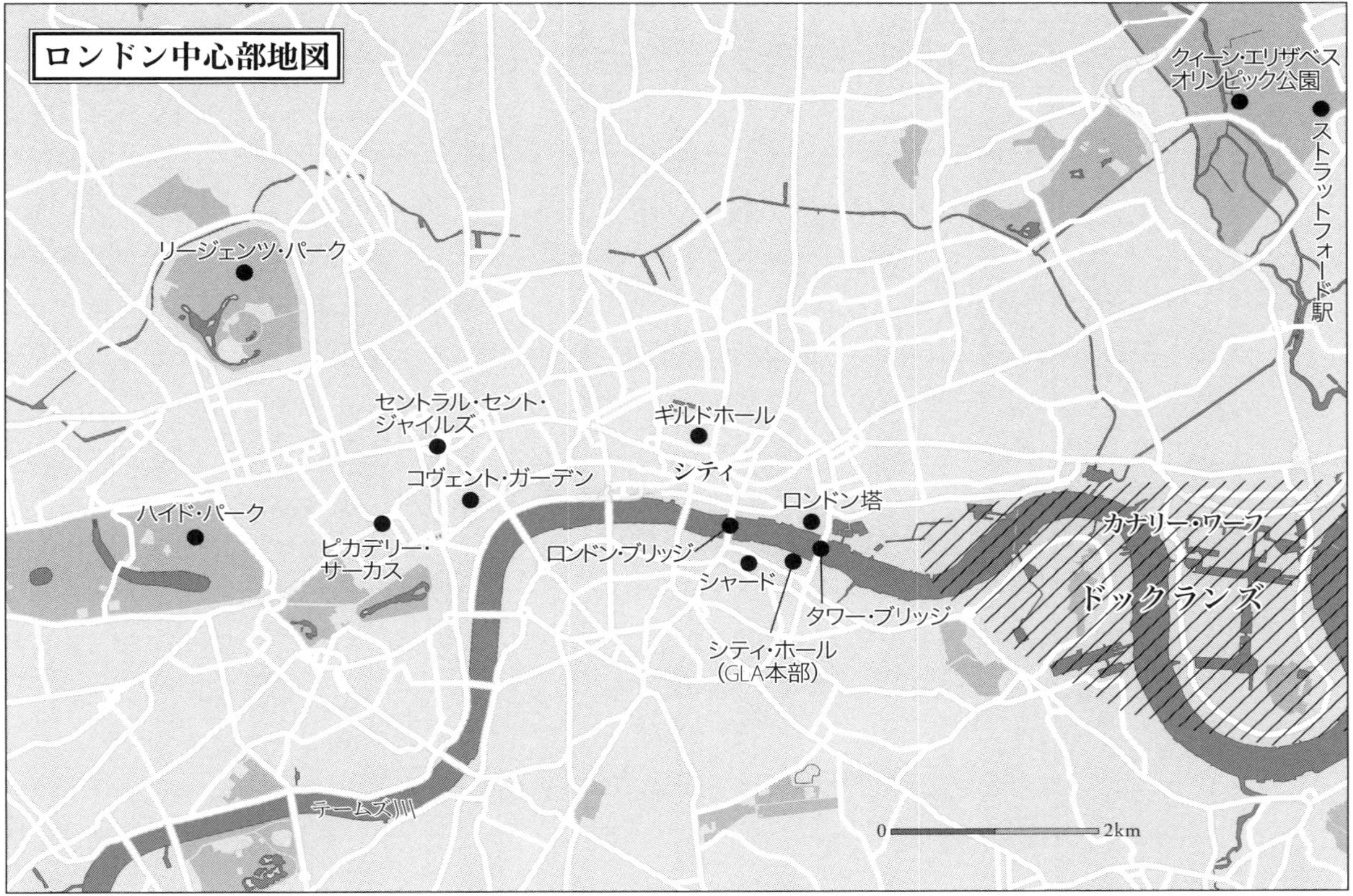

ロンドン中心部地図
クィーン・エリザベス
オリンピック公園
ストラットフォード駅
リージェンツ・パーク
セントラル・セント・
ジャイルズ
ギルドホール
コヴェント・ガーデン
シティ
ロンドン塔
ハイド・パーク
カナリー・ワーフ
ピカデリー・
サーカス
ロンドン・ブリッジ
シャード
ドックランズ
タワー・ブリッジ
シティ・ホール
(GLA本部)
テームズ川
0
2km

が、聖職者たちの注文によってとんでもない設計で再建をスタートせざるをえなかった。

このときのことをクリストファー・ヒバートは『ロンドン・ある都市の伝記』(朝日イブニングニュース社)の中でこう記している。

「しかし、建造が進行した三五年間、レンはこの設計を絶えず修正・改良したので、一七一〇年、彼の息子が頂塔の石を設置した時には、この傑作の姿は、当初の設計とあまりにも異なっていた。そして、ヨーロッパで最も見事な聖堂の一つと、認められた。」(一一七頁)

シティの東端には、レンがつくったロンドン大火記念塔がある。正式には、ただ「モニュメント」という。地下鉄の駅も、ここはモニュメント駅だ。高さ六二m。火元のパン屋からここまでの距離が六二mなのだそうだ。台座にはチャールズ二世が復興を行なっている図がレリーフ化されている。料金を支払えば塔に登ることができる。私はロンドンに行くたび、必ずこの塔の狭い階段を登り、上の展望台からロンドンの町並みを見ることにしている。といってもシティには次々と高いビルが建つから、この塔からの展望は年々悪くなっているが、ザ・モニュメントと英字でインターネットを検索するとここからの眺めをリアルタイムで見ることができる。

セント・ポール寺院の展望テラスからの眺めは見事である。かつて都庁の仲間たちと一緒に翻訳した『ロンドンプラン』(都市出版)に詳しく書いてあるが、ロンドンは、セント・ポール寺院からの眺望はけっこう頑固に守っている。

セント・ポール寺院の足元のパタノスター広場は、日本の三菱地所が再開発ビルを建てたことで知られている。寺院からの眺望を妨げないように、そして寺院の風格とマッチするように、さらにパタノスター広場の機能を損なわないように、などといういろいろな条件をクリアして数棟のビルが建てられたのだが、オフィスビルを主軸にしてレストランや商店がうまく配置され、ロンドンの新しい名所になっている。

## 代表なければ課税なし

シティの区役所は、シティ・ホールではなくギルドホールという。区役所でなく同業組合事務所なのだ。シティの紋章には、コーポレーション・オブ・ロンドンと書いてある。ロンドン自治都市といったところか。このギルドホールはシティの北部にあり、火元となったテームズ河畔から離れているのでロンドン大火で焼けなかった。古い部分は十一世紀に建てられた。シティの区長はロンドン市長と称する。ちなみに三二の区と一つのシティを統括する市長は大ロンドン市長だ。大ロンドン市はサッチャーが首相のとき「労働党の巣だ」と言って（という説がある）廃止し、その後労働党が政権を取り返したとき復活した（今のGLAすなわちグレーター・ロンドン・オーソリティ）が、シティはずっと存続している。今、ロンドン市長の仕事はシティ・セールスだ。シティのギルドホールの職員の話だと、ロンドン市長は年のうち三分の一以上は海外の会社に対してシティへの進出を勧めるための海外出張だという。

ギルドホールのロビーにはシティのまちの模型がつくってある。ビルを建てようとする人は、そこにビルの模型を置いて、まちの景観や機能と調和しているかどうか市民の審査を受ける。ロンドンは容積率制度を撤廃したから、審査は総合的な観点から行なわれる。基本的にはウェルカム・ムードであり、海外のディベロッパーや会社が訪問すると、まずお茶をどうぞという雰囲気で話が始まるようになっている。

シティの議員の選挙権・被選挙権は、夜間住民のほか事業者にも与えられている。被選挙権は英連邦国民のみだが、選挙権は誰でも可、現に日本企業も選挙権をもっている。ただし投票者は英連邦またはEU国民のみとされている。

シティは二五の選挙区から成り立っていて、住民票約七〇〇〇に対してビジネス票は二万六〇〇〇に達している。これらの有権者によって上院議員二五（各選挙区）、下院議員一〇〇名が選出される。ビジネス票は、従業員五人未満の会社は一票、五〇人未満の会社は五人につき一票、五一人以上の会社は五〇人につき一票という計算で、大規模事業所だからといって極端に大量の票をもつことがないよう調整されている。この場合の従業員数は正社員だけでなくそこで働く外注社員も含まれる。票数の計算はその会社からの自己申告による。「虚偽の申告はないのか」という私の愚問に対して、シティの職員は「ビルの床面積で推測できるので不正はできない」と応えた。

シティの都市自治はそもそも、夜間住民ではなく、ビジネスを行なう事業者から発達した歴史と思想を基本としている。「代表なければ課税なし」という民主主義の原則を貫いている。この点については日本の都市自治体も考慮していいのではないか。

シティの北端にあるバービカンの市営住宅

ロンドン・シティのギルドホール

## ロンドン・コヴェント・ガーデン
### イギリス都心商業を代表するまち

ロンドンに行くと、吸いよせられるようにコヴェント・ガーデンに足が向く。ここはいつも大勢の人で賑わい、色々なものが売られていて、レストランも手頃な店がいくつもある。一人旅のときは特に、ここに行って人込みに紛れてひと回りすると沈んだ気持ちが華やいでいく。

コヴェント・ガーデンは、東京でいえば新宿東口みたいな感じの場所だ。地下鉄ピカデリー・ラインでピカデリー・サーカスの隣にコヴェント・ガーデン駅がある。駅といってもビルの地下だが、地上に出るとそこは賑やかな別世界だ。元々は、ウェストミンスター寺院の野菜畑だった。だから名前もコヴェント（コンベント＝寺院）の庭なのだ。その後、一六三一年以来三百年ほどの間は青果市場だった。十八世紀にはイギリスにおける青果物の代表的な市場だった。しかし周辺の交通混雑が激しくなって、青果物のようにボリュームのある商品の搬入搬出が困難になり、観光客のためのお店が集中するショッピングモールとなった。

## 青果市場から繁華街の中心地に

コヴェント・ガーデンは周回しながらショッピングを楽しむだけでなく、建物の真ん中地下一階から吹き抜けになった部分を中心に周辺にも人々が集う、あるいは、地上ではストリート・パフォーマンス（大道芸）を見たりする広場がある。この構造は、主として青果物を中心とする生鮮食品の市場だったことによる。ガラス張り鉄骨の大きく優雅な屋根がつくられたのは一八三〇年のことである。

ちなみに、映画『マイ・フェア・レディ』でオードリー・ヘップバーンが花売り娘を演じたのは、ここがまだ市場だった時代である。今でも施設内にアップル・マーケットという名前だが、リンゴではなく主として小物類を売っている通りがある。ジュビリー通りでは、アクセサリーや古着などを売っている。写真や絵を売っている店もある。アンティーク類を売る屋台がたくさん並ぶこともある。

今のような商店構成になったのは一九八〇年頃だったという。産業革命でロンドンが発展膨張するなかで、ロンドンの各所にこのような賑やかなマーケットが形成されていったが、中でもコヴェント・ガーデンの市場は中心部に位置して代表的な存在だった。

広場にはレストランやカフェのテーブルや椅子もたくさん置いてある。ここのストリート・パフォーマンスは十八世紀の人形劇以来の長い歴史をもっている。周辺も含めてファッション関係の店も多い。ロンドンの流行はコヴェント・ガーデンに行くとわかる。

コヴェント・ガーデンの隣にはロイヤル・オペラハウスがある。一七三二年初演というから、コヴェント・ガーデンが青果市場だった時代をほとんど一緒に生きてきた、イギリスオペラの殿堂である。いったん火災で焼失し、現在の建物は一八五八年にできた。別名コヴェント・ガーデン劇場。コヴェント・ガーデン周辺、特にコヴェント・ガーデンから北西部のソーホー地区には劇場が多い。この一帯をシアター・ランドと呼ぶ人もいる。ここには演劇博物館もある。

ここには隣接してトランスポート・ミュージアム（交通博物館）もある。主として地下鉄や市電、バスなどの古いものが展示されている。資料コーナーも充実していて、私はロンドンの地下鉄の歴史を調べるために何度も行った。一八六三年、世界初の地下鉄が走ったのはロンドンである。当時は蒸気機関車が地下鉄を牽引した。だから煙を吐き出すため、オープン・カット（掘割）の部分が多い。当時の技術で掘ったから、トンネル部分も直径が小さい。

ロンドンの地下鉄が電化されたのは一九〇五年である。コヴェント・ガーデン駅をもつピカデリー・ラインは開削工法でなくシールド工法、すなわちシールドマシンが掘り進む工法でつくられ、したがってかなり深いところを走っている。第二次世界大戦中はドイツ軍の空襲対策で、ピカデリー・ラインの側線を美術品の保管場所として使用していた。

ロンドナーにも大きい人はいるから、ロンドンの地下鉄では今日でも頭や背をかがめて乗っている光景をみることが多い。そういう地下鉄初期の歴史をこの交通博物館で知ることができる。

コヴェント・ガーデンのセント・ポール教会は、セント・ポール大聖堂、ウェストミンスター大寺院に次いで有名人の墓が多いという。

## 近くにフリーメイソンズ・ホール

地下鉄ピカデリー・ラインが走っているのはグレイト・クィーン通りだが、コヴェント・ガーデン駅から、この通りを数分シティに向かって歩くと一際異彩を放つ石造り（に見える）の独特のデザインのビルがある。これがフリーメイソンズ・ホールである。ここはフリーメイソン博物館を兼ねていて、誰でも中に入って観覧することができる。

フリーメイソンは秘密結社の代名詞のように言われるが、元々は石工の組合で、その技術を限られた者だけに伝承した。その後、発展して、政治改革や社会改革に取り組むことを主眼とする団体に変遷していった。フリーメイソンは構成員、フリーメイソンリーは彼らによる組織を表す。

技術の伝承過程で色々な儀式を執り行なったり、修行に励むことや人間としての修養を誓ったりするので、何やら秘密結社的な受け取り方をされるようになったが、比較的オープンな団体である。

イギリスやアメリカをはじめ世界各国の都市にロッジがあり、メンバーはロッジに集まって修行をする。最初は徒弟の階層に属して自己浄化に努め、その後、職人に昇格して知的・感覚的に充実する。さらに親方になると真に目覚めた新しい人間に生まれ変わる、その場がロッジである。この考え方は伝統的にカソリックの教義とは衝突してきた。プロテスタントの司祭には多くのフリーメイソンがいるらしい。

一七七六年のアメリカ独立宣言の署名者の、かなりの人数がフリーメイソンのメンバーだった。

ベンジャミン・フランクリンもジョージ・ワシントンもフリーメイソンだったらしい。

アメリカの独立戦争に共鳴したイギリスのフリーメイソンが、イギリス国王の軍隊増派に反対し、またフランスのフリーメイソンがアメリカの独立軍を支援したこともあって、アメリカの独立軍は、局地戦では負け続けたのに戦争には勝って独立を獲得した。現在のアメリカの一ドル紙幣には奇妙な片目とピラミッドの絵が描かれている。これはアメリカの国璽を表している。上方のプロビデンスの目は周りを監視し、ピラミッドは新しく生まれた国家の光を浴びることを示している。しかし、この片目はフリーメイソンの瞑想を表現しているという説がある。ピラミッドについても、フリーメイソンの起源はテンプル騎士団だという説があり、テンプル騎士団は一一一八年、聖地エルサレムへの巡礼者の保護を目的に結成されたが、巨大組織に成長し、金融業などで莫大な富を築いたため、かえって国王から弾圧され消滅した。これがフリーメイソンに変わったという説がある。テンプル騎士団はアフリカや中近東で活躍したので、ピラミッドと縁が深い。そういったことからアメリカの一ドル紙幣のデザインは、フリーメイソンの影響があると言う人もいる。

市場、劇場、交通、教会、ファッション、アート、日常小物そしてフリーメイソンと、いろいろなものが詰まっているのがコヴェント・ガーデンだ。コヴェント・ガーデンに行かなければイギリス都心商業はわからない。ロイヤル・オペラの隣に市場、というのも、野菜、果物、生花のいい香りは、オペラを見た帰りの雰囲気に相応しい。そんなことを、市場の建物の二階にあるレストランから人々の動きを見ながら思った。

コヴェント・ガーデン

コヴェント・ガーデンから見た交通博物館

# ロンドン東部
## ドックランズとオリンピックにより再生

ロンドンは、都市全体の構造がわかりにくいまちである。ニューヨークは碁盤の目、パリはいくつかの広場を中心に放射道路が組み合わされたまち、とイメージがつかみやすいし、東京だって、皇居が中心で環状道路が八本（環一から環八）あると説明するとたいていの外国人は納得する。テームズ川が流れているが、これはロンドンの都市構造の中心軸とは言い難い。ビッグベン、セント・ポール寺院、シティのビル群、ロンドン塔など主なランドマークはいずれもテームズの左岸に沿っている。ハイド・パーク、リージェンツ・パークなど著名な公園も北側に偏っている。

ロンドンが中心軸の定まらない都市となってしまった理由は、一六六六年のロンドン大火のあと、石とレンガでできた強固で修正しづらい不燃都市をつくってしまったからだ。都市内の用途別バランスや交通ネットワーク、都市施設配置など近代的な都市計画の概念がない時代に形成された。そんなロンドンで最近目立つのは、東部地域の発展だ。もともとはイーストエンドと称して、ロンドンの東の端だったはずが、今や中心軸を形成しつつあるように見える。

## タワー・ブリッジの近くにGLAのオフィス

ロンドンにいくたび、私が必ず東部地域に行く理由は、そこにGLA（グレーター・ロンドン・オーソリティ）すなわち大ロンドン市役所があるからだ。「ロンドンプラン」翻訳の関係で訪問していた時代もそうだったし、その後も元ロンドン市環境政策部長のハッチンソン氏に明治大学大学院の特別招聘教授をお願いしているし、何よりも私の現在の研究テーマは東京、ロンドン、ニューヨークの都市政策比較研究だ。

ホテルはロンドン西部のリージェンツ・パークやハイド・パーク近辺を選ぶことが多いが、それはヒースロー空港が西にあって、そこから電車でわずか一五分で都心西部のパディントン駅に着くからホテルは西部が便利なのだ。

西部地域のホテルに泊まってGLAに行くときは、地下鉄を乗り継いで行く。ロンドンもニューヨークも、東京以上に車は渋滞するからだ。そしてタワーヒル駅で下車して地上に出る。するといきなり、二千年前にローマ人がつくった壁がある。この意外性が面白い。それからロンドン塔に沿ってテームズ川に出る。ロンドンに初めて旅行したときは必ず誰でも見物する観光名所だ。ここは十一世紀から約五百年にわたって、王の居城であり刑務所であり処刑場でもあった。世界最大のダイヤがはめられた王冠が飾ってある一方、血塗られた遺跡も多い。ロンドン塔横のマリーナも観光名所のひとつとなっている。

ロンドン塔をパスしてテームズ川に出ると、タワー・ブリッジを渡る。この橋はゴシック様式の荘厳な二つの塔をもち、高い位置に展望用の渡り廊下をもっている。橋の部分は跳ね橋構造だ。

ここまではロンドナー自慢の歴史遺産であり観光ポイントだが、この先が違う。テームズ川を渡るとGLAのオフィスがある。これはカタツムリを空に向けて引っ張ったような螺旋状構造、グリーンのガラス張りの、奇抜なビルだ。

GLAオフィスのグランドレベルのフロアに市議会の議場がある。紫を基調とした格調の高い内装で、窓からテームズ川の水が見える。椅子と机は可動式で、議会が開かれない日は、ほかの会議や集会に使う。都議会の議場や委員会室も(たぶん)貸していると思うが、可動式というのは便利だ。机と椅子を全部片付けて、ホールにすることもできる。

この議場から螺旋式の階段でビルの最上階まで上がることができる。つまり市民は、あるいは関係者や職員は、議場を見下ろしながら階段を上り下りするという仕組みだ。「これは、議会が皆を支えているという、議会制民主主義の考え方を象徴しているのか?」と、あるとき、「ロンドンプラン」の担当者に聞くと「もちろんです」と答えた。「ベルリンにあるドイツの国会議事堂と同じだね」と念を押すと「私も見てきた」と胸を張っていた。

## ストラットフォード駅にユーロスターが止まりオリンピック会場となる

このGLAオフィスは、四百人の職員数を想定して建設された。担当者は「実際には六百人働いているから狭く感じる」と笑っている。

サッチャーらが一九八〇年代に推進したニュー・パブリック・マネジメント（NPM）は、市場原理・政策と実施の分離・結果評価を基本として、民営化を進め、当時の大ロンドン市役所（GLCすなわちグレーター・ロンドン・カウンシル）は「労働党の巣だ」（とは言わなかったと思うが）とばかりに廃止した。

政権を取り返した労働党は大ロンドン市役所を復活したが、大きな役所ではなく小さな役所をつくった。NPMのうち「政策と実施の分離」だけは踏襲して、GLAは「ロンドンプラン」の策定や自動車に対する混雑課徴金など政策に純化した自治体である。

「ロンドンプラン」は二〇一二年オリンピックの招致を宣言して、それに成功した。移民の低所得者が多く住むロンドン市内東部でオリンピックを開催し、そのプロジェクトの進行過程において、彼らに雇用をもたらし教育・職業訓練・住宅・福祉を提供する構想が、差別の解消・世界平和をうたうオリンピック憲章と合致したのが招致成功の一因だと、招致運動に参加した年輩のコンサルタントは私に解説した。

このオリンピック会場（現在はオリンピック公園）はシティから少し行った東側の工場跡地である。会場の南端にはストラットフォード駅があり、ここはロンドンの中心部から来た地下鉄が地上に出て郊外に向かう電車やバスと乗り換える交通の要衝だ。

オリンピック会場の南側、テームズ川に面した地域は、カナリー・ワーフを中心としたドックランズすなわち、旧港湾地域を近代的オフィス街として整備した再開発地域である。一九八〇年代にドックランズを見に来たときは枯葉が舞っていたが、今はビルも林立して活況を呈している。

ロンドン東部には歴史遺産に加え、ドックランズ、GLAオフィス、オリンピック会場、ストラットフォード駅がある。あと一〇年か二〇年すると、ここがロンドンの中心、と言われる時代が来るに違いない。ロンドンの三大新聞はすでにドックランズのカナリー・ワーフに移転している。二千年の歴史をもち、古都と言っていいロンドンだが、いまだに進化を続けているのがこの都市の魅力だ。

オフィスを中心とするイースト・ロンドンと、ピカデリー・サーカスなど繁華街をもつウェスト・ロンドンの間のセントラル・ロンドンには従来、見るべきものはなかったが、オックスフォード通り沿いの国防省跡地にセントラル・セント・ジャイルズができた。三菱地所が中心になってつくったこのビル群は、レンゾ・ピアノの設計によりオフィス、商業、住宅の複合機能をもち、地上レベルに空間を大きくとり、壁は橙色や黄色のタイルを貼った目立つ建築物だ。ロンドンの東部と西部を結ぶ役割を果たす新名所になると思う。

労働党のケン・リビングストン市長は、ソーシャル・インクルージョン(社会的包容力)すなわち低所得者の教育・福祉・雇用政策を充実するために都心の機能更新に積極的だったが、保守党から出たボリス・ジョンソン新市長は、「ロンドンプラン」で定めたビルとビルとの間の眺望線の幅を広げるなど、ビル建設に慎重だという点が興味深い。

タワー・ブリッジ（左）と GLA ロンドン市役所

オリンピック後のストラットフォード駅

# オリンピック後のロンドン
## 真のレガシーは何か

二〇一四年三月、ロンドンのクィーン・エリザベス・オリンピック公園にあるアイコニック・ロンドン・アクアティックス・センターがオープンした。これは二〇一二年ロンドン・オリンピックの水泳競技場を改装したもので、オリンピック終了後、観客席は一万七五〇〇席から二五〇〇席に縮小された。

両側の観客席を取り払ったあとはガラス張りになっているから、泳いでいて息継ぎをするため顔が上を向くと天井のガラス越しに空が見えるという仕掛けになっている。既に大勢の一般市民が五〇mプールでいかにも気持ちよさそうに泳いでいる。これがオリンピックのレガシー（遺産）だ。

### レガシーとサスティナビリティに力を入れたロンドン・オリンピック

オリンピックのときに使った競技施設をオリンピック終了後に一般市民のためのスポーツ施設として使うのが、オリンピックのレガシーの代表例である。ロンドンの場合、水泳競技場の隣にあるメインスタジアムは、やはり八万席から五万四〇〇〇席に縮小され二〇一六年に再オープンすることになっている。

ロンドン・オリンピックでは、オリンピック開催の五年前、二〇〇七年七月という早い時期（シンガポールにおけるIOC総会でロンドン開催が決まったのが二〇〇五年七月）にイギリス文化・メディア・スポーツ省（DCMS, Department for Culture, Media & Sport）が「二〇一二年ロンドン・オリンピック・レガシーの約束」を定めている。

その内容は、①英国民が世界のスポーツをリード、②ロンドン東部の再生、③青少年のボランティア、文化等啓発、④持続可能な生活に向けてオリンピック公園整備、⑤居住・訪問・ビジネスを通じて英国の包容力を示す――の五点である。

もともと、ロンドンは立候補の計画書で「炭素ゼロ、ごみゼロ、持続可能な交通、物、食品、水、自然な生活、文化、平等とフェアトレード、健康と幸福」を標榜していた。「レガシー（遺産）」と「サスティナビリティ（持続可能性）」とは関連が深く重なりあっていて、ロンドン・オリンピックではこの種の計画が関連各機関からたびたび発表されている。

これらのプロセスについて詳しいのは『Sustainability』（二〇一三年五月）三五二―六頁から三五四二頁のジョン・ゴールド教授（オックスフォード大学）のまとめ、日本語では財団法人自治体国際化協会ロンドン事務所の諸文献がわかりやすい。

ロンドンの場合、二〇〇九年に「オリンピック・パーク・レガシー公社（Olympic Park Legacy

Company, OLPC)」が設置されていたが、「二〇一一年地域主義法（Localism Act 2011）」を受けて、開催の年二〇一二年には「ロンドン・オリンピック・レガシー開発公社（London Legacy Development Corporation, LLDC)」（理事長はボリス・ジョンソン・ロンドン市長）に改組されている。早くからレガシーの課題に取り組んでいるわけだが、これは、IOCがそれを強く求めるほか、過去二回のロンドン・オリンピックではほとんどレガシーがなかったという事情があり、今回はレガシーとサスティナビリティに特に力を入れていた。日本でもIOCへの申請ファイルにおいて「レガシー（遺産）」と「サスティナビリティ（持続可能性）」については強調している。

なおロンドンの場合、再生エネルギーの活用について、風力とバイオでエネルギーの二〇％を賄うと約束したが、これは失敗して一〇・八％にとどまった。現在のEU指令は各国に「ヒートポンプのガイドライン作成を定めること」を求めていること、日本のエネルギー供給構造高度化法（二〇一〇年）がエネルギー供給事業者に対して「太陽光、風力、水力、地熱、太陽熱、大気中の熱その他の自然界に存する熱、バイオマス（動植物に由来する有機物）」の活用を求めていること、などを考えると、ヒートポンプ、コジェネ、バイオなど多角的なエネルギー戦略を構築することが必要と考えられる。

## オリンピックでロンドンは変わった

競技施設に限らず、ロンドン・オリンピックのレガシーとしては、ウェストフィールドのショッピングセンターが挙げられる。地下鉄やＤＬＲ（Docklands Light Railway）またはバスでストラットフォードの駅に着くと、歩行者用デッキで自然にウェストフィールドのショッピングセンターに入り、そこを通りすぎるとオリンピック公園があるという配置になっている。

ウェストフィールドはもともとオーストラリアの不動産開発・小売業者で、世界にショッピングセンターをつくってきたが、二〇〇八年にロンドン西部に店舗数二七五店という当時ヨーロッパ最大と言われたショッピングセンターをつくった。ロンドンは西部に比較的富裕層が住んでいて、ここに高級ブランド店を含むショッピングセンターができて大いに賑わった。

ロンドン市は二〇一二年オリンピック招致にあたってソーシャル・インクルージョンを標榜し（二〇〇四年「ロンドンプラン」）、当時のロンドン市の地図では白紙になっていた、産業革命後に荒れ果てて放置されていた東部でオリンピックを開催することにより、この地域を活性化することをアピールしていたわけだから、ストラットフォード駅に近接して新たにウェストフィールドのショッピングセンターができたのは、ある意味、ロンドン・オリンピックの最大のレガシーの一つと言っていい。今日、ここはロンドン東部の中心地となった。

また、世界標準時の起点ともされるグリニッジ天文台近く、Ｏ2アリーナ（ミレニアムドーム）と展示場エクセル（ロンドン・シティの空港近く）を結ぶロープウェイがテームズ川を渡っていて、オリンピックが終わっても多くの観光客がこれを利用し週末には行列ができている。

ロープウェイのスポンサーはエミレーツ航空だが、実際の運行主体はロンドン市交通局であり、市が発行する交通機関のプリペイドカードであるオイスターカードで乗ることができる。片道大人四・三〇ポンド（約七五〇円）。これもオリンピックのレガシーのひとつである。

ちなみに割安となるオイスターカードを使っても、ロンドンでは地下鉄初乗り二・二〇ポンド（約三八五円）、バス一・四五ポンド（約二五三円）とけっこう高い。地下鉄が高いのは、ロンドンの地下鉄は古くて輸送力増強ができないので、なるべくバスに誘導しようとする政策だと聞いたことがある。

ロンドンの東西を走るクロスレイルは現在建設中だが、これはオリンピックがあったから着工できた（ロンドン市の計画担当者）という意味では、オリンピックのレガシーと言える。東西一一八km余を走り二兆五〇〇〇億円余の予算、ロンドン中央部では四一kmのトンネルを掘っていて八つの新駅ができる。大英博物館、コヴェント・ガーデン、セントラル・セント・ジャイルズ（防衛省跡を三菱地所が開発）に近いトッテナム・コート・ロード駅もクロスレイル駅新設のため工事中だ。

レンゾ・ピアノ設計によるザ・シャードという八七階建て、EUで最も高いビルが建ったのも、オリンピックムードで建築許可を得られたためだという人がいる。ロンドン・ブリッジ駅直結、予約して四四〇〇円ほど支払うと展望台に登ることができる。

ヒースロー空港は不便なので、滑走路増設案やテームズ河口かまたは海上に新空港をつくることも検討されているが、これもオリンピックのおかげかもしれない。オリンピックでロンドンは変わったのである。

アイコニック・ロンドン・アクアティックス・センター

シティの側から見たシャード

# レッチワースとウェルウィン
## 日本のまちづくりにも影響を与えた田園都市構想

昭和四十四(一九六九)年、都の招きに応じて来日したロンドン大学のロブソン博士は、多摩ニュータウンの建設に関して、第一に、ベッドタウンの建設は都心への交通混雑を招くのでだめ、第二に、業務・商業等からなるダウンタウンセンターをつくれ、第三に多摩ニュータウンから周辺へのスプロールを防げ、などを骨子とする、いわゆるロブソン報告による提言を行なった。

私などは当時、多摩ニュータウンは、都市に溢れる住宅困窮者のためにつくられると理解していたから、そして五階建て、一〇階建ての、各戸に水洗トイレを備える団地は近代生活の象徴と考えていたから、この提言を知って、仰天したものだ。

このころ、イギリスの典型的な都市居住のスタイルとして日本に紹介されたのが、第一にプリムローズ・ヒル、ケンジントンなどのテラス式小規模裏庭付住宅、第二にシティのなかにあるバービカンのような都心居住、そして第三がレッチワース、ウェルウィンなど田園都市だった。

## 自動車が多いのが難点の田園都市

実際に田園都市レッチワースを訪ねると、緑豊かな町並みのなかにゆったりと低層の住宅がひろがっており、快適居住が実現されていると実感できる。まちの人たちは、田園都市第一号であることを誇りにしているようで、誰でも質問には親切に答えてくれる。

ウェルウィンでは、駅前からいきなり始まる幅五〇mの公園通りが圧巻である。レッチワースより一回り規模が大きいだけあって、公共施設も林のなかに点在しているといった風情である。図書館で人と待ち合わせしたので、その位置を尋ねるため、警察署に寄ったら、午後四時で終了ということで鍵がかかっていて誰もいなかった。ヨーロッパではときどきあることだ。平和で犯罪も少ないのだろう。住民たちが親切でよく声をかけてくる点はレッチワースと同様である。

レッチワースもウェルウィンも、駅前ショッピングセンターはよくできている。しかし、まちを歩いていて感じるのは、自動車が多いことである。道路は広いが、一車線分は駐車帯になっている。一家に三台くらい停めてある家も多い。せっかく緑豊かなまちをぶらぶら歩いていても、自動車交通量が多いのは興ざめである。

田園都市建設を唱え、実際に世界初のレッチワース、第二のウェルウィンを建設したエベネザー・ハワードは、もともと都市計画家ではない。一八五〇年、ロンドンのシティで、パン屋の息子として生まれた。十五歳で株式仲買人の事務員として就職し、のちにアメリカに渡り農業経営を試みるが失敗して帰国、議会の公式記録係となる一方、当時、産業革命後のイギリスの劣悪な住宅環境の改善をはかる社会運動に参加し、アメリカ時代の経験を生かして田園都市の建設を主導する。

実際にレッチワースのまちづくりを設計したレイモンド・アンウィンもまた、もともと都市計画家ではなく、オックスフォードで神学を勉強していたが、社会改良家アーノルド・トインビーの影響を受けていて、石炭産業や鉄工場勤務を経てからエベネザー・ハワードの運動に参加した。

ウェルウィンの設計者ルイ・ドゥ・ソアソンも同様に、オックスフォードで聖職者となるべく勉強中に社会改良を志し、レッチワースの設計に関わり、ウェルウィンの設計へと進んだ。

彼らの出自と人生からわかるように、当時のイギリス大都市では急増する労働者たちが劣悪な住環境におかれ、しかもそれを嫌って富裕層も郊外に進出するという都市の混乱状況にあり、田園都市の運動は、一般勤労者のために理想的な都市をつくろうとする試みだった。

## 勤労者の住環境改善のために始まった田園都市運動

イギリスでは一八五八年に公衆衛生法が成立し、一八九一年には初等教育法、一八九四年には八時間労働制、一八九七年には労働者保護法と、労働環境改善のための努力が始まっていた時期だった。

そういう社会状況のなかで、エベネザー・ハワードが一八九八年に著した『明日——真の改革にいたる平和な道』は大きな反響を呼んだのである。この本は一九〇二年に若干の加筆修正を経て『明日の田園都市』と改題され、今日に至る。

和訳は鹿島出版会が発行している。原題はガーデンシティだが、一九〇七年に内務省地方局有志により『田園都市』が刊行されたことがあり、日本では田園都市と訳されている。これでは「田んぼのなかの都市で、ハワードの理念と違う」という批判もあるが、田園という言葉のもつヒューマンな響きには必ずしも田んぼを連想させるわけではない独特の印象があり、むしろ名訳というべきではないか。

ハワードの提唱に対しては、企業家が何人か支援を申し出て、一八九九年には田園都市協会設立、一九〇四年、ロンドン中心部から北へ約五〇km行ったレッチワースに一五四〇haの用地を確保し建設開始に至る。次いで一九二〇年にはロンドンの北約三五km、ウェルウィンの建設を始めた。どちらもキングス・クロス駅からケンブリッジ方面へ、電車でレッチワースが約四〇分、ウェルウィンが約三〇分で行く。レッチワースの人口は約三万二〇〇〇人（計画人口三万三〇〇〇人）、ウェルウィンの人口は約四万四〇〇〇人である。

田園都市のコンセプトは、自立した職住近接型の都市を郊外に建設することである。住宅やコミュニティ施設は、共同出資による。出資者には配当を行なう。土地所有は一元化する。グリーンを豊富に配し、一ha当たり三〇戸程度の低密度居住とし、低層でテラスハウス方式とする。駅にはショッピングセンターをつくる。ウェルウィンでは駅の裏に大きな小麦工場が建設された。まちは田園地帯すなわち農村によって囲まれている。

田園都市は、イギリスのニュータウン思想に大きな影響を与えた。ロブソン報告が、多摩ニュータウンに対して、単なるベッドタウンはだめ、業務機能を誘致して職住近接にせよ、周辺にスプロールするな、と提言したのは、まさにハワードの田園都市構想と軌を一にしている。

建設から約百年を経て、レッチワース、ウェルウィンとも現在でも田園都市として維持されている。この間、イギリス政府は一九四六年、ニュータウン法を制定した。エベネザー・ハワードの理想を国家として認めた形である。もっとも、この法律によるニュータウンのコンセプトや規制、あるいは開発利益の帰属など、ハワードのコンセプトと異なる点がいくつかあり、これはレッチワース、ウェルウィンのまちの住民たちに新たな悩みや紛争の種を提供した。

日本では小林一三が経営する阪急電鉄が関西で箕面市、吹田市、堺市など、そして東京では渋沢栄一らが田園都市株式会社により大田区でハワードの構想に影響されて田園都市を開発した。これらはハワードの田園都市構想とはコンセプトが違うという説もあるが、都市における快適居住を追求する思想には共通のものがある。ウェルウィンの住民組織のリーダーが来日したとき、私は埼玉県の見沼たんぼを案内した。のどかな田園風景とさいたま新都心の超高層ビル群の共存に彼らは素直に感動していた。田園都市構想は都市と自然の調和を目指した。レッチワースもウェルウィンも自動車が多く、まちづくりの完成品とは思えないが、今日に至っても田園都市構想が目指したものから学ぶものは多い。

レッチワースの家並み

ウェルウィンの駅前に延びる幅 50m の公園道路

## ブライトン
### イングランド南端の海岸に広がる優雅な保養地

ロンドンから九〇kmほど、真っ直ぐ南下すると、ヨーロッパ大陸を見渡す海岸に出る。そこがブライトンのまちだ。十八世紀ころまでは小さな漁港だったが、その後、保養地として発展し、いまは観光都市と言っていいだろう。

ここはイギリスにおけるビーチリゾート発祥の地である。急速な産業革命の結果、工場労働の不衛生や不健康が問題になっているとき、近くのルイスというまちに住む医師が海水が健康にいいという説を唱えたところ反響を呼んで、ブライトンは保養地の代名詞となった。ロンドンから日帰りも可能なので「ロンドンの海岸線」と呼ぶ人もいる。

エベネザー・ハワードによるガーデンシティ（田園都市）が、同じく産業革命後の都市への労働者の集中によって不衛生で不健康な状態が生じたため、そのような状態から脱却して理想の住宅都市をつくろうと考えたのと、似たような経緯で形成された。

## 映画『旅路』のイメージ

海岸は砂浜ではなく茶色っぽい砂利だが、広く長い海岸線をもっている。遊戯施設やレストランを敷設した巨大なパレス・ピア（ピアは埠頭）が沖に向かって伸びていて、それが海岸の中心となっているので歩いていて位置がわかりやすい。ピアは西側にもう一つある（ウェスト・ピア）のだが、ずっと前に火事で焼け落ちた。その残骸が沖にそのまま残されていて鉄骨をさらし、それなりに不思議な風情がある。再建計画があるようだが、このままのほうがいいのではないか。

海岸に沿った道路には、ずらっと大きなホテルやリゾートマンションが並んでいる。建物の高さやデザインがそろっていて、この建物による海岸線自体が壮観だ。一歩街中に入ると、曲がりくねった小道に沿って低層のクラシックな家並みが続いていて、小さなレストランがたくさん並ぶ一角もある。写生を始めたくなるような小径がたくさんある。

イギリスのまちは、どこでも自動車のマナーが悪く運転が乱暴なので、歩くには注意が必要だが、その難点を除くとブライトンは散歩に適したまちである。

十八世紀にリージェント王子（のちのジョージ四世）が豪華なインド風の別邸を建設し、いまはブライトン市がこれを所有しロイヤル・パビリオンとして公開している。市長は「王宮を所有している市はイギリスでブライトンだけ」と誇りにしている。王子につられてイギリス富裕層が次々とブライトンに別邸を建設した時期があったという。日本でいえば葉山や逗子のようなイメージであろうか。

ブライトンのさらに西、数十km行ったところがボーンマス海岸である。

私は数十年前に『旅路』（原題は『セパレート・テーブルズ』――別々のテーブル）という映画を観て、このあたり一帯の海辺のまちがもつ保養地としてのイメージに強烈な印象をもった。一九五八年のアメリカ映画だが、イギリスにある海辺の町ボーンマスにあるホテルの出来事を描いている。もともと舞台劇だったものを映画化した。

夏場のブライトンではホテル代が高いが、オフシーズンには安い。そういう時期に、何か事情がありそうな一人、あるいは二人連れが海辺の小さなホテルに滞在する。傷ついている人が多く、食事のテーブルは、それぞれ別々だ。そういう意味では原題の『セパレート・テーブルズ』はテーブルが別々ということを言いたいより、人々の孤独を表現している。邦題の『旅路』は、さらに一歩進んで人生の寂しさを表現している。

バート・ランカスター、デボラ・カー、リタ・ヘイワース、ウェンディ・ヒラーなど、私たちの世代なら誰でも知っているひとたちが出演し、ホテル逗留客による人間模様を描くことに徹していて、なんと、ホテル外の場面は一切ない。それだけによけい、このイギリス南部の海岸を実際に歩いてみたいと私は思った。海岸を見せる映画をつくるよりずっと海岸に引き寄せられる、不思議な映画だ。

## 国際会議都市をめざす小さな政令指定都市

ブライトンは人口約二五万人、一九九七年に比べ二〇〇七年に三・五%増加している。まちには大学が二つあり、そのために若い人も多く住んでいる。『ジ・アーギューズ（議論）』というローカル日刊紙も成立しているし、新しいフットボール・スタジアムを建設中であり、イギリスではそれなりにがんばっている地方都市の一つに数えられている。

私たちは明治大学公共政策大学院で学ぶ人たちと共に訪問して、市長や市議会議員と懇談した。彼らは「公共と民間が協力して雇用の増進に努力している」ことを強調した。現在、労働可能年齢人口に占める有業率は七五%だが、それを八〇%に上げることを目標としている。市内の雇用者のうち二九%はパブリックセクター、二八%はビジネス・金融サービス、二三%は商店・ホテル・レストランに勤務している。

具体的には観光に加え、金融、デジタルメディア、文化・創造に力を入れている。観光都市に加え、会議都市としての発展を目指している。現在の最大の民間雇用者はアメリカン・エクスプレスで、約三千人を雇用している。有名な劇場や映画館もある。一般の人は触れたがらないが、同性愛者のためのクラブ等があることでもその方面の人たちの間では知られている。要するに開かれたまちなのだ。

市役所には経済開発チームという六人の職員からなる組織があり、アートの製品化・商品化のために海岸沿いの一等地にアンテナショップをつくるなど、人々が働く場を増やすことにつとめている。芸術家や職人が工房を公開するオープンハウスも多い。フェスティバルのときは、たいていの工房が公開される。

ブライトンはイギリスの地方自治制度によるユニタリーである。すなわち、市町村に該当する基礎自治体（ディストリクト）であるが、カウンティ（県）の仕事を併せもっている。イギリスのユニタリーは日本でいえば政令指定都市だが、日本に比べて小規模の自治体でも認められており、五〇を超える自治体がユニタリーとなっている。

ディストリクトの場合、一般に住宅、ごみ収集、環境、保健などの事務をもつが、ユニタリーになると、交通、道路、消防、福祉、図書館、ごみ処理などの仕事ももつ。仕事の範囲としてはむしろユニタリーのほうが日本の区市町村に近いといっていいかもしれない。

ブライトンは一九九七年に西側にある隣町のホーブと合併した。だから正式にはブライトン・アンド・ホーブ市という。二〇〇一年には市長の直接公選制を目指して住民投票が行なわれたが否決され、現在の市長は議員の互選で選ばれている。イギリスの自治は多様で興味深い。

ブライトンのホテル群

火災で焼けたピアの残骸

# オスロ
## ノーベル平和賞など独自の国際貢献活動を展開

ノーベル賞の選考委員会や授賞式は、スウェーデンのストックホルムで行なわれる。しかし、ノーベル平和賞は、選考も授賞式もノルウェーのオスロで行なわれる。ダイナマイトの発明で巨額の富を築いたスウェーデン人ノーベルは遺言で全財産をこれらの賞のために寄付し、それぞれの賞について選考組織がつくられた。

これらの動きがあった一九〇〇年ころにはスウェーデンとノルウェーは同君連合を組んでいて、両国は後に分離したので、当初、ノーベル平和賞の選考組織がつくられたオスロでそのままノーベル平和賞が扱われているのである。

### オスロ市役所で行なわれるノーベル平和賞授賞式

ノルウェーがスウェーデンとの同君連合から離脱した契機は、当時、世界でも有数の商船保有国であったノルウェーが独自の領事館を海外に設置することを繰り返し要求したが、スウェーデン側から拒否されたためである。ちなみに同君連合以前のノルウェーは、デンマークの一地方として扱われていた。結局ノルウェーが単一の独立国となったのは一九〇五年だが、そこに至るまでには長い歴史をもっている。

ノーベル平和賞の授賞式は、毎年十二月十日にオスロ市役所で行なわれる。オスロ市役所の建物は一九三一年に着工したが、第二次世界大戦で工事が中断し、戦後の一九五〇年に完成した。

船でオスロ港に入ってくると正面に大きな広場（市庁舎前広場）があり、そのほぼ正面にあり、目立つ建物である。茶色に塗られ、低層だが二つの大きな四角い塔をもっているので遠くからもすぐにそれとわかる。

ノーベル平和センターは市庁舎前広場に面して、市庁舎のすぐ近くにある。ノルウェー独立百年を記念して二〇〇五年につくられた。十九世紀にオスロ西駅として使用されていた瀟洒な建物を活用している。内部は近代的なデジタル機器を駆使して、ノーベル平和賞の歴史や受賞者の功績をわかりやすく説明する仕組みになっている。

歴史的経緯によってノーベル平和賞はオスロで授与されるが、これは単なる偶然というより、ノルウェーという国家が現代において独立性を強く意識しそれを保ち、また、国際的に平和外交を貫いているので、結果的に相応しい印象を与える。

ノルウェーはEUに加盟していない。

一九五九年にEFTA（ヨーロッパ自由貿易連合）には加わったが、一九七二年に当時のECへの加盟を国民投票で否決し、一九九四年にはＥＵへの加盟を同じく国民投票で否決している。

しかし、ＮＡＴＯ（北太平洋条約機構）には加盟し、国連の平和維持活動にもノルウェー軍兵士を派遣する。ヨーロッパ域内の自由通行を認めるシェンゲン協定にも参加している。一方、国外から輸入される畜産物等には高い関税をかけて国内産業の保護を図っている。

ノルウェーが各種の国際平和貢献活動を展開している背景には、北海油田を擁していて、財政的に豊かであるという背景があるが、同時に、フィヨルドによる自然の良港を豊富にもっていて、もともと海外に盛んに進出してきた歴史をもっているために、ノルウェーの人が広く世界に関心をもっているということもある。

一〇五〇年、最初にオスロのまちをつくったのはノルウェー最後のヴァイキング王と言われるハーラル王である。

ハーラル王が戦死したのは一〇六六年、イギリス遠征のときであり、これによってヴァイキングの歴史は終わったとされている。

ヴァイキングとは「入り江の人」を意味すると言われるが、ノルウェーは正に無数の入り江から成り立っている国である。オスロはこれらたくさんの入り江の中でも特に奥深い入り江に立地している。オスロにはヴァイキング博物館があって、八〇〇年代に使用されたヴァイキング船が展示されている。一九〇四年に発掘されたものだが、とても美しい形をしている。

オスロのまちは建設当初に比べ現在は約三㎞、西に移っている。一六二四年の大火によってまちの大半を焼失したのがきっかけである。延焼防止のため、そのときから道路も広くなった。

## 北極だけでなく南極探検も

ノルウェーの人が海外に関心が高かった歴史は、オスロのフラム博物館に行くとよくわかる。フリッチョフ・ナンセンは、北アジアからくる海流がノルウェー付近から北極点を通過してひと回りしているという仮説をもっていて、それを証明するためにフラム号を建造した。

全長三九m、八〇〇tのフラム号は、北極海で氷に囲まれても押しつぶされずせり上がって氷の流れに乗り航海を続けることができるよう設計された。いろいろな困難に遭遇し紆余曲折があったが、一八九三年にノルウェーを出発したフラム号は北極海を経て三年後にノルウェーに戻ることができて、ナンセンの仮説は正しいことが証明された。

ナンセンはノーベル平和賞を受けているが、これは、フラム号の功績ではなく、第一次世界大戦後に国際連盟の高等弁務官として捕虜の祖国帰還等に尽力したことによるものである。

オットー・スヴェルドルプはフラム号を改造し、一八九八年から四年かけてグリーンランド付近を調査して貴重な標本を多数収集し持ち帰っている。

帰ってきたフラム号を次に活用したのがロアルド・アムンゼンである。アムンゼンは、一九一〇年にノルウェーを出発し、翌年十二月、南極大陸に上陸してついに南極点に到達している。このときイギリスのスコット隊は、アムンゼンに遅れて南極点に到達したがその帰路、遭難してしまった。

フラム号が帰国したのは一九一四年のことである。フラム号は今、オスロのフラム博物館に展示されている。

その後、フラム号の人々の精神を受け継いだのは、一九一四年生まれのトール・ハイエルダールである。ハイエルダールは、南アメリカの先住民が使っていたイカダのコピーをつくって（太陽の子を意味するコンチキ号と名づけた）南太平洋を渡り、ポリネシア人は西から来たのではなく東の南アメリカから渡来したことを証明した。

そのほか、ガラパゴスやイースター島をはじめ、数々の遠征航海によって、二〇〇二年に亡くなるまでの間、たくさんの発見を行なっている。ハイエルダールの事跡はオスロにあるコンチキ号博物館に展示されている。

オスロにはそのほか、例のムンク美術館もある。ヴィーゲラン公園という、人間の一生を彫刻で表現した公園もある。戯曲『人形の家』で知られるイプセンの博物館もある。オスロは人口五百万人に満たない国の、人口六〇万人にも満たない首都だが、世界に雄飛した歴史をもち、今日なお世界平和に影響をもち続けるなどいろいろなものを持っている不思議な都市である。

ヴィーゲラン公園

オスロ市役所

# アントワープ
## 『フランダースの犬』の舞台

アントワープを訪れる日本人は多い。ここがイギリス生まれの作家ウィーダ作『フランダースの犬』の舞台だからである。ネロ少年は幼い時に母親と死別して祖父と二人で生活していた。家には飼い犬パトラッシュがいた。ネロは絵の才能に恵まれ、ルーベンスのような絵描きを夢見ていたが、家が貧しいため、祖父の仕事を助けてパトラッシュと共に荷車を引いて、郊外からアントワープまで毎日牛乳を運んでいた。

祖父が亡くなったあと、ネロには放火犯の疑いがかけられ、コンクールにも落選し、クリスマスのあとの大聖堂に入り、パトラッシュと共にルーベンスの絵の前で凍死する。実はネロの絵を評価して援助しようとする人がいたし、ネロの友達である少女の父もネロを援助しようとするが、どちらも間に合わなかった。

## ベルギーの北部オランダ語圏フランダース地方

フランダースとはフランス語由来の英語である。現地ではオランダ語でフラアンデレンという。ウィーダはこの小説を英語で書いた。ベルギーは、北部フランダースがオランダ語圏、南部ワロンがフランス語圏である。今でも二つの地方の間には確執がないでもない。だからフランダース地方の人にとって、英語で書かれた『フランダースの犬』という小説は無縁のものである。

元々、南部フランス語圏が工業地域であるのに対して北部オランダ語圏は農民的気風が強い。絵描きに憧れて凍死する少年という設定が共感を呼ばない。こんなことでへこたれてはいけないという声もある。『フランダースの犬』を想ってアントワープを訪れるのは日本人だけらしい。

といっても、アントワープを訪れる人は、必ずこの『フランダースの犬』の舞台となったゴシック様式の大聖堂に足を向ける。十四世紀から十六世紀にかけて主要部分が建設されたこの大聖堂は、長さ一二四m、幅六五m、そして塔の高さ一二三m、フランダース地方最大規模の、そして最高位の聖堂である。巨大な建物ゆえに「柱の森」と言われるほど内部にたくさんの柱が建っている。

大聖堂の横の広場には、ネロとパトラッシュの記念碑が二〇〇三年に建てられた。オランダ語・英語と日本語で解説が書かれているところを見ると、日本人観光客が『フランダースの犬』を訊ねてここにやってくることを歓迎する人もいるのだろう。日本人のおかげで、アントワープの人々が『フランダースの犬』を見直したといっていいかもしれない。ネロとパトラッシュの記念碑の絵はがきも売られている。

大聖堂内部の主祭壇に掲げられている絵が、一六二六年、ルーベンスが四十九歳のときに描いた「聖母被昇天」の絵である。明るく光輝くこの絵は、たしかにネロ少年が憧れただろうと思わせる絵である。ほかにもルーベンスの絵がここには三枚掲げられている。

この聖堂はゴシック様式ではあるが、ステンドグラスが少なくて外の光がよく差し込むようにできている。北ヨーロッパという日照時間が少ない土地柄のためもあるだろうし、ルーベンスの絵をよく見せるためでもあるのかもしれない。珍しく内部が明るい聖堂である。

日本人はアントワープと呼ぶが、現地ではオランダ語でアントウェルペンと呼ぶ。スヘルデ川沿いにある港町で、北ベルギーすなわちフランダース地方の町としてはブリュッセルに次いで大きく、人口が五〇万人弱である。港湾を活用した巨大なコンビナートをもっている。

町を流れるスヘルデ川はオランダを経て北海に至る。十六世紀に建てられたルネッサンス様式のアントウェルペン市庁舎前には、有名な「ブラボーの噴水」がある。ブラボーという兵士が巨人の手（アント）を切り取って投げた（ワープ）というのである。

アントワープには大きなユダヤ人コミュニティがあるため、アントワープを西のイェルサレムと呼ぶこともある。ダイヤモンド研磨用の円盤の発明者もユダヤ系ベルギー人であり、アントワープはダイヤモンド取引・カット・研磨が盛んである。アントワープの市内にはダイヤモンドの取引所が四つある。アントワープ・ワールド・ダイヤモンド・センターが国際的なダイヤの品質基準の設定、業者の倫理の取り決め、職人の訓練等を行なっている。また、王立美術学校はモード界でも一定の地位を占めており、ファッション産業も盛んである。

アントワープは古来、ローマ、ゲルマンなどの時代を通じて、交通の要衝として、商業・貿易の拠点としてコスモポリタンな性格を強めていった。出版文化も栄えた。オランダから独立したベルギー軍が、フランス軍の支援を得てフランダース地方を占領し、アントワープがベルギー領となったのは十九世紀のことである。しかし、現在でもフランダース地方の公用語はオランダ語である。

## ブリュッセルを凌ぐアントワープの魅力

ブリュッセルは統一した都市ではなく、一九の基礎自治体の集合体である。ブリュッセル市長はいない。だからアントワープとかなり違った町である。地理的にフランダース地方最大の都市というにすぎない。

ロンドンからユーロスターでブリュッセルの駅に降り立つと、立派な建築物ではあるが殺風景な駅の風景に呆然とする。ブリュッセルを初めて訪れたとき、列車は駅らしきところに停車したが「こんな殺風景なところがEUの首都ではないだろうと思ったが、ブリュッセルだった」という経験をした。駅の外に出るとゴミが散乱していて、またびっくりして、その後ブリュッセル駐在の日本政府職員にこの日は何かあったのか聞いたが、「いつもこんな感じですよ」と言われた。

ブリュッセルの住宅街を歩くと、やはりゴミが散乱していて印象が悪い。その原因のひとつは、ブリュッセルというまちの一体性を保つ広域的な自治体をもっていないせいかもしれない。そういえば、世界三大がっかりのひとつ、小便小僧もブリュッセルにある。

ブリュッセルはEUの首都である。政治的には意義ある都市であるが、生活者の視点から見ると、ブリュッセルから電車で四〇分行ったアントワープのほうがよほど快適なまちに見える。

アントワープは交通の便もいい。舟運もそうだし、鉄道路線も道路もヨーロッパ中に向かって拡がっている。日本郵船がアントワープにロジスティックス（物流拠点）を置いた理由は、アントワープを中心に円を描くと、半径五〇〇km以内にEUの購買力の六割が入るからだという。アントワープ港のコンテナ取り扱い量は世界第一四位である。

アントワープ港湾区域にある日本郵船の広大な埠頭と、ヨーロッパ中で売られている日本の自動車・電気製品等の無数の部品が、必要なときはいつでも注文に応じて配送できるよう整理して保管してある巨大な倉庫を見ると、日本の底力はやはりものづくりだということが実感できる。ここには日本製品のアフターサービスのために働き続ける日本人が存在する。

アントワープは、日本人にとっては『フランダースの犬』のまちだが、オランダ語圏ベルギーにとってはダイヤモンド・巨大港湾・コンビナートを特徴とする、ベルギーでも稼ぎ頭のまちである。

日本郵船のアントワープ・ロジスティックス内部

アントワープの大聖堂

# パリ・モンマルトル
## 鬼気迫る美しさ

私はかなり前から、もし自分がパリに住むならモンマルトル、と決めている。日がな一日、あのサクレ・クール寺院の前の階段に座ってパリのまちをぼんやり眺めていれば、パリで人生を過ごした世界の作家たちと少しは感性を共有できるかもしれないと思うからである。丘の上にすっくと天に向かって白い塔が伸びるサクレ・クール寺院を見ると、「ああ、またパリにくることができた」と実感する。階段のあるまちは栄える。この場合の階段は、単に昇降するための階段ではない。人々が座っていて楽しい階段だ。ベンチと違って階段は、あたりがよく見える。まちの景色や行き交う人を見ていると、いろいろと想像力がかき立てられて飽きない、そういう階段を持っているまちは栄える。歩き疲れた足を休めて、再び観光や買い物に出発する元気が湧くのだ。

東京も階段の多いまちだが、どちらかというとひっそりと裏通りに息づく階段が多く、まちを栄えさせる機能をもつ階段がない。これからでもいいから、そういう階段をつくっていくといいと思う。

パリ中心部地図
0
2km
モンマルトル墓地
サクレ・クール寺院
モンマルトル
凱旋門
シャンゼリゼ通り
ブーローニュ
オペラ座
ペール＝ラシェーズ墓地
ルーヴル美術館
エッフェル塔
オルセー美術館
シテ島
ノートルダム寺院
モンパルナス通り
セーヌ川
リュクサンブール公園
モンパルナスタワー
ベルシー公園
モンパルナス
ミッテラン国立図書館

## パリ・コンミューンでサクレ・クール寺院の建設が決まった

モンマルトルの丘は、もともとは農村だった。今でも小さなぶどう畑が残っている。十九世紀半ばにナポレオン三世とオースマン男爵がパリを大改造したとき、貧しい人たちが追われて移り住んできてまちになった。だからはじめから自由な雰囲気に溢れていて、若き芸術家たちが多くこの辺りに住んだ。

ユトリロ、その母ヴァラドン、さらにヴァラドンを描いたルノアール、ゴッホ、ドガ、ロートレックなど、芸術家たちの多彩な人間模様がこのまちにあった。私たちは、ユトリロの絵そのものであるこのまちを歩くことによって、今でもあの時代のパリを感じることができる。

ローマ人がシテ島に住んで、パリのまちが始まったのだが、時計回りに一区から順にカタツムリ状に拡大して、モンマルトルは一九番目の区に当たる。パリ市街地の北端だ。

サクレ・クール寺院の建設が決まったのはパリ・コンミューンのとき、一八九〇年、完成は一九一九年だ。サクレ・クールとは、聖なる心という意味だ。パリ・コンミューンはこのまちの自由人たちが始めたので、その勢いでサクレ・クール寺院の建設を決めた。革命運動が破壊でなく建設を決めたのがこの国の市民革命の特徴だ。

そういう風土があるから、フランス国民は今でも革命を祝う。サクレ・クール寺院は、パリ・コンミューンを記念するかのように一〇〇mに及ぶ高い塔を持ち、昇るとパリのまちが一望のもとだ。

巨大な地下ホールも歴史遺産を豊富に持っている。

サクレ・クール寺院の横のテルトル広場では、たくさんの画家が絵を描きながら自分の絵を売っている。客の似顔絵を描く画家も多い。私はよく、ここで小さな絵を買う。絵を描く友人は「あれは絵でなく絵葉書だ」というが、絵葉書だとしてもオリジナルの贅沢な絵葉書だ。買うたびに画家との新たな交流がある。画家は大勢いるのだが、私が買った絵と息子が別の機会に買った絵が、同じ画家による絵だったりする。そのことをその次の機会に画家に告げたらとても喜ばれた。

一般にパリのまちで食事するには、高名なレストランで三時間もかけてフルコースを食べるよりも、カフェで軽食を食べたほうが日本人の体には合っている。カフェでだって肉も魚も食べることができる。テルトル広場の周辺やモンマルトル界隈には、手ごろなカフェがいくらでもある。生活機能を豊富に備えているのがこのまちの魅力でもある。

モンマルトルの丘に初めて登る人には、ロシュシュアール通りあたりの正面からまっすぐ北に向かって歩いて上って行くことを勧める。下からサクレ・クール寺院を眺めつつ、迷わずに行き着ける。高い丘だが、後ろを振り返る都度、パリのまちがよく見えるので、それほどの難行ではない。

## 多くの人が生き、死んだまち

帰りは逆に、裏や横の階段や通りを降りて行くと面白い。まさにユトリロが描いた階段や通り、家並みの連続だ。道はどこも曲がりくねっている。九〇度に曲がる角などない。サクレ・クール寺院から真っ直ぐ西に、モンマルトル墓地を目指して降って来たはずなのに、いつの間にか、東に向かって歩いていたりする。それほど曲がりくねっていて、かえって面白い。

ナポレオン三世はオースマン男爵に対して、「市民革命を防ぐため、市民がバリケードを築きにくいよう、道路を広くとれ。軍隊が広場にいれば八方が見渡せるよう、放射状の都市構造をつくれ」と命じたが、同時に「侵略者がパリの道に迷うよう、元来た道に迷い込むよう工夫せよ」と命じた。『言語都市・パリ 1862-1945』(和田博文ほか著、藤原書店)という本には、永井荷風、高村光太郎、与謝野晶子、島崎藤村、西條八十、岡本かの子、金子光晴、林芙美子、横光利一、高浜虚子ら、多くの日本の作家たちがパリに魅せられ、パリに圧倒された話が満載されている。モンマルトル散策は私たちのいろいろな想像力をかき立てる。

道に迷いながら西に丘を降りきると、広大なモンマルトル墓地がある。ひとつひとつが芸術品といっていい、見事な墓標が並んでいる。ゾラ、ハイネ、ドガなどの墓もここにある。

ロンドンやニューヨークは金融で世界に力を示す。東京はものづくりを世界に発信する。パリは文化芸術の魅力においてロンドン、ニューヨーク、東京を圧倒する。歩いていてこれほど面白いまちはない。その極致がモンマルトルだ。パリの都市計画の専門家とのシンポジウムで、「東京は世界一の人口を擁している」と言ったら、パリ側は「その都市に生き、そして死んだ人の数はパリのほうが多い」と言った。確かに、そういう、鬼気迫る美しさがこの都市にある。東京も長い年月をかけて本物の魅力を磨いていかねばならない。

モンマルトルの道

サクレ・クール寺院

## パリ・エッフェル塔
### 差別化、先駆性、そしてデザイン性の象徴

パリを想起させるものはたくさんある。セーヌ、凱旋門、ノートルダム寺院、オペラ座、ブーローニュ、サクレ・クール寺院、ルーヴル、オルセー、その他。それらのうちでひとつだけ代表を挙げろと言われたら、やはりエッフェル塔だろう。エッフェル塔はパリのまちのどこからも見ることができる。いろいろな映画で、パリを舞台とするシーンの冒頭ではエッフェル塔が映し出され、観客にパリを感じさせるケースが多い。

この塔は、フランス革命百年を記念する一八八九年の第三回パリ万博のためにつくられた。いわゆる第三共和制は、当時、世界をリードしていた産業革命の旗手・ロンドンに対抗するものをつくろうとした。石の塔はすでに世界にいくつもあった。アメリカで一八八四年に高さ一六九ｍに及ぶワシントン記念塔が完成したばかりだった。世界に鉄の塔はなかった。だからエッフェル塔は鉄の塔だったのである。

## モーパッサンらは醜悪だと言って反対した

エッフェル塔を見ると、たいていの人は、美しいと感じる。なぜ美しいと感じるのだろうか。私はパリに行くたび、その理由を見いだそうとして、エッフェル塔を見に行く。ひとつは、あの曲線だ。しなやかでスムーズに伸びている。もう一つは、透明性だ。エッフェル塔を通して空が見える。だから空を遮っているという感じがない。この塔は、風を通しているのだ。この透明性が、エレガント感の原因ではないか。最近はそう思っている。

エッフェル塔は、石でなく鉄の塔であることによって他の塔と差別化をはかり、同時に鉄の時代の到来を人々に宣言するかのように先駆性を示した。そして透明感のある曲線とデザイン性によって人々に愛されている。

設計者であり技術者であるギュスターブ・エッフェルは、それまで多くの鉄の橋の建設を手がけていた。橋も地中にしっかりと基礎を築き、その上に高い構築物をつくっていく。重力を分散し風の抵抗を計算して優雅な曲線を描く。その技術がエッフェル塔に生かされた。実際、この巨大な塔は接地面では荷重が一$cm^2$あたり四kgに分散される、「軽やかな」建築である。ちなみにフランスがアメリカ独立百周年を記念して一八七六年に贈った、ニューヨークの自由の女神像の内部の鉄骨はエッフェルがつくった。

一八八九年の第三回パリ万博のためにフランス政府が実施した建築コンクールでギュスターブ・エッフェルの案が採用され、エッフェルは会社をつくって高さ三〇〇mに及ぶこの塔をわずか二年で完成させた。この間、多くの建築家、芸術家、知識人、保守派が、この建造物はパリのまちと異質だとして反対運動を展開した。モーパッサンは「醜悪で巨大な骸骨」と罵倒した。しかしエッフェルは「工業と技術の世紀の象徴だ」と主張して屈しなかった。

博覧会会期中に一九五万人がエッフェル塔に入場し、建設費はその入場料によってほとんどまかなわれた。二〇年で壊す約束だったが、壊されないですんだ。無線が発達し、無線塔として有用なことも存続にプラスした。

その後ライトアップもされ、エッフェル塔は利益を生み続けている。世界の人が旅行するようになり、誰でも必ずパリを目指し、パリに来ればエッフェル塔に登る。今では毎年五百万人以上の人がエッフェル塔に入場する。都市にとって、平凡なものをいくつもつくるより象徴的なものをひとつつくる、一点豪華主義が成果をあげる代表例である。

塔の老朽化により補修費用は年々、増していく。パリ市は一九八〇年、第三セクターとして管理会社を設立し、それまで純民間経営だったエッフェル塔会社を傘下に収めた。背景には、一九七七年からパリ市が公選市長をもつ自治体になり、エッフェル塔に強い関心をもつようになったという事情があった。それまではセーヌ県知事がエッフェル塔会社を監督していたのである。

東京スカイツリーは、東武鉄道を主体とした民間会社がつくった。高さ六一〇m、二〇一二年春に完成した。藍白をベースとしたオリジナルカラー「スカイツリーホワイト」で塗られ、日本古来の五重の塔の構造にヒントを得て心柱をもつこの塔は、エッフェル塔のように東京のシンボルとなりつつあるのではないか。

## エッフェル塔に匹敵する東京の象徴は何か

エッフェル塔に反対したモーパッサンは、足しげくエッフェル塔のレストランに通ったという。「ここにくればエッフェル塔を見ないですむ」というのが理由だったというのだが、もしかするとエッフェル塔を愛していたのかもしれない。私はここのレストランの客のサイン帳に鈴木俊一知事の名前を見つけたことがある。

私の父が七十一歳で他界したとき、母は六十九歳だったが、その後、二回だけ海外旅行に行った。一回目がパリだったが、「エッフェル塔に登った」とうれしそうに言っていた。エッフェル塔というのは、そういう、パリに行ったことを実感させる存在なのだろう。

戦中戦後に三人の子どもを生んだ母のことだから苦労がなかったとは考えられないが、生活を楽しむのが上手だった。戦後の社交ダンスから始めて読書、映画、各種編み物、詩吟、囲碁、旅行、マージャン、花札、カラオケと、死ぬまで趣味をもっていた。

脳梗塞で倒れたのは八十歳くらいのとき、マージャン中で、牌をうまく握れないので周囲の老人たちが気がついたという。それまでは、一升瓶を枕元において毎晩コップ酒を飲んで寝るのを常としていた。私が深酒をしないのは、たぶん、子どものころ、母が酔っぱらう姿をみているからだ。

海外旅行はさすがにパリとナイヤガラだけだったが、国内旅行は毎週のように出かけていた時期があった。

母が心筋梗塞で九三年の人生を閉じたとき、ふた晩、遺体の傍らに添い寝して、「母の人生のハイライトは何だったのだろう」と考え続けた。人生の最大の失敗は若くして教員をやめたことだと思う（台東区立台東小学校の教師だった）が、ハイライトつまり最もうれしそうだった表情を見せたのは、たぶん海外旅行だったかなと思う。小説や映画で見た場面をパリ旅行で実際に体験したからうれしかったのだ。

パリには、そういう魔力がある。エッフェル塔はその象徴だ。東京は、そういうものをもっているだろうか。世界の人が東京に旅行して、何を思い出にして生き、死んでいくのだろうか。清潔で機能的で安全なまちを私たちは確かにつくった。少なくとも世界のほかの大都市に比べれば、これらの点で劣ることはない。百歩譲っても、ワシントンやニューヨーク、パリやロンドンにあるような広大なスラムは、東京にはない。

しかし、私たちはまだ、東京に、世界の人の心に残るようなものをつくっていない。もしかすると、そういうものは、なくてもいいのかもしれない。あるいは、建築物でなくてもいいのかもしれない。この際、清潔さと機能性と安全さを徹底することを世界の人に誇ればいいのかもしれない。

エッフェル塔

下から見たエッフェル塔

## モンパルナス
### 二十世紀初頭から多くの日本人芸術家が住んだまち

モンパルナスにはモンパルナス・タワーがある。タワーと言っても、要するに高さ二〇九mの超高層オフィスビルである。オフィスビルだが、五六階と五九階にはテラスがあって、風に吹かれながらパリのまちを上から眺めることができる。

この眺めは圧巻である。パリの都市構造の魅力は、幾何学的美であって、広場から放射状に何本もの道路が伸びている構造が連なっていることだ。凱旋門からもパリの街路の特徴はよくわかるが、モンパルナス・タワーのほうがずっと高い。サクレ・クール寺院からも幾何学的美は見えるのだが、距離がある。モンパルナス・タワーから見たパリの街路構造は、うっとりするほど美しい。

### カフェを中心とした芸術の都

幾何学的に美しいパリの街路構造は、ナポレオン三世の時代にセーヌ県知事オースマン男爵がつくった。ナポレオン三世の治世すなわち第二帝政期は一八五二年から一八七〇年までで、その間にパリのまちは別のまちになった。ただし、モンパルナス大通りは、オースマンがパリの大改造を始める前に、すでにできていた。オースマンがつくったシャンゼリゼ大通りと違って、それほど有名ではないが、通りの真ん中に歩道があり、そこには並木も植わっていて、歩きやすい。

このモンパルナス大通りには昔から有名なカフェがたくさんある。二十世紀初頭から多くの芸術家が集まった店である。一九一一年に開店したラ・ロトンドは、この店が入っているビルの一室でボーヴォワールが生まれたことで知られる。ピカソやジャン・コクトーが常連だった。店の主人が貧乏画家に金を貸すなど、家庭的な雰囲気が横溢していたようだ。芸術家ではないが、トロツキーも来ていたらしい。一九二七年にオープンしたラ・クーポールは大規模な店で、内装が凝っている。ひところはダンスホールも兼ねていた。『勝手にしやがれ』など、パリを舞台にした映画にはモンパルナスのカフェが使われることが多い。モンパルナスは、カフェが映画の背景となるまちなのだ。

佐伯祐三をはじめとして、多くの日本人画家が、モンパルナスに居を構えた時代があった。一九二八年にパリで開催された日本美術大展覧会には、五四人の画家が計一四四点の絵を出展した。

藤田嗣治がパリに来たのは一九一三年、第一次世界大戦が始まる前年である。多くの外国人が戦火を避けてパリを離れるなか、藤田はパリにとどまった。渡仏してすぐピカソを訪ね、その自由な画風に衝撃を受け、セザンヌやルノワールの絵を知って、このパリでこそ自分の画風を確立しようと決心した。当時、空襲があると人びとは地下鉄に逃げ込んだ。当時から、パリの地下鉄は大きなトンネルと個性的な駅をもつ立派なインフラだった。パリのメトロはできたのは遅かった。ロンドン一八六三年、ニューヨーク一八六八年、ベルリン一八七八年、シカゴ一八九二年、ウィーン一八九八年の開通に対し、パリは一九〇〇年である。遅くできただけに立派なインフラとなった。

戦火のもと、暗い世相のなかで、新人の絵が売れるわけもない。藤田の生活は困窮した。モジリアーニなど何人かの貧乏画家仲間とルームメイトとして一緒に住んだ。

このころのことを藤田は何冊かの著作に書き残していて、当時のモンパルナスの生活が生々しく描かれている。当時のパリのアパートの各室にはトイレはなくて、一階もしくは最上階のトイレに行くほかはない。それが面倒で部屋のなかが相当不潔になったりしたようだ。藤田の生活が好転し始めたのは、第一次世界大戦が終わって絵が売れ始めてからである。

もともと芸術家が多く住んだのはモンマルトルだった。しかし、サクレ・クール寺院には観光客が押し寄せるので、芸術家は徐々にモンパルナスに移っていった。パリにおける「黄金の二〇年代」はモンパルナスが中心だった。このころ、エコール・ド・パリ（パリ派）と言われるほど、画家や作家、革命家がモンパルナスに住んだ。日本人にとってパリは「芸術の都」であるが、そのイメージは、多くの日本人芸術家がモンパルナスに住んだ時代のイメージが強いからだ。

## パリには多くの人が眠っている

パリの都市としての歴史は東京よりずっと長いから、多くの人が生まれ、多くの人が死んだ。墓を地上につくっていると、パリのまちがすべて墓になってしまう。そこでときどき、地上の墓を整

モンパルナス・タワーから見たパリの街路

サルトルとボーヴォワールの墓

理して、地下に埋める。それがカタコンブだ。パリの地盤は強固だから、地下から建築用の石材を掘り出した跡のトンネルが、格好の地下墳墓となる。

モンパルナスのカタコンブは、五世紀ころまで採石場だった地下トンネルに、一七八五年から百年かけて地上の約六百万体の遺骨を移したものだ。きっかけは、市内の各教会の墓地における遺体処理に問題があって、パリのまちに異臭が漂うことが多くなったからだという。教会から遺体を掘り出す作業は、人の目に触れぬよう、深夜に行なわれたが、実際には多くの見物人が怖いもの見たさに集まったらしい。王立医学アカデミーは、これらの発掘された遺体を大いに医学研究に活用したという。以前は、決められた一定の曜日・時間に限ってだが、一般の人がカタコンブを見ることができた。モンパルナスのあるビルに入り口があり、そこで料金を支払って地下に入る。無数に積み重ねられた遺骨に囲まれた地下通路を延々と歩くと、突然、入ったビルとはまったく違うビルに出る。広さは約一haあるから、別のところに出てしまうのは当然である。

モンパルナスには、地上にもモンパルナス墓地がある。中央の入り口から入ると、いきなりサルトルとボーヴォワールが合葬された墓がある。墓石に口紅がたくさんついているのは、墓参りに来たファンが接吻するからだ。ここには詩人ボードレール、彫刻家ザッキン、作家モーパッサン、社会学者デュルケームなども眠っている。

つまるところ、モンパルナスの魅力は、多くの人がこのまちに生きて死んだということが実感できるところにあるのではないか。

# パリ・ベルシー地区
## ミッテランやシラクが再開発

一九八〇年代、フランソワ・ミッテラン大統領は都市再開発大プロジェクト庁を設置し、新ビブリオテーク（国立図書館）、セーヌに張り出す大蔵省ビルの建設、ルーヴル美術館大改造（ガラスのピラミッド建設）、新オペラ座建設（バスティーユ）、グランダルシュ（デファンスの新凱旋門）建設などを中核とするパリ改造計画、「グラン・プロジェ」に取り組んだ。これらのうち新国立図書館は、一九九六年に完成し、ミッテラン図書館とも呼ばれている。パリ中心部から見るとセーヌの上流、左岸に面していて、本を開いて立てた形のL字型をしている四棟の高層ビルから成っている。

### 本を立てた形の派手な建築の国立図書館

ミッテラン図書館へは、メトロ一四号線に乗ってビブリオテーク・フランソワ・ミッテラン駅で下車し、少し歩くと、デュルケーム通りに面して一八階建て、高さ一〇〇mのガラス張り超高層ビルが四棟向かい合っているのが見えてくる。

床面積の合計は約三六万平米に及ぶ。地下が閲覧室、下から七階までが職員のオフィス、八階から上が書庫になっている。書庫が上階にある理由は、一九一〇年のセーヌ川の洪水でこの付近が浸水した歴史があるからだという。この派手なビルの設計は、二四四チームが参加した建築設計競技(コンペ)の結果、フランスのドミニク・ペローの案が選択されたものである。

図書館の中央中庭にはノルマンディーの動植物をそのまま移植移入したという原生林が茂り、鳥や虫が生息している。中庭を囲む四本の高層ビルで読書に疲れた人の心を癒すための工夫だという。このような派手で巨大な図書館をつくることに対して市民の批判はなかったのだろうか。在仏の日本人に聞くと「フランス人は本を大切にする国民だからこの図書館は支持されている」という。

フランス国会は先に、いわゆる反アマゾン法をつくった。アマゾンのような値引き本の通信販売事業者による送料無料サービスを禁止するというものだ。理由は、大資本の力に物を言わせて市場を独占し、国内の小規模書店を駆逐し、後に利益をあげるやり方を防ぐというものだ。これに対してアマゾンは送料一セントという措置で対抗したが、フランス政府は国内書店に対する補助金政策をとり、あくまで書店を守ろうとしている。

この図書館が巨大となった理由は、リシュリュー通りにあった旧館から一千万点以上の蔵書類を引き継いだのを含め、書籍及び印刷物、原稿、版画、写真、地図、楽譜、コイン、メダル、録音資料、ビデオその他計三千万点(うち印刷出版物一万四〇〇〇点)を所蔵しているほか、毎年約一五万点の図書・資料類が購入または寄付されているからである。

新図書館の理念は、分散していた部門をすべて入居させあらゆる分野の知識を集めること、人々が立ち寄りやすいようにすること、先端の通信技術を使用することで遠隔地からでもデータにアクセスできるようにすること、国内や欧州の他の図書館とも連携することなどである。

研究用図書館に入るためには、図書館員による面接で審査を受け承諾を得なければならない。閉架式の本や資料は、それぞれのタワーからレールを走るワゴンによって各閲覧室に届く。電子図書館はガリカと名付けられ、二五〇万点以上もの文献が電子的に閲覧可能となっている。

職員は約二七〇〇人に及ぶ。大半が公務員である。訪れる人は年間八四万人、加えて年間二六七〇万件、ウェブサイトが利用されている。

## 対岸には公園とベルシー・ヴィラージュ

国立図書館のセーヌ川を挟んだ対岸には、シラク元大統領がパリ市長時代に主導して約一三haのベルシー公園がつくられた。庭園、芝生、メリーゴーランド、散歩道、ローズガーデン、池などがある。シネマテック、多目的体育館棟もある。

かつてはセーヌ川の水運を利用してワイン倉庫がたくさん並んでいたが、近年荒廃していた地区を再開発したものである。ベルシー地区からバスティーユに行く高架鉄道の跡地は遊歩道にされた。高架下は芸術家たちのアトリエやブティックに生まれ変わった。ニューヨークのハイラインは、この遊歩道を参考にしてつくられたという。

ベルシー・ヴィラージュは、古いレンガ街を改造して、小規模な雑貨店などショッピングセンターとレストラン街に改造したところである。パリでは珍しく、日曜日でもオープンしている。

国立図書館とベルシー公園を結ぶ、長さ一〇六m、幅一二mの人と自転車用の橋は、二〇〇六年に開通した、セーヌ川では最も新しい橋である。アルザスのエッフェル社の工場で製造された鋼鉄製で、優雅なデザインで、名前もシモーヌ・ド・ボーヴォワール橋とつけられた。図書館からベルシー公園に向かってセーヌを渡ると左手に大蔵省ビルがよく見える。

明治大学の公共政策大学院を修了した仲間たちと、クレア・パリ事務所の手配により国立図書館でヒアリングをしたあと、ベルシー・ヴィラージュのテラスレストランで昼食をとった。そのとき、ウェイターが誤って熱湯を私の腿に浴びせた。激痛に飛び上がり、すぐに洗面所に駆け込んでズボンを脱ぎ、仲間たちが運んだ氷で冷やしたが、手のひら三枚分ほどが赤くなり二ミリほど腫れ上がった。これでは帰りの飛行機に乗れない、関係者に迷惑をかけると一瞬思った。私はフロアマネージャーに近くの病院を紹介してくれと言ったのだが、彼女は既に救急車を呼んだと言った。しばらくして到着した救急車の隊員は、火傷用の大きな湿布を取り出し患部に貼り付け、私をタンカに縛りつけて近くの大学病院に運んだ。病院ではナースがその湿布を剝がし、あとにまた大きな湿布を貼って「火傷の程度は軽いが範囲が広い。医師による治療が必要であるが、一時間か一時間半待つことになる」と宣告した。このとき二ミリの腫れは引いていて、これなら大丈夫だな、と思った。

医師の診察は一時間一五分ほどしてからだった。ちらっと見て、処方箋を書いて、ナースと同じ

ミッテラン国立図書館

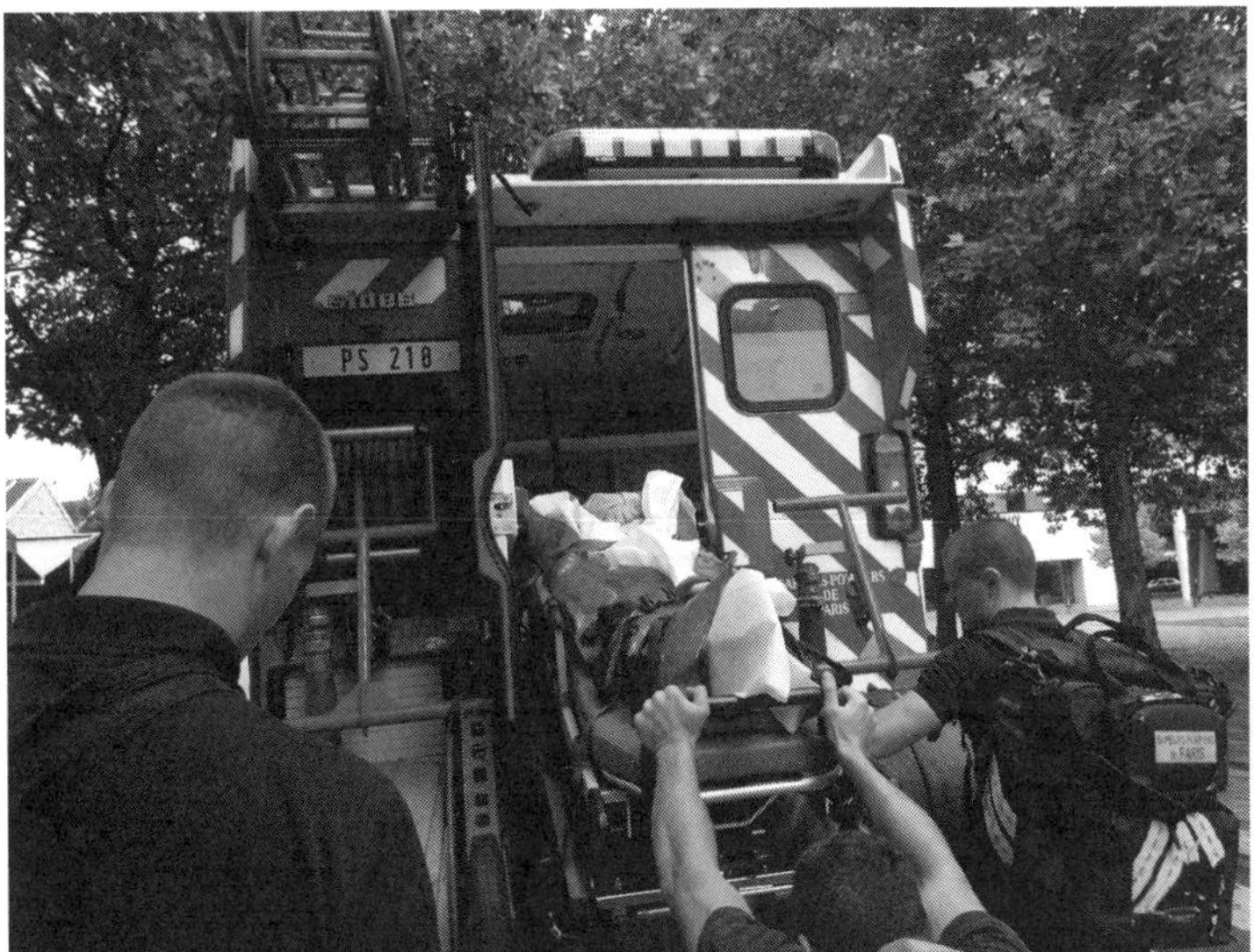


消防ホースや梯子がついている救急車（荒川満氏撮影）

ことを告げた。クリームを処方したから薬局で購入して一日三回塗りなさい、同じく処方した痛み止めの薬は規定以上に飲みすぎないように、とも言った。

医師はまた、請求書は直接、日本の自宅に届くと言った。それでわかった。ナースは治療のあと、私に日本での仕事や生活について具体的にインタビューしてパソコンに記入したあと、おもむろにID（身分証明書）を要求したのだった。それなら最初に要求しろよ、と思ったのだが、あれは嘘つきかどうか確かめたのだった。フランスでは救急車も有料だが、救急隊員も同じように私の日本での仕事や住所を聞き取って記録したあと、IDを要求したのだった。

病院の前に薬局はなく、雨の中を歩いて緑十字の看板を探し、処方箋によるクリームと痛み止め、そして包帯やテープを購入し、ホテルに帰って寝た。翌朝、アクロバットみたいにしてシャワーを浴びると生き返り、それ以降はクリームを塗ってガーゼと包帯を交換することを繰り返しながら予定をこなして数日後に無事、帰国した。

帰国の翌日、御茶ノ水の三楽病院皮膚科を受診して、パリでもらったカルテを見てもらうと、あとしばらく、皮膚が入れ代わるまで、その薬を塗り続けるよう指示された。フランスでは麻薬は非合法だが、横行しており、緑の党などは合法化を主張している。私はパリで発熱も痛みもあったが、処方された大量かつ強力な痛み止めの服用は我慢した。自分が依存症になりやすいのを知っているからである。フランスが強い薬を使うのは、絶えず戦争をしているからかもしれない。勝手にそう思った。こうしてベルシーは、私にとって忘れがたいまちとなった。

# バルビゾンとフォンテーヌブロー
## 既成の権威に抗して働く人を描いた画家たち

パリのリヨン駅から列車に乗って六〇kmほど南に向かい約四〇分、フォンテーヌブロー駅に着く。バルビゾン村へはここからさらに約一〇km、タクシーでフォンテーヌブローの森を抜けて行く。自転車で行く人もいる。グループならパリから車を雇ったほうがいい。そういう不便なところにバルビゾン村はある。村の中心部には洒落たレストランや店があるが、それを除くと森の中の田園風景がバルビゾンだ。

バルビゾンには十九世紀中頃、ミレーやルソーなど、のちにバルビゾン派と呼ばれる画家たちが住み、あるいは通って、田園風景や農民たちを好んで描いた。それまでの宗教画・宮廷画・歴史画や、サロン（官展）と呼ばれる絵画界の権威・美術アカデミーとは相いれない、屋外に出て働く人を描く営為によって、既成の絵画界に新風を巻き起こした。

ミレーは生前は評価されなかったが、死後、一種の絵画革命として歴史に刻まれ、これに続く印象派の隆盛はバルビゾン派がつくった流れであると言われる。

## 印象派へと続く道を切り拓いた農民画家ミレー

バルビゾン村にはわずか数百mだが小さな美術館、レストランや商店、ホテルが並ぶメインストリートがある。ミレーが住んだ家はその一角にあり、現在は記念館となっていてミレーの描いた絵や記念品が所狭しと並べてある。

ミレーは農民出身だが、父親が息子の画才を見抜いて画家のところに弟子入りさせ、パリに出て画業に励んでいた。一八四九年、パリにコレラが流行してミレーは自分の家族を連れてバルビゾン村に一種の疎開をした。そこには既に多くの画家がいた。

そのころの画家は、たとえ風景画であってもアトリエの中で描くのが普通であったが、バルビゾン村に移住した画家たちは、フォンテーヌブローの森やその周辺に広がる田園風景を、屋外で実物を見ながら、そして田園の風や太陽を浴びながら描く喜びにすぐに気がついた。

ミレーはもともと農民の出身であり、しかも、絵が売れる身分ではなく家族を抱えてお金には困っていたので、畑を耕しながら、すなわち自らは半分は農民に戻って絵を描いた。だから農民の不満や恐怖、喜びといったものを共有していた。そういう風に考えると、ミレーの絵についての専門家の説明に納得できる。ミレーが描く農民は、誇りに満ちているのである。

「種まく人」（山梨県立美術館）は、粗末な身なりだが、胸を張って姿勢がよく歩幅は大股で、堂々としている。色調は暗いが背景には象徴的な光が輝いている。その光は未来に対して暗示的だ。土と光の中でしか描けない絵である。アトリエの中では描けない絵である。これはミレーがバルビゾン村に来て初めて本格的に描いた絵である。サンシェという内務省の役人がこの絵を購入した。サンシェはその後、永くミレーの画業を後援する。なお「種まく人」はボストン美術館にもある。どちらも本物である。最初にどちらを描いたのかは論争がある。しかし、その論争は私たちには関係がない。仮に日本にあるのがあとから描いたものだとしても、それはミレーが納得するように描き直したものだろう。ちなみに山梨県立美術館は、数百万人の入館者数によって、この絵の購入費をすぐに取り返したと言われている。

「落ち穂拾い」(オルセー美術館)に表現された三人の女性の姿かたちが美しい曲線を描いているのは、宮廷で遊ぶ女性たちより畑で働く女性に美を発見した喜びを主張しているのである。「晩鐘」(オルセー美術館)に描かれた二人の男女の農民は神のように気高く描かれている。

美術アカデミーの様式に合う絵を描けば絵が売れるだけの才能を、ミレーは持っていた。しかし、ミレーは美術アカデミーに抗して働く農民の絵を描き続けた。既成の権威ではなく自分の感性に従って生きた。

一八七五年、ミレーは重労働に疲れ果てたかのように六十歳で病死する。最後まで貧困に喘いでいたが、その直後、遺産整理のために開かれたミレーの絵の競売は世間の評判を呼ぶ。

ゴッホら印象派の画家たちがミレーに大きな影響を受けたことは知られている。ミレーは死後、既成の権威を克服した。以後、世界の画家たちは権威から解放される。絵画は一部の権力者や富裕層のものから大衆のものとなる。バルビゾン派の画家たちが印象派の先駆と言われる所以である。

バルビゾン村のレストランでは、五千円程度で本格的なフランス料理を食べることができる。ただし、デザートだけでも日本人の一食分に値するボリュームと品数があるので、挑戦するには一定の覚悟が必要である。

## フランス歴代皇帝による建築博物館・フォンテーヌブロー宮殿

フォンテーヌブロー宮殿は、二万五〇〇〇haに及ぶフォンテーヌブローの森の中にある。もともと城があったところに、初めて本格的な宮殿づくりを始めたのはフランソワ一世、一五二八年のことである。パリから約六〇kmと程よい距離があり、パリをいったん忘れるがいつでもパリに戻れるのがフォンテーヌブローの森である。ここで歴代の王たちは休息し狩を楽しんだ。フランソワ一世はイタリアを征服しようと遠征し、実際に自分でイタリアの土を踏み、ルネッサンス期の芸術や装飾、建物に魅せられていた。フォンテーヌブロー宮殿にあるフランソワ一世の回廊は、代表的なルネッサンス調の装飾が施されている。

フランソワ一世が亡くなると、跡を継いだ息子のアンリ二世は、宮殿を建て増しするとともに、中庭の正面に有名な馬蹄型の階段をつくった。ここは狩を楽しむための宮殿だから馬蹄型なのだと解説する人もいる。このころにもルネッサンス期の装飾が多く施されている。特にアンリ二世の王妃は、イタリアからルネッサンス期の建築家をたびたび招いて多くの部屋をつくっている。

バルビゾン村のミレーの家

フォンテーヌブロー宮殿の馬蹄型の階段

ルイ十四世やルイ十六世もフォンテーヌブロー宮殿を愛し、よく通い、建築や装飾に手を入れた。ルイ十四世は、毎年秋には宮殿の機能ごとフォンテーヌブローに引っ越したほどだった。ナポレオン一世はひときわこの宮殿を好み、増改築を繰り返した。一八一四年、敗戦による皇帝退位の署名はこの宮殿で行なっている。兵士たちに対する別れの演説は馬蹄型の階段で行なっていて、以後、この中庭は別れの中庭（従来は白馬の中庭）と呼ばれるようになったという。

宮殿内には、多くの皇帝とその家族の住居、寝室、執務室、図書館などが残されている。広大で豪華だが、それぞれの皇帝が実際に住んでいたから、それなりに生活臭のある宮殿である。ナポレオン一世が実際に使用した多くの生活用品も展示されている。歴代の皇帝が自分の好みで大増築したから、結果的にフランスで最大規模の宮殿と言われている。

迎賓館としても使用され、ナポレオン一世が戴冠式のために招いた教皇はここに宿泊している。現代ではベトナムのホー・チ・ミンもここに泊まっている。ひとことで言うとベルサイユは見せるための宮殿、フォンテーヌブローは住むための宮殿といったところか。王たちが狩を楽しみ、画家たちが農民たちを描き、共に偉大なる遺産を残した森、それがフォンテーヌブローとバルビゾンである。

# アヴィニョン
## ローマと中世がそのまま残るまち

アヴィニョンにはローマと中世がそのまま残っている。ここは元々紀元一世紀にローマ人がまちをつくった。フランス南東部、プロヴァンス地方の陸側中心地に位置していて気候がよく、肉類、青果物など良好な食材が豊富に採れる。何よりぶどうの栽培に適していてワインがおいしい。ローヌ川に面した高台で交通の要衝にある。

そういう二千年の歴史に加え、十四世紀にはキリスト教のカソリックの教皇庁がアヴィニョンに置かれた。教皇庁は本来、ローマ（正確にはバチカン）だが、フランス国王フィリップ四世の権勢が教皇庁をアヴィニョンに置かせたのである。その後もゴタゴタがあり、教皇庁は結局ローマに戻ったが、この間にここに多くの教会建築物とまちがつくられた。

### 城壁に囲まれたゴシック様式の教皇庁

アヴィニョン教皇庁は教皇宮殿とも呼ばれる。絢爛豪華なゴシック様式の巨大な建物で、まちのどこからも見える。というより、アヴィニョンのまちに近づいて巨大な建物が見えたら、それが教皇庁である。たくさんの建物の集合体となっているが、大礼拝堂、大法廷、事務スペース、私的居住部分など、数十の部屋がある。

大礼拝堂は、展覧会やアヴィニョン国際演劇祭の主会場としても使用される。大法廷でもパーティー等が催される。屋内各所に見事なフレスコ画等も残っているが、いわゆる宝物等は、フランス革命のときの略奪等があって、かなり散逸してしまっているようだ。そのためにかえって建物内が広々としていて、結果的にいろいろな催しに使用されるようになったのかもしれない。

教皇庁は城壁の中にあるが、教皇庁の前は大きな広場になっている。また、城壁の中のまちの一角にはレストランが集積するところもあって、それなりの広場もあり、賑わっている。

教皇庁見学の際に貸してくれるオーディオガイドは説明が極めて詳細で、ヨーロッパそしてフランスの歴史、キリスト教の歴史、ことにカソリックのそれがよくわかる。日本語版もある。この説明によると、国王と宗教の関係は濃密で愛憎に満ちていて、デリケートで権力抗争の対象だったのだ。アヴィニョンのまちの石造りの建築物群には、そういう人間社会の、生き生きとした二千年のストーリーが詰め込まれている。

そもそも、教皇庁とその周囲の旧市街地は、堅固に石で固められていて、路地は狭く曲がりくねっていて高い建物が道路に覆い被さって、道を行く人々を上から圧迫している。

宿泊費は高くなるが、そういう石造りのまちの一角に組み込まれているホテルに泊まると、夜中に中世の人の息吹を感じること請け合いである。これらの古い石造建築のホテルは、小さいが装飾豊かな中庭をもち、狭いが室内にクラシックなタペストリーをあしらって、中世の風情を十分に感じさせるように努力している。

教皇庁がローマからアヴィニョンに移転して来たのは突然のことだったし、教皇と一緒に大勢の枢機卿が移り住み、あるいは新たに任命されたので、アヴィニョンのまちはかなり混乱し、しかも、ゴチャゴチャと無計画に急ごしらえされたらしい。結果的に密集した堅固な石造建築とたくさんの迷路を残したので、素人建築探偵にとっては実に興味深い、箱庭のようなまちを形成している。

アヴィニョンは、城壁に囲まれたまち全体が一つの巨大な石造建築となっている。教皇庁もその他の建築物も石造りの路地も、そして城壁を含めて一個の巨大な建築である。このような建築物をつくったのは宗教の力である。同時に、宗教内の宗派対立に乗じて、フランス国王フィリップ四世が多額の富を投入してこのまちをつくったわけで、往時のフランス国王の権勢を偲ぶことができる。フィリップ四世没後は、王権の継承が必ずしもうまくいかなくて、短期で王が交代し、王の権勢は弱まっていく。教皇庁も結局はローマに戻っていく。しかし、アヴィニョンのまちが今日に残った。

## アヴィニョンの橋の上で踊れや踊れ

「アヴィニョンの橋の上で踊れや踊れ」というリズム軽やかで明るい歌で知られるアヴィニョンの橋は、正確にはサン・ベネゼ橋である。アーチ四つ分くらい残っていて、橋の上を歩いたり橋に付属している塔に登ることもできるが、石はボロボロで、手すりもグラグラしているので、高所恐怖症の人は河畔や橋の入り口から見るだけにしたほうがいいだろう。

この橋は、政争のために破壊されたり未完成のまま放置されたのではない。度重なる水害で流されては何度も補修されてきたが、十七世紀ころについに補修がギブアップされたのである。

「アヴィニョンの橋の上で」の歌は日本だけでなく世界中で有名なのだというが、「輪になって踊るだけの幅はない。何度も流されたので、輪になって踊ることができるほど立派な橋がほしいという願望が歌詞に表現されたのかもしれない。

アヴィニョンの郊外には、ポン・デュ・ガール遺跡、すなわち一世紀にローマ人がつくった、川を横切って水を通すための巨大かつ長大な水道橋遺跡がある。水路は地上から四八mの高さにある。使われた石は五万t超と言われている。

アヴィニョンはプロヴァンス地方の中心地であり、周辺にはぶどう園がたくさんある。いわゆる農園といった風情ではなく、中心にお城のような立派な邸宅があり、その周囲にぶどう園が広がっている。いろいろな品種のぶどうを栽培していて、それぞれに樹の姿も葉や実の形や色も違って興味深い。ぶどう園の経営者やその家族、従業員も教養が豊かで楽しい人が多い。

アヴィニョンの郊外には、原子力発電所の燃料の再処理工場がある。世界遺産に指定されている遺跡の近くに原子力の先端施設が存在するわけである。このことについてフランスの知人に疑問を投げかけると、原子力施設はフランス中にたくさんある、歴史遺産もたくさんある、だから互いに

城壁に囲まれたアヴィニョンのまちと教皇庁

迷路のようなアヴィニョンのまち

近くにあるのはごく自然なことだという答えが返ってきた。

たしかに、パリ郊外にシャンボール城があるが、その近くに原子力発電所がある。セーヌ川の水を冷却水として使用するため、セーヌ川の真ん中に人口島をつくってそこに原子力発電所をつくったのである。近隣住民が反対しなかったのかと聞くと、発電所の敷地をまちのイベントなどに開放して喜ばれているという。国民性の違いだろうか。それとも理科知識の違いだろうか。

アヴィニョンには、パリのリヨン駅からTGVマルセイユ行きに乗り、南へ二〇〇km余、二時間余で着く。TGV（フランス語で高速列車の略）はフランス国鉄が運行する高速鉄道である。周辺国にも延長進出している。日本の新幹線とほぼ同時期につくられた。在来線の線路も利用するが、駅はたいてい別につくられている。

ヨーロッパやアメリカの駅は、一般に日本と違ってバリアフリー化されておらず、フランスのTGVを利用するときも、トランクを持って階段を昇り降りしなければならないことがある。しかし、アヴィニョンの駅はデザインも斬新で、近代的な駅である。長い長いホームを、トランクを引きずって歩く点は他の欧米の駅と同様だが。TGVはフランスが誇る新幹線だが、日本の東京駅のような駅はない。すなわち、たとえばフランスの北部のまちを訪ねてパリに帰って来ると北駅に着き、タクシーでパリのまちを縦断してリヨン駅に行き、そこで南方に行くTGVに乗る、という不自由さを覚悟しなければならない。

アヴィニョンのまちは、単なる歴史遺産というだけでなく、いろいろなことを考えさせるまちだ。

# ベルリン
## 戦災、ベルリンの壁と二回破壊され再生したまち

東京は大正十二(一九二三)年の関東大震災、昭和二十(一九四五)年の大空襲と二回破壊され、その廃墟から再生した。ベルリンも二回にわたって大規模な破壊に遭遇している。ナチス・ドイツによる第三帝国の首都だったから、第二次世界大戦で一九四〇年以降、連合国の猛爆を受けた。一九四五年二月の大空襲では二万人を超える人が死亡している。

そして一九六一年、ベルリンの壁の建設が行なわれた。東ドイツの圧政を逃れて西ベルリンに亡命しようとする人が激増したため、それを防ぐために東ドイツが、東ベルリンと西ベルリンの境に壁を築いたのである。それ以来、その壁を越えようとして多くの人が命を落とした。

### 壁の悲劇を超えて質の高いショッピングモールが出現

悲劇の壁が壊されたのは、一九八九年だ。ブランデンブルク門に集まって歓喜する群衆の映像が全世界に流された。壁は、ベルリンの中心市街地のど真ん中を貫いていた。その周辺は、それぞれ

数百mにわたって緩衝地帯となっている。その壁がなくなったのだから、都心に相当のオープンスペースが生じた。ベルリンはそのオープンスペースを活用して新たなまちづくりを行なった。

代表格が二〇〇〇年にオープンしたダイムラー・クライスラー・シティだ。ポツダム広場に接して一七棟のオフィスビルやマンションができていて、これらのビルの間を真っ直ぐ、アルカーデンというショッピングモールが通っている。三層で、屋根はガラス張り、一階の廊下にたくさんの木を植えてあるから、温室のような感じだ。一、二階は商店が並んでいるが、地下はレストランや食料品店が多い。ここには木は植えてないが、豪華な噴水がある。

ホテル、映画館、シアター、ミュージックホールからカジノまでそろっている。ダイムラー・クライスラー・シティ全体が、今、世界で流行の、業務・商業・住宅・サービス・エンターテイメント複合のまちづくりだ。

隣にはソニー・センターがある。ソニーのヨーロッパ本社である。数棟のビルで囲む広場に、富士山のような形をしたドーム状の屋根を乗せて、これが連邦議会議事堂からも、テレビ塔からもよく見える。ベルリンのランドマークになっている。

この地区はもともと、ドイツ統一を記念してベルリン市が事業アイデアコンペを実施し、敷地の四分の三をダイムラー・クライスラー、四分の一をソニーが取得したものである。

その先にベルリン・フィルハーモニー・ホールや楽器博物館がある。ベルリン・フィルハーモニー・ホールは、毎日午後一時に無料で館内案内ツアーを行なっている。ドイツ語と英語だ。楽屋から控室に至るまで、全てを見せる。仮にコンサートのチケットを購入して入場しても見ることができない場所を見せる。

ガイドが「オーケストラボックスの後ろにもたくさんの客席をつくりました。客の顔が互いに見えるのはデモクラティックな考え方です」と説明した。東京のサントリーホールと似ているところで日本の公立のコンサートホールは、ふつう、館内案内ツアーをときどきしかしない。なぜ、毎日しないのだろうか。チラシを配るよりよほど、お客を増やすのに効果があると思うのだが。

## 森が深くて坂がない自転車優先都市

ベルリンの壁が壊されたとき、人々が歓喜する姿が世界に発信されたブランデンブルク門のすぐ近くに、連邦議会議事堂がある。統一ドイツの象徴だ。昔からあった議事堂を修復して、屋上にガラス張りのドームをつくった。そこから議事堂の内部を覗き込むことができるし、屋上から市内を一望することもできる。知り合いのドイツ人は、「連邦議会がえらいのではなく、市民がえらいのだということを示すために、市民が上から覗き込むことができる構造にした」と言っている。

屋上のドームから市内を見渡すと、東ドイツ時代につくられたテレビ塔が見える。ひときわ高い。実際、そのテレビ塔に昇ってみると、展望台は地上から二〇〇m以上のところにあった。

ここから見ると、どこまで行っても山など見えない。実に平野が広い。日本では国土の七割が山、平地は三割にすぎないが、ドイツでは国土の七割が平野なのだ。

ベルリンでも最初から森や緑地・公園が多かったわけではない。黄金の一九二〇年代と言われる、文化が最も栄えた時代のベルリンでは、緑地は市面積の一三%だった。それを、「市面積の三六%」を目標に、徐々に増やした。現在の数字は明確にはわかっていないが、少なくとも、東京の二三区の公園面積率六%よりずっと多いことは確かだ。

ベルリン中央駅のすぐそばにも、広さ約二〇〇haに及ぶ(東京区部で一番広いのは水元公園で約一〇〇ha)ティーアガルテン(動物の庭)という公園がある。昔、狩りに使われていた森を残したのだ。この公園は、今歩くと、うっそうと木が繁った森だが、第二次世界大戦では、焼かれ、木が切り倒された。戦争が終わってから木を植えなおしたのだ。

平地が多いということは、道路も広くとれるということだ。テレビ塔から見る道路は、いずれも片側五車線か六車線はある感じで、とても広い。

テレビ塔を降りて歩くウンター・デン・リンデン通りは、ブランデンブルク門から真っ直ぐ伸びる通りだ。幅六〇mある。十七世紀ころ、皇帝が菩提樹(リンデン)を植えさせたのでこの名がついた。ここは壁があった時代、東ベルリンだった。

この通りには、最近オープンしたばかりの歴史博物館がある。昔の武器庫の裏に近代的な建物をつくって展示している。重点は、ヒトラーの圧政と、ドイツの植民地だったナミビアだ。展示の中心を自国の歴史の汚点におくのを見て、私はこの国の暗い過去を思った。夕方になると、仕事を終えた人たちが自転車で家路を急いでいる。銀輪の群れ、といっていいくらいだ。

ダイムラー・クライスラー・シティのショッピングモール「アルカーデン」

ドイツ連邦議会の屋上

もう一本、ベルリンの都市としての骨格をなすクーダム通りは、西ドイツ時代からの繁華街だ。ブランド店が並んでいる。ここも歩道が片側二〇mくらいあって、広い。もちろん並木が茂っている。

ベルリンでは、どの道でも自転車道と車道や歩道は区別されている。道路が広いから、そういうことができるのだ。工事中の場所で、臨時の迂回路を設けている場合でさえ、歩行者用、自転車用と区別されている。

横断歩道の信号でも、歩行者と自転車用と区別されているところがある。広い道を横断する場合、歩行者用が赤になっても、自転車はスピードが出るから、まだ渡り切れるというタイミングでは、青信号が続くのだ。ダイムラー・クライスラー・シティ近くのポツダム広場駅からは自転車をもって地下鉄に乗ることができる。オフィスから自転車の群れが出てきて、その群れが自転車ごとエスカレーターで地下に降りて行く。ベルリンはどこまでも続く平地から成り立っていて、坂がない。だから自転車利用に適している。郊外に向かう列車の中にも自転車置き場があり、車両の横腹に自転車置き場の表示が掲示されている。

国土が平たく広いと、公園をたくさんつくることができる、道路が広い、歩道が広い、そして自転車優先道路をつくることができる。これらのうち、平たく広い国土は望むべくもないが、自転車優先道路は東京のまちでも実現可能ではないか。

# ミュンヘン
## 絢爛豪華なバロック文化のまち

ミュンヘンには、レジデンツ（宮殿）、マリエン広場、十九世紀につくられた新市役所、フラウエン教会等々いろいろなものがある。これらのなかで、「これぞミュンヘン」と称すべきものを一つ挙げよ、と言われたら、私は迷わずニンフェンブルク城を挙げる。城と言っても防御施設としては堀があるだけの平城であり、宮殿と言うべき美しく端正な佇まいだ。

ニンフェンブルク城は、ドイツ最大のバロック建築であり、バロックとは何かを雄弁に示している。バロックは、誇張、装飾、劇的、緊張、豊穣、壮大などのキーワード（いずれも筆者の好み）で示されるが、ニンフェンブルク城は建物配置、庭園、個々の建築、さらには屋内装飾、いずれをとってもバロックのキーワードがそのままに表現されていてわかりやすい。

### ヴィッテルスバッハ家が築いたバイエルン王国

バロックは、一七〇〇年前後から、すなわちルネッサンスの後に栄えた。ルネッサンスが、教会が罪とする人間の裸を描くなどして旧来からの束縛を解いた（人間復興）とすれば、バロックはさらに一歩進めて豪華さを謳歌したともいえる。バロックに続くロココは、バロックのキーワードに優美、繊細を加え、パリにはヴェルサイユ宮殿の隣にトリアノン宮殿を、そしてウィーンにはベルベデーレ宮殿をつくった。

ニンフェンブルク城に代表される絢爛豪華なバロック文化がミュンヘンに栄えたのは、ミュンヘンを首都とするバイエルン王国が安定して繁栄したからである。この王国を支配するヴィッテルスバッハ家は十二世紀ころからこの地方を支配し、強力な王国を築いた。それができたのは、バイエルンという地方が肥沃で平坦、かつ広大な土地をもって、農業や牧畜が盛んだったからでもある。

ミュンヘンで最も高い建築物はオリンピック・タワーだ。第二次世界大戦の瓦礫でつくったオリンピックの丘に立つ。そこに登って四方八方を見渡しても山は見えない。どの方向にも見えるのは果てしない地平線である。東京都は日本では最も広大な関東平野に立地するが、都庁の展望台に登れば、手が届くような近いところに多摩や秩父の山がある。バイエルン王国にはそういうものはない。あるのは見渡す限りの畑と森だ。

繁栄したバイエルン国王は、一三一四年、選挙でハプスブルク家を破り、神聖ローマ皇帝となる。それればかりかフランス南部のまちアヴィニョンにいる教皇と争い破門されるが屈せず、自らローマに入ってローマ市民の歓迎を受け、市民から教皇として戴冠する。皇帝と教皇を兼ねたわけである。「世俗は教権から自立する」とも主張した。

経済的繁栄と政治的権力をともに手にしたヴィッテルスバッハ家により、バイエルン王国では十八世紀頃から啓蒙主義文化が栄えた。ミュンヘンにアルテ（古い）・ピナコテーク、ノイエ（新しい）・ピナコテーク、モダン・ピナコテークなど豊富な収蔵品を擁する巨大美術館が多く存在するのは、ヴィッテルスバッハ家の力によるところが大きい。

ヴィッテルスバッハ家はハプスブルク家と対立ばかりしていたわけではない。ヴィッテルスバッハ家のエリザベートはハプスブルク家に嫁いで、非戦・結婚主義で知られるオーストリア皇帝フランツ・ヨーゼフ一世の王妃となった。聡明かつ美貌で生涯ダイエットに努め、詩人でもあるエリザベートは、「結婚とは不条理なもの。十五歳で結婚し三〇年後悔し続ける」と公言し、オーストリアに居つかず、一八九二年、旅行先のスイスで暗殺された。

このころ、さすがのヴィッテルスバッハ家にも影がさし始め、ノイシュバンシュタイン城建築資金が欲しかった（?）ルートヴィヒ二世は、一八七〇年の普仏戦争を機会にビスマルクのドイツ統一に参加してしまった。

ドイツは、経済力も財政力も大手企業もどこかの都市に偏在しているということがない。ベルリン、ハンブルク、デュッセルドルフ、フランクフルト、ミュンヘンなどに適度に分散している。一千社ほど存在する日系企業も分散している。

これは、ドイツの各都市が伝統的に独立していて、統一されてから百数十年しか経っていないという歴史ゆえでもあるし、また、国土のほとんどが可住面積であるという特性ゆえともいえよう。

日本と違ってそういう豊かな恵まれた国土に住むドイツ人だが、日本人以上によく働く。レストラン事情ひとつとっても、ドイツのレストランでオーダーを間違えるとか料理がなかなか出てこないということはまずない。フロアマネジメントがいい加減なのは有名なホーフブロイハウスくらいのものである。

## ダッハウ収容所という暗い歴史遺産

ゲルハルト・メイガナーさんという、ミュンヘン市役所をリタイアした建築・都市計画家に「都市開発の失敗例を見せてほしい」と依頼して紹介されたのは、電車で一五分ほどのメッセシュタット・ヴェストのまちである。駅を中心に巨大な商業、ビジネス、住宅、立体駐車場、教会などの建築物が整然と建設され、壮観である。しかし、住んでいる人には、商店が遠い、各種施設も遠い、と評判が悪いのだという。日本と同様、ドイツでも駅前に求められているのは複合機能のようだ。なお、デベロッパーが住宅等を建設するとき、低所得者用の住宅も併設するよう求めるアフォーダブル・ハウジングの制度は、ドイツでも存在する。

ミュンヘンのまちは、第二次世界大戦で破壊された。しかし、建物の外壁はかなり残った。そこで、元通りのまちを復元した。メイガナーさんに言わせると、道路に上下水道など都市施設が埋まっているから、元通りにするのが一番よかったという。

塔から見て赤茶色の美しい屋根に統一されているのは、建築許可の際に強制ではなく交渉してそ

豪華絢爛なニンフェンブルク城の内部

オリンピック・タワーから地平線が見える

うしてもらっているのだという。このミュンヘンでも市内に高速道路を通そうという計画が実現直前までいったことがある。しかし、世論は高速道路をつくらず歩道を拡張する方向に動いた。商店は当初、歩道の拡張に反対したが、一部を実施したところ、売上げが伸びたので反対はなくなった。

ダッハウ収容所は必見だ。ミュンヘン中心部から三〇分ほど電車とバスを乗り継ぐと、広大な跡地と記念館がある。ガス室・火葬室もある。そこに佇むと歴史的な狂気と妖気を肌で感じる。ドイツがナチスの歴史を保存・展示し、原子力をあまり使用しないのは、誰もが「ドイツ恐るべし」と感じる恵まれすぎた国土と国民性ゆえに、つねにストイックでいることがヨーロッパ諸国と協調していくために必須だからなのだろう。

数年前にミュンヘンに行くとき、小池正臣さん（元東京都環境局長）と飛行機で一緒になった。旅をして新たな友人ができるのも楽しいが、旧知の人と会うと幸せな気持ちになる。ロンドン行きでは小宮山宏さん（元東大総長）と会った。数年前の正月にスペインのビルバオでは旧市街で森ビルの伊藤さんに声をかけられた。さらに以前、都庁勤務の時代、休暇で北京に行ったとき、入国審査の行列で前を見ると矢沢さん（元都労連委員長）だったことがある。昨年は北京でホテルの朝食のとき、都生協連の河合さんと会った。いつか、ニューヨーク・ヒルトンのレストランで青山さんと呼び止められて都庁のことを話した女性は、どなただったのだろうか。未だにわからない。

# フランクフルト

## 皇帝までも選挙して都市自治を体現するまち

フランクフルトは人口約六七万人（都市圏人口は約二三〇万人）という小都市ながら、ロンドンのヒースロー空港、パリのド・ゴール空港と並んでフランクフルト・マイン空港というヨーロッパの代表的な空港を有している。

ドイツの国際空港機能は、昔はハンブルク、ベルリン、ミュンヘンなどに分散していたが、今はフランクフルトがドイツの、というより中欧のハブ空港機能を集中して担っている。滑走路は三本、ターミナルは二つ。二つのターミナルを結ぶのはゴムタイヤの新交通システムだが、地下に長い歩行者用通路もある。ドイツのみならずヨーロッパ各方面へ向かう高速道路も完備していて、空港地下には一万台以上を収容する駐車場スペースがある。

### 陸路・鉄路も完備した空港都市

フランクフルトは空路のみならず陸路、鉄路ともにドイツ交通の要衝にあるから、フランクフルト・マイン空港の利活用はいろいろな方法が考えられる。日本人の好きなロマンティック街道の諸都市にも、フランクフルトから鉄道で行くことができる。ドイツの鉄道は、駅のカウンターで旅行者に時刻表の必要部分をプリントアウトするなど利便性が高い。

フランクフルト・マイン空港に着いてその地下から電車に乗り、一〇分あまりでフランクフルト中央駅に着く。いかにもヨーロッパ風の巨大なドームをもつ終着駅的なつくりで、東京で言えば上野風の駅である。

中央駅からトラムに乗り、あるいはメインストリートのカイザー通りを二〇分ほど歩くと、高さ二〇〇m（フランクフルトでは四番目に高いビル）のマインタワーがあって、そこの屋上テラスに登るとフランクフルト市内が一望できる。

そこからさらに一五分ほど歩くと、あるいはトラムにひと駅乗るとレーマー広場があり、広場に面して四階建て四軒長屋のレーマーハウスがある。このレーマーハウスは中世にフランクフルト市議会の議事堂だった。議場に入ると歴代の神聖ローマ皇帝の肖像画がある。なぜ議事堂に皇帝の肖像画があるのかというと、中世の都市は、皇帝の権力から自由に通商することが繁栄のために必要であり、干渉を避けるため、皇帝がフランクフルト市内に足を踏み入れるときは、議会の同意を要する決まりになっていた。肖像画が掲げられている皇帝は、その同意を得た皇帝のものだという。

フランクフルトは、中世自由都市の伝統を色濃く残している。歴史的にも、古代ローマ人がフランクフルトを重視し、マイン川を利用した交易が盛んであり、カール大帝がフランクフルトに宮廷をおき、神聖ローマ皇帝の戴冠式はフランクフルトで行なわれるなど、フランクフルトは一貫してドイツの一つの中心都市であった。第二次世界大戦後にもボンと首都を取り合ったりもした。グーテンベルクがフランクフルトで印刷を始めたのは一四五五年のことである。多くの物品を扱うフランクフルトの大市はそれ以前から盛んだったが、このころからフランクフルトの大市にブックフェアが加わった。

レーマーハウスから徒歩一五分くらいのところにEUの中央銀行がある。ユーロマークの看板が前庭に立っているからすぐわかる。EUの本部はベルギーのブリュッセルに置かれているが、通貨統合の象徴である中央銀行は、ブリュッセルではなくドイツのフランクフルトに置かれている。

EU設立にあたって中心的役割を果たした、そして国力が拮抗しているイギリス、フランス、ドイツの三国にEUの首都を構えなかったのは、まことにわかりやすい話だが、EUの中央銀行という、通貨統合の象徴でもある機関をあえてブリュッセルではなくフランクフルトに置いた理由は、空港の利便性に加えて、通商の自由を守り育ててきたという点において、フランクフルトが代表的な都市であるということにもよるのだろう。

## 連合軍の占領政策にもめげず経済力を回復

ロスチャイルドという国際金融資本の権化みたいなユダヤ人銀行家がフランクフルトを拠点としたのも、これら、フランクフルトの都市としての特性と無縁ではないだろう。そしてロスチャイルドという国際金融資本があったからこそフランクフルトがドイツ産業革命をリードしたし、その経済力ゆえに第二次世界大戦では連合軍によって徹底的にまちが破壊された。西ドイツの首都にならなかったのも、その経済力の復活を連合軍が恐れたからではないか。日本における連合軍の占領政策が日本の戦争遂行能力を削ぐことを主眼として、そのために象徴天皇制・財閥解体・農地解放・民主化政策を実行する一方、首都東京の復興に非協力的だったことと軌を一にしているようにみえる。

フランクフルト市の市長は公選であり市民から直接選挙されているが、議会が執行機関としての参事を選挙して、市長の下に参事会を構成する仕組みになっている。参事は議員ではないが、政治家である。市長は公選だが参事会の議長を兼ねる。

フランクフルト市はドイツ一六州のうちヘッセン州に属するが、州都はフランクフルトではなくヴィースバーデンに置かれている。フランクフルトを州都としなかったのも連合軍の占領政策だったのだろう。それでもフランクフルトは復興した。街並みは中世のそれを復元する一方、超高層オフィスビルやメッセ（展示場ゾーン）を建設し、空港を重点整備することによって経済都市として蘇った。東京がマッカーサーの復興に冷たい占領政策にもめげず市民の経済的活力によって蘇ったのと共通である。

フランクフルトの街並みは、基本的には古いまちを残し、または復元したものだが、ＥＵ中央銀行の周辺には超高層ビルが建っていて、マインハッタン、すなわちマイン河畔のマンハッタンと呼

レーマーハウス

ユーロの看板が立つ EU の中央銀行

ぶ人もいる。カフェやバー、レストランも豊富で、イタリアなどと違って注文に対して正確に応えるので安心して利用することができる。

タクシーはイギリスと違って流しはいないと考えたほうがいい。歩き疲れたからタクシー利用という安易な考えは通用しない都市なので、帰りのエネルギーを計算に入れた歩きが求められる。空港から市の中心部への電車やトラムについては、フランクフルトカードという一括乗車券が便利だ。博物館等もこのチケットで割引になる。ドイツの鉄道は一般に、改札がなく自由に乗り降りできる。無賃乗車が発覚した場合は多額の罰金が取られるから要注意である。

たくさんの博物館、美術館はレーマー広場からEUの中央銀行にかけた一帯に集中しているから、効率的に回ることができる。マイン川の畔も遊歩道を快適に歩くことができるようになっている。マイン川はフランクフルトから三五kmほどでライン川に合流する。フランクフルトといえばここで生まれ育ったゲーテだが、そのゲーテの博物館すなわちゲーテハウスもこの一角にある。ゲーテの父親は政府の要職に就いていて、ゲーテは市中心部の大きな家に住んでいた。ゲーテ像はEU中央銀行前庭にもある。

東西ドイツの統合以来、ドイツという国は長い間、ソ連の影響下で生産設備や経済システムが陳腐化していた東ドイツの復興にエネルギーを費消してきたが、それが一段落しつつある今、再び世界の経済をリードする国となりつつある。フランクフルトはその中核都市として目を離せない存在である。

# ポツダム

## 連合軍が日本に無条件降伏を迫る宣言を発したまち

私は戦後、焼け跡のなかにつくられたバラック建ての校舎で小学校教育を受けた。生徒数に比べて教室が不足し、いわゆる二部授業だった。午前中に授業があることもあれば午後に授業がある日もあった。ある日、先生が教壇で改まった態度で話をした。昭和二十七（一九五二）年のことだ。「皆さん、今日から日本は独立を回復します。昭和二十年にポツダム宣言を受諾して以来、連合軍の占領下にありましたが、サンフランシスコ講和条約の発効により、占領が解除されます」という意味のことを言って絶句し、嗚咽した。よほど感激したのだろう。あるいは、青年であった先生にとって、それまでの占領下の日々がよほど悔しかったのだろう。ふだん、わいわい騒いでばかりいた私たちは、このときばかりはシーンとして先生が泣き止むのを待った。

### 地味な佇まいのツェツィーリエンホーフ宮殿

その後、中学校に入ると社会の教科書には、ソ連首相スターリン、アメリカ大統領トルーマン、イギリス首相チャーチルの三人が並んで椅子に座っているポッダム会談の写真が載っていた。先生が泣く姿を見て以来、私にとってポッダムは特別の言葉だったから、教科書のこの写真を食い入るように見た。足を組んだトルーマンが真ん中だったと今でも鮮明に思い出す。チャーチルは椅子に深く腰掛けて、あまり姿勢がよくなかった。この姿は、今日、イギリスの国会議事堂の前に立つチャーチルが歩く姿の銅像と重なる。杖をついて寂しそうに歩く姿だ。このような姿から、首相に強力な権勢を望まない、議会制民主主義の国イギリス国民の心情を感じ取ることができる。

ポツダムのまちはベルリンから三〇km足らずのところにある。ベルリンに行ったとき、時間をつくってポツダムを訪ねた。ベルリンのツォーロギッシャー・ガルテンというややこしい名前の中央駅に行って、カウンターで「ポツダム」と言ってチケットを購入し、互いに言葉が通じない係員に何番線かと聞いて指で数字を確認し、ホームに上がると列車が出るところだったのでそれに飛び乗った。

三〇分ほどで着くはずだが、ポッダム中央駅に着かない。地図で確認すると、途中から路線が違っているようだ。列車はますます深い森に入って行く。乗客もほとんど降りてしまって、車両にはほとんど人がいない。私も次の駅で降りることにした。タクシーでもつかまえればいいと考えたのだが、それは無人駅だった。シーンとして人の姿がない。駅から道路に出てみたが、森の中の道で、タクシーどころか車も人も通らない。季節は真冬、氷雨が降っている。地図をもつ手がかじかんで、ときどきポケットに手を入れて温めないと機能しない。

そこに、一人の青年が列車に乗る風情で森の中から現れた。地図を見せて、ポツダム中央駅に行きたいと言うと、私を森の中に連れて行こうとする。私はいざというときに備えて、ボールペンをコートのポケットの中で握りしめながら付いて行った。そこにはトラムの始発駅があった。

礼を言ってトラムに乗り、運転する人にまた「ポツダム中央駅に行きたい」と地図で示すと、いろいろなことを言うがよくわからない。途中で乗り換えろと言っているらしいことがだんだんわかってきた。ほかの乗客にも教えられて、途中駅でトラムを乗り継いで、ポツダム中央駅に到着、バスで例のポツダム宣言が発せられたツェツィーリエンホーフ宮殿に行った。

ツェツィーリエンホーフ宮殿は、宮殿といってもパリのヴェルサイユ宮殿やミュンヘンのニンフェンブルク宮殿のような絢爛豪華なものでなく、大規模な別荘といった感じの地味なつくりだ。周囲の庭園もどちらかというとイギリス風といった感じかもしれない。

ここは勝手に見て回ることはできない。係員が一室、一室、鍵を開けて説明し、また次の部屋へ案内して説明、といったシステムだ。それぞれの部屋で誰が何をしたかも説明する。窓からはユングフェルン湖が見える。三者会談の部屋も、屋外で三人が記念撮影した場所も係員が教えてくれる。

日本人にとってはここは、日本に連合軍が無条件降伏を迫る宣言をした場所であり、トルーマンがアメリカ軍に原爆投下を指示したままちだが、現地の係員の説明では、むしろ会談の主眼はドイツ分割だったようだ。

宮殿の一部は現在、ホテルとして使用されている。私は紆余曲折を経てツェツィーリエンホーフ宮殿に辿り着いたが、すっきりここに行きたい人のためには、ベルリンからポツダム観光のバスも運行されている。

## トルーマン大統領は日米開戦の経緯を熟知していたか

ポツダムのまちでは、ツェツィーリエンホーフ宮殿よりむしろサンスーシ宮殿のほうが有名かもしれない。宮殿前のぶどう畑（段々になっている）が特に知られている。プロイセンのフリードリッヒ大王が着想し、一七四五年以来、百年以上にわたってロココ様式（バロックの絢爛豪華に優美さを加えた）の宮殿、そして三〇〇haの庭園がつくられた。

この宮殿も勝手に見ることはできない。係員が一定の見物客をまとめて説明しながら案内する、館内ツアーに参加することになる。

宮殿見学を終わり宮殿敷地を出て少し歩くと、ブランデンブルク通りという歩行者専用道路があって、買い物や食事をすることができる。いかにもドイツらしい楽しい店がたくさん軒を連ねている。街並みも美しい。

私はこの日の朝、氷雨の中をツェツィーリエンホーフ宮殿に辿り着いたとき、日本人から「朝早くて銀行が開いていなくて円をユーロに両替できなかった。少し両替してくれませんか」と声をかけられて、有利な条件で両替をして上げたのだが、その人たちにブランデンブルク通りで再び出会った。おそらく誰もが歩きたくなる親しみやすい通りなのだ。

アインシュタイン塔

ツェツィーリエンホーフ宮殿

さらに二〇分ほど歩くと、公園の木立と深い川の向こうにポツダム中央駅がある。日が落ちるまで時間があったので、私は駅前でタクシーを雇ってアインシュタイン塔を訪ねた。この塔はアインシュタインから依頼されてメンデルスゾーン（音楽家ではなく建築家）がつくった。頂部で太陽光を集めて建物内部で測定する建物だ。奇妙で未来的な外観が、いかにも相対性理論を連想させる。日本にはニュートリノの測定施設が岐阜山中の地下深くにあるが、それに比べるとはるかに小規模だ。いま、「トリノは光より速い」という説が注目されているが、いろいろなことを考えさせるのがアインシュタイン塔だ。

ポツダム中央駅からベルリンのツォーロギッシャー・ガルテン駅へはスムーズに帰ることができた。暖房のきいている車中で私は、トルーマンの胸中を思った。トルーマンは高卒で働き、議員になり、実績が認められ、四選なったフランクリン・ルーズベルト大統領（アメリカではこのあと三選禁止規定ができた）の副大統領になった途端、フランクリン・ルーズベルト大統領が亡くなって、大統領になった。そして第二次世界大戦の終結と戦後体制の構築を担った。

ポツダム会談はトルーマンが大統領になってわずか数か月のちのことだ。チャーチルやスターリンというベテラン政治家相手にドイツ分割を話し合うなかで、日本への原爆投下を決定した。熟慮の結果、自ら決断したのか、それともスタッフの進言に従ったのか、そもそも、フランクリン・ルーズベルト大統領がエネルギー資源の乏しい日本をＡＢＣＤ包囲網やハル・ノートによって戦争に追い込んで行った過程を、熟慮した上で原爆投下を命じたのか。専門家による検証が望まれる。

# ニュルンベルク

## 戦勝国が敗戦国を裁くことができるのか

ニュルンベルクは一八三五年にドイツで初めての鉄道（フュルトとの間）が走ったまちである。今でも鉄道利用が便利である。フランクフルトからでもミュンヘンからでも列車に乗って二時間前後で行く。ドイツは基本的には自動車社会だが、鉄道（が通っている場合）は機能的で、駅のカウンターの案内はわかりやすい。乗り換えがある場合は、その案内をプリントサービスしてくれたりする。しかし、ダイヤ通りに行くとは限らないので注意を要する点は他の欧米諸国と同様である。

日本人は学校の世界史でニュルンベルク裁判を教わる。第二次世界大戦の戦犯を戦勝国が裁いた事件である。一方、私たちは裁判は公平でなければならないと教わる。戦争に勝った国が負けた人たちを一方的に裁くことはできるのか。ニュルンベルクに行くとそう考える。東京裁判が行なわれた市ヶ谷で感じるのと同じだ。

## ナチスが党大会を開いていたまち

ドク・ツェントルム（帝国党大会跡地ドキュメントセンター）は一九三三年以降、ナチスの党大会が開催された大会議場である。ニュルンベルク中央駅からトラムで行くことができる。まち外れの終点でトラムを降りると、白鳥が遊ぶ大きな池の隣に異様に巨大なスタジアムがそびえている。ローマのコロセウムに似ていると言われるが、レンガ色が褪せていて異様な風景を醸しだしている。

後藤新平のアドバイザーだったチャールズ・オースティン・ビーアドは「選挙が独裁者を生み出す」という意味のことを言っている（『アメリカ共和国』みすず書房）。ジョージ・ワシントンが、三選に出馬すれば勝てるとわかっていても三選しなかったことを讃えている。たしかに、ヒトラーの場合、第一次世界大戦後のワイマール憲法という画期的な民主制のもとで独裁的権力を握った。

今は廃墟になったドク・ツェントルムの広大な集会場の中に一人佇んでいると、人民の熱狂を引き出してそのパワーに依拠する政治家の危険性を感じて寒けがしてくる。ビーアドは上記の本の中で、ワシントンの言葉を引用して、政治家は世論を啓蒙しなければならないと説いている。人々の安易な感情に訴えて権力を握るのか、人々の高潔な感情を引き出すのか、そこが政治家が歴史にどう記録されるかの岐路である。廃墟の一角に近代的な展示館があって、ここではナチスの歴史を記録し展示している。

ナチスの主要戦争犯罪人を戦勝国が裁いたニュルンベルク軍事裁判の法廷は、今でも裁判所として機能している。ニュルンベルクのほとんど郊外というべき位置にある大きな建物の一室が六〇〇号法廷で、当時のままに復元保存されている。ここでは一九四五年十一月二十日から一九四七年十月一日までの間、ヘルマン・ゲーリング、ルドルフ・ヘス、アルベルト・シュペーアら二四名のナチス幹部が裁かれた。

訴因は「侵略戦争の計画もしくは共同謀議」「平和に対する罪」「戦争犯罪」「人道に対する罪」などである。裁判官は戦勝国である米ソ英仏それぞれから計八名、主席検察官は同じくその四か国から計四名が選任された。敗戦国ドイツからは選ばれなかった。結果は死刑一二人、終身刑三人、有期刑四人、無罪三人、自殺一人、重病で除外一人となった。

この軍事裁判をニュルンベルクで開いた理由は、ナチスがこのまちで党大会を開いていたということ、一九三五年の「ドイツ人の血と尊厳保護法」(通称ニュルンベルク法)がここで定められた象徴的な地であるということもあるが、それ以上に、戦災を免れた建物はベルリン等になく、ニュルンベルクもほとんど破壊されていたが郊外にあるこの建物が奇跡的に残っていた、という現実的な理由からだという。いま、ニュルンベルクのまちを歩くとまるで中世の街並みだが、これは戦後、旧来の街並みを忠実に再現したものである。

私は戦後の占領下で育ったから、占領軍の絶対的な権力を体感している。そういう実感からすると、戦勝国が敗戦国の戦争犯罪を裁くことには強い違和感がある。戦勝国の裁判官たちは、母国の世論を背負っている。母国の世論とは、敵国に肉親を殺された憎しみである。裁判は公平な立場で行なわれなければならないが、戦勝国による裁判は公平に行なわれるとは考えられない。

## ビーアドは『ルーズベルトの責任』を問う

私の佾（やすし）という名前の名付け親である父、青山茂は、市立一中（その後の都立九段高校）の漢文の教師だった。昭和十八（一九四三）年、荒川区日暮里で私が生まれたとき、諸橋轍次の大漢和辞典の編纂チームの一員で、八佾（はちいつ）編の解説を担当していた。佾には、おめでたいという意味があり、「天下やすし」という願いをこめて、私にこの名をつけた。直後に応召し、フィリピンのバギオで戦死した。

私自身は東京大空襲で焼夷弾の破片を受けて負傷し、青山茂の母親すなわち私の祖母が住んでいた御殿場に疎開し、終戦後も小学校に入るまでそこに住んだ。当時、南方から続々と兵が帰還し、私は祖母に連れられて、バギオで一緒だった「茶碗屋の常さん」の話を聞きに行った。

常さんの話では、彼らはバギオに着いたものの、日本軍の敗勢が濃くて、ろくに鉄砲を撃つこともなく、飢えと渇きに苦しみながらジャングルを逃げまどった。常さんは、道端に座り込む茂から「足が痛くて歩けない。先に行ってくれ」と言われ、それが最期の姿だったという。この話を私は何度も何度も常さんから聞かされたから、今でも足を鍛える習慣が身についている。

終戦後、御殿場は基地のまちとなり、米兵が溢れていた。彼らは物資の乏しい当時の日本では物質文明の象徴だった。私は基地の売店に勤務する従兄弟がもらってくるチョコレートやチューインガムの空き箱の甘い匂いを嗅いで育った。アメリカは憧れだった。

憧れに疑問をもち始めたのは、『私は貝になりたい』という映画を見たときだ。この映画は、一

ドク・ツェントルム

ニュルンベルクの軍事法廷

兵士が命令に従って軍隊で行なった行為が連合軍によって戦犯として告発され、死刑になる過程を描いている。深い海に住んでいる貝になればこんな目にあわなくてすむから、貝になりたいという意味だ。

この映画を見たころにはもう学校で日本史や世界史を教わっている。ABCD包囲網（アメリカ、イギリス、オランダ、中国が一九四〇年ころから日本に対する資源輸出を制限）やハル・ノート（アメリカのハル国務長官による、日本が日露戦争以降に東アジアで築いた権益と領土、軍事同盟の全てを直ちに放棄することを求める一九四一年の文書）を教わり、日本が資源不足のなか、窮地に追い込まれていく過程も知ることになる。

ビーアドの『ルーズベルトの責任――日米戦争はなぜ始まったか』（開米潤監訳、阿部直哉・丸茂恭子訳、藤原書店）は、一九四八年に刊行されたが、戦勝国アメリカの戦争責任を問うだけに不買運動が起きた。ビーアドは戦争中に出版した『アメリカ共和国』で、ワシントンを例に引いて、実は大統領に三選したルーズベルトを批判していたが、戦後、真っ正面からフランクリン・ルーズベルトの責任を問うたのがこの本だ。

反戦を説くとき、日本の戦争責任だけを問うのは説得力に欠ける。公平に歴史を論じて初めて世界平和を語ることができる。ニュルンベルクはドク・ツェントルム、そして戦犯法廷という貴重な遺産を遺した。世界史にとっても世界平和にとっても大切な都市である。

## ローテンブルク、アウクスブルクなど
### ドイツ・ロマンティック街道の主なまち

バイエルン州を中心とするドイツ南部では、ビュルツブルクからフュッセンに至る約四〇〇kmを南北に伸びるロマンティック街道と、マンハイムからハイデルベルクを経てチェコのプラハに至る東西に延びる古城街道と二つの観光ルートがある。

いずれも、第二次世界大戦後しばらく経ってから、空襲による破壊からの復興過程で、古い街並みを再現するのと並行して観光振興をはかったものである。

ドイツという国を環境先進国と評価する人もいて、確かにそういう一面もないでもないが、鉄道を中心とする公共交通ネットワークの形成という面から見ると日本に比べてはるかに遅れていて、これら街道沿いの都市のなかには鉄道利便性が低いまちも多い。フランクフルトもしくはミュンヘンから鉄道で行くのに四、五時間かかる、あるいは自動車利用でないと無理、というまちもある。そもそも街道というのだからこれは当然のことかもしれない。

## 中世の街並みを残したローテンブルク

ロマンティック街道と古城街道はローテンブルクで交わる。ローテンブルクは南ドイツ地域における交通の要衝にあり、代表的な帝国自由都市（中世以降、ドイツすなわち神聖ローマ帝国の直属で領主に属さず一定の自治権をもつ都市）のひとつとして栄えた、高台に築かれた城郭都市である。まちの中心に広い広場と大きな市庁舎をもっている。まちの周囲は高い城壁で囲まれていて、その城壁の高い回廊の一部は観光客が歩きながらまちを見ることができるようになっている。箱庭のように中世を残したまちである。

城壁のなかのまちに小さなホテルやレストランが何軒もあって、それぞれに建物、ロビー、階段、各室間取り、内部調度品等、骨董品級でクラシックなスタイルのものが多く、興味深い。この城郭都市自体が高台にあるから眺望もいい。ただし、各室インターネット完備というのは期待できない。ホテル設置のドイツ語キーボードのパソコンが辛うじてインターネット世界に通じていれば、幸運と思わなければいけない。

夕刻、ホテルのテラスで中世の街並みを眺めながら歴史を想うひとときは優雅で心地よい。ロマンティック街道に泊まるならローテンブルク、と言われる所以がここにある。夕方にはまちを歩いて巡るガイドツアー（有料・英語）もある。学生アルバイト的な程度のガイドだが、面白いといえば面白いツアーだ。

高台にあるということは水不足になりやすいということでもある。中世には屋根の水を集めていたので感染症が蔓延し、死者と接する役割をもつ牧師が死に絶えたという話も残っている。

城の周囲の平野部は肥沃で、交易によって大いに栄えた時期が長かった。その後織維産業が不振になるなどして徐々に衰退し、神聖ローマ帝国と対立したときは、四万人の軍勢に包囲され、降伏を迫られたが、議会が和議を否決し六千人の兵であくまで戦った結果敗北し、その後二五〇年間、何事もなく細々とまちは維持され、近代化もされなかった。その結果、中世の街並みが残った。

第二次世界大戦末期には米軍がまちの東部と北部に爆弾を落とし、破壊された。これは忘れられたまちローテンブルクが爆撃目標になったわけではなく、他のまちが霧のため視界が悪く、たまたまローテンブルクに爆弾が落とされたのだという。戦後、各地からの寄付金により、まちは元通り再建された。

ローテンブルクへ行くには、フランクフルトからでもミュンヘンからでもヨーロッパバスで五時間くらいはかかる。列車乗り継ぎだともっとかかる場合がある。結局は自動車利用で行くほかはない。観光面では、そういう時間をかけないと到達できない不便なまちだから、有り難みがあるような気もするが、ドイツは本当に自動車立国だなあという実感がする都市でもある。

## 世界最初の社会住宅をもつアウクスブルク

アウクスブルクは、人口二六万人余とミュンヘン、ニュルンベルクに次いで、バイエルン州第三の都市である。二千年以上前にローマ人がつくったまちで、まちの名前もローマ皇帝アウグストゥスに由来している。十三世紀に帝国自由都市になっている。ミュンヘンから特急で一時間もかからない便利な位置にある。

アウクスブルクの中心は、他のヨーロッパ都市と同様に市庁舎と市庁舎前の広場である。市庁舎はドイツ・ルネッサンス（イタリア・ルネッサンスよりかなり遅れて始まったから人間復興というより華やかな傾向が強い）の最大規模と言われる建築で、特に三階の大広間は絢爛豪華につくられていてヴェルサイユ宮殿やパリ市庁舎の広間と共通の雰囲気がある。ローマ皇帝アウグストゥスは、ローマに華やかなヘレニズム文化を築いた人であり、今日、私たちがローマを訪れフォロ・ロマーノ（ローマの中心）の遺跡群に足を踏み入れると、当時の建築物が絢爛豪華だったことを知ることができる。ドイツのアウクスブルクにもそういう伝統が長い間、根付いていて、それがこのまちにおいてドイツ・ルネッサンスが花開いた所以なのかと思う。

市庁舎から一五分ほど歩いたところには世界最古の社会住宅と言われるフッゲライがある。十六世紀ころのアウクスブルクの商業的繁栄を支えたフッガー家のヤコブ・フッガーという豪商が、生活に困窮した市民のためにつくった社会住宅である。

瀟洒なデザインの連屋形式で二階建て、一四〇室のアパートから成り立っていて、現在も人が住んでいるが、一部見学用に開放されている。当時の生活を伝える小規模な博物館もある。第二次世界大戦中に空襲を避けるためにつくられた防空壕も見学できる。モーツァルトの曽祖父が住んでいた家もここにある。モーツァルトの父はアウクスブルク生まれである。

ローテンブルクのまち

アウクスブルクのフッゲライ

家賃は現在でも当時のまま、〇・八八ユーロとなっているが、門限やお祈りなどの規則があり、これは創設者ヤコブ・フッゲラーの、単なる施しのための住宅ではなく自立を促進するための住宅であるという考え方に基づいているのだという。

いわゆるドイツ・ロマンティック街道は日本人に人気があり、街道には日本語表示があるほどである。中でもローテンブルクとアウクスブルクは見逃せない感動的なまちだ。なお、バイエルン州はドイツの中でも閉店法が厳しく、夕方になると否応なしに店を追い出される。定められた時間を過ぎても客を店に入れると高額の罰金を課せられるからだ。もちろん日曜は開いている店はない。店主と従業員の安息のための宗教的な規律だから、反抗することは禁物である。

カレンダーの絵あるいは観光ツアー的な面からいうと、フュッセンのノイシュバンシュタイン城もお勧めとされている。しかし、ノイシュバンシュタイン城とマーライオン（シンガポール）、小便小僧（ブリュッセル）が「世界観光三大ガッカリ」とされていることを承知の上で行ったほうがいいだろう。要は、感動する人が少ないということだ。

## 音楽の都ウィーン

### 大量の市営住宅があるからこそ古都を保存できた

ウィーンといえば音楽の都、そしてヨーロッパの栄華、ハプスブルク王朝の遺産の宝庫でもある。まち全体が歴史遺産であるウィーンのまちの知られざる側面として、住宅の約三分の一が市営住宅という事実がある。中高層の市営住宅を大量に建設したからこそ、オーストリアの首都としての機能を維持するための都市施設をかかえながらも、歴史遺産を保存することができた。その意味ではウィーンは土地利用のモデル都市でもある。

歴史遺産や緑の保存をめぐる議論では、「とにかく保存」「それは無理」といった一方的な両極端の意見が互いに激突するシーンを見せられることが多いが、都市全体の土地利用を、私有権全体保護の原理主義ではなく公共利用する発想が市民全体に浸透していれば、土地利用が合理的に行なわれ、保存と機能が一致する。ウィーンのまちを歩いて痛感するのはそのことである。

## カール・マルクスの名を冠した市営住宅

オーストリアは現在、もちろん資本主義国だが、カール・マルクス市営住宅という巨大な住宅群が、ハイリゲンシュタット駅の駅前に連なっている。この駅は中心部のカールプラッツから地下鉄で十数分の郊外電車への乗換駅である。カール・マルクス市営住宅は第一次世界大戦後に大量に建設された市営住宅のひとつだが、まだしっかりしていて、きちんと管理運営されている。完成は一九二九年、一辺が一二〇〇mの広大な土地に一三八二戸が建てられた。学校、公民館のみならず病院や託児所、劇場までもが併設されている。設計はカール・エーンという人で、壁は淡い橙色と同じく淡い黄色に塗られている。単なる住宅ではなく、まちづくりを行なうという姿勢で住宅建設に取り組んだモデル例である。

このような市営住宅が第一次世界大戦後に大量に建てられ、ウィーン市内には低層一戸建ての建物はほとんど見られない。中高層の住宅ばかりである。そのために土地の有効利用がはかられ、歴史的建築物が保存されてもまちの機能を損なうことがなかった。

オーストリアという国は、ファシズムが支配したり、第二次世界大戦に勝利した連合軍に占領されたりして今は資本主義に転換したが、そういう歴史の変遷を経て、一貫してカール・マルクスの名を冠していることは興味深い。

ここの広場は、一九三四年に社会民主党の労働者たちがファシズムの圧政に対抗して軍隊と銃撃戦を交わしたことでも知られる。結局、オーストリアはナチス・ドイツに併合されてしまうのだが。

## ベートーベン遺書の家

ハイリゲンシュタット駅から一kmほどのところにもうひとつ、欠かせないポイントがある。それは、プローブス通り六番地、一八〇二年にベートーベンが遺書を書いた家である。周囲にはベートーベンが愛した美しい散歩道がある。ベートーベンは引っ越し魔だったから、ベートーベンゆかりの家や地はたくさんあるが、ここはそれらのなかでも最も美しいところだ。

ベートーベンは若くして音楽家としての名声を確立したが、ある日、耳が聞こえなくなってしまう。普通は、「私は耳が聞こえないので、ほかの方法でコミュニケーションをはかってください」と言うだろうと思うが、ベートーベンはなぜか「音楽家である自分の耳が聞こえないということは、あってはならないことだ」と思い込む。そして「このことが人々に知られたら大変なことになる」と考える。知られないためにはどうしたらよいのか。人に会わないのが一番いい。そう考えて、当時はウィーンの郊外だったハイリゲンシュタット付近の小さな家の一角の部屋を借りて移り住み、隠遁生活を始める。そして密かに作曲を続けながら弟たちに宛てて遺書を書く。

「弟たちよ。実は私の耳は聞こえなくなってしまったのだ。私が死んだらそのことを人々に打ち明けてくれ。私が人前に出なくなったのは私が偏屈だからではない。耳が聞こえなくなってしまったからなのだと」。遺書にはそういう趣旨のことが書かれていた。

困っている人は必ずそのことを人々に告げるとは限らないということ、思わぬ理由でコミュニケーションをはからなくなってしまう人がいるということを、私たちは知っておかなければならない。ベートーベンが遺書を書いた家を訪れて、私はあらためてそう思った。

## ハプスブルク王朝の栄華もここに残されている

ベートーベンの墓は、ウィーン郊外の中央墓地にある。市の中心部から東南に向かう路面電車の七一番に乗って四〇〜五〇分も行くと中央墓地という駅があり、その前に二四〇ha、約三百万人が眠る公園墓地がある。広大だが、音楽家たちの墓は入ってしばらく行った左側奥にあり、すぐわかる。ベートーベンだけでなく、ブラームス、ヨハン・シュトラウスらの墓もここにある。天才たちの死を嘆く天使の像もここにある。

映画『第三の男』のラストシーンで有名な並木道は墓地に入って右側、これもすぐわかるだろう。

アンナは、愛人のハリーが犯罪者であり、自分をもだましていたことを知る。ハリーは逃亡中に撃たれて死に、ハリーの遺体がこの中央墓地に埋葬されるとき、アンナはアメリカ人マーチンスと遭遇する。マーチンスはハリーの親友だが、ハリーの犯罪の重大性を知って、イギリス人中佐と一緒に犯罪を暴いたのだ。アンナは決してハリーの犯罪を支持していたわけではないのだが、そしてマーチンスを嫌いではなかったのだが、ハリーを追い詰め、死に追いやったマーチンスを、冷たく厳しく無視して並木道を歩いて行く。

このシーンがアンナの愛の深さと、当時、第二次世界大戦に負けて四国分割統治（アメリカ・イギリス・フランス・ソ連）されていたオーストリアの悲劇を雄弁に物語っていて、映画の評価を高めた。

ベートーベン遺書の家

ハイリゲンシュタット駅前の代表的な市営住宅

さて、ウィーンは音楽の都だが、もう一つの顔はハプスブルク王朝の栄華である。ここでそのことを詳説はしないが、市の中心部にある王宮は十三世紀以来六百年以上にわたって増改築を重ね、今や一八棟、部屋数一三〇〇と言われている。建物・装飾・美術品と見どころは多いが、世界一美しい図書館もこのなかにある。

地下鉄シェーンブルン駅から歩いてすぐのシェーンブルン宮殿は、女帝マリア・テレジアの時代につくられた絢爛豪華な宮殿として知られるが、十八世紀に夏の離宮として建てられたベルベデーレ宮殿は、建築物としては小ぶりだが緑の屋根と白い壁が見事である。また、この宮殿から見るウィーン市内の風景もいい。

市内北側にはフロイトが住んでいた家が博物館として残されている。夢の中に人間心理の本音があるとして多くの人の見た夢を分析したフロイトの『夢判断』については、当時も今も批判や非難があるが、この家を見ると当時の豊かな階級の人々の住まい方がわかって興味深い。

東京では一戸建てよりマンション居住者のほうが多い。といっても土地利用では一戸建てが半分以上を占めている。せめて都心周辺部の密集住宅地をなんとかすれば、オープンスペースが飛躍的に増えて、防災上、景観上いいばかりでなく公園・水面・緑地を増やすことができる。公共スペースが豊富なウィーンのまちを歩いて私はそのことを思う。ウィーンにあるのは音楽とハプスブルク王朝、そして、オープンスペースなのだ。オープンスペースの供給源は豊富な公共住宅である。

# 陰を見せ始めたウィーン
## 美しい観光地にも様々な問題が

日本人にとって、ウィーンは小さなパリともいうべき、洒落た観光地だ。いくつもの宮殿があり、美術館があり、モーツァルトやベートーベンの音楽がある。街並みも綺麗で歩きやすい。そういうイメージが、長い間定着していた。

確かに今でもウィーンのまちは美しい。しかし、そういうウィーンも陰を見せ始めた。EU加盟により、ドイツをはじめ各国からの移民が増えてウィーンの人の雇用を浸食し、福祉の需要も増している。また、アジアからの観光客の急増により、文化や習慣、マナーの違いからトラブルが増えている。

### 移民の受入れをめぐって意見が対立

ウィーンの街歩きといえば、まずはリンクすなわち中心部を環状に走るトラムだ。私は最近の訪問でトラムに乗って、乗客同士のけんかに遭遇した。興奮した人が互いを激しく蹴飛ばしている。

私は目の前にいたからけっこう迫力があった。現地の言葉がわかる同行者によると、三人組の乗客が移民が増えたウィーンを嘆く議論をしていて、それを聞いていた移民が怒りだして大きな声で怒鳴り、それに対して興奮した元々のウィーン市民が移民を蹴飛ばしてけんかが始まったのだという。

この種のことは今のウィーンでは時々あるようで、私たちも巻き込まれないように用心が肝要だ。ウィーンの国際機関に勤務する日本人の中には、理由もなく家主から追い出されたり意地悪されたりして、住む家に苦労している例もあるそうだ。また、私は王宮近くの美術史美術館で、時間的にはまだチケットの販売中なのに、アジア人と見てピシャッと窓口を閉められて、隣の開いている窓口に回ったらその閉めた人が興奮して回ってきて、ほかの係員がいる隣の窓口に手を出してピシャッと閉めた場面を見た。隣の係員はその様子をニヤニヤしながら見ている体たらくで、ウィーンの観光も地に落ちた印象を受けた。

移民の受入れに伴う摩擦はEU諸国に共通に見られる問題であり、移民で成り立っているアメリカでも激しい対立が続いている。オーストリアでもこの問題は例外ではないのだ。オーストリアは和を尊ぶ国と言われ、国政も社民党・国民党という二大政党が大連立を組むのが通例となっているが、近年は、EUへの懐疑を背景に多極化の兆しが見られるようだ。

オーストリアの観光政策についてヒアリング調査を申し入れ、オーストリア政府観光省、観光協会、商工会議所のそれぞれの観光政策担当者が揃って出席して丁寧に話をしてくれたことがある。「日本人はアルプスの自然に親しむツアーより、都市観光や芸術文化に関心が高い」などと的確な分析をしていた。

このことを知り合いのオーストリア人に言うと、「オーストリア人は上下とか横とかのコミュニケーションが悪くて、我関せずだから、政策分析が優れていてもストリートレベルには浸透しない」と嘆く。

とはいえ、ウィーンの政策実現プロセスはかなり意欲的だ。たとえばＩＡＥＡ（国際原子力機関）など国連機関を誘致したときは、オーストリア政府がかなりの投資を行ない、関係者に対する免税措置を講じるなど、思い切った優遇措置を講じている。それでも、各国の関係者がウィーンを繰り返し訪問するから長期的にペイすると計算したわけだ。

オーストリアは永世中立を宣言していて、ＥＵには加盟する一方でＮＡＴＯには入っていない。むしろ国連の平和維持活動等に熱心で、紛争地帯に多くの兵士を派遣している。

ちなみに、日本はＩＡＥＡに全出資額の二〇％を出資して事務局長は日本人であるが、専門職以上の正規職員（現員）分布を見ると計一一四二人中日本人は二四人と約二％にすぎず、米英仏ロはともかくカナダの三五人や韓国・イタリアの各三〇人にさえ及ばない。核不拡散や原子力の平和利用についての情報や技術・ノウハウが、日本よりも各国にばかり持ち帰られていているのは残念だ。

## 大きな政府を守りきれるか

一定の政策に重点的に力を入れようとする強い意欲は、ウィーンの住宅政策に顕著に現れている。

ウィーン市民の実に四割が公営住宅に住んでいる。これらは主として一九二〇年代から三〇年代にかけて建てられた。中高層建築が主流で、都心から周辺部まで、ウィーン中至るところに市営住宅があるといっても過言ではない。現に、シェーンブルン宮殿の一階も市営住宅だ。最初から、低所得者用に限らずミックスユースを目指して中産階級も市営住宅に入っている。

早い時期に中高層の市営住宅をたくさんつくったので、その後の都市の成長時代に歴史的建造物を破壊する必要がなく、すべて残すことができた。ハプスブルク家の王宮、同じく夏の離宮であるシェーンブルン宮殿、ウィーン市役所、シュテファン寺院そのほかの寺院、ベルベデーレ宮殿ほか、リンクの内側と周辺はほとんどすべて歴史的建造物が立ち並んでいるが、それでもウィーンが首都としての機能を維持できているのは、個人が建てる低層住宅によってスペースが占められることがなかったからである。

ウィーンの市営住宅には、出入り自由の広い中庭というか、もはや公園ともいうべき園地の併設が普通で、たいていは子ども用の遊具も設置されている。しっかりした、あるいは美しい、もしくは面白いベンチも多く設置されていて、市営住宅の中庭が周辺市民の憩いの場になっている。

アートにも力を入れている。

重さ二kgもある美術出版的な「ウィーン市営住宅アート写真集」ともいうべき本を私はもらって持ち帰ったが、中には「東京ハウス」などという表示もある。住宅の質も高く管理も非常にいいので、今日でも高い生活水準を保障している。アメリカやイギリスで市営住宅がスラム化していった

シェーンブルン宮殿の 1 階は市営住宅

IAEA 本部

時代も、ウィーンは高水準の管理で乗り越えた。

住宅政策の関係者の話をいろいろ聞いたが、この分野でも「せっかくの住宅も移民が入ってしまって、元々のウィーン市民が入れない」とか「市営住宅はもういらない。制限すべきだ」などという意見もあるらしい。しかし、彼らは「ホームレスになってから対策を講じるほうがよほど金がかかる。市営住宅の充実が必要だ」「市営住宅があるから民間住宅の家賃や販売価格も安く抑えられている」とがんばっている。

ウィーンの人口は二百万人余、それに対して市議会議員は百人と決まっている。市長（県知事も兼ねる）はその中から互選で決まる。ちなみにオーストリアの大統領は国民による直接選挙である。財政、福祉、教育、都市計画など分野別の執行官も、市議会議員の中から選ばれる。教員や病院職員も含めると市職員は約六万五〇〇〇人いる。

オーストリアは、資本主義経済圏の中でも独特の「大きな政府」政策をとってきた。それが今までは良好な生活環境を確保するために役に立ってきたが、経済面のみならず社会生活面でもグローバル化が進んでいるために、各種の摩擦が表面化し始めている。今後、ウィーンの市営住宅政策に代表される「大きな政府」政策を維持発展していくことができるかどうか、そして、市民にとっても旅行者にとっても快適な環境を維持できるのかどうか、当分、目が離せない都市である。

# ザルツブルク
## 中世の街並みを残すモーツァルトのまち

ザルツブルクの第一のポイントは、ホーエンザルツブルク城である。市街地に比べ高さ約一三〇mのカプツィナーベルクの丘にある。ケーブルカー、正確にはアプト式鉄道で急斜面を登る。急斜面だから難攻不落の城だった。旧市街から軌道がよく見えるので、それを目指して行くと、旧市街から少し奥まったところにある入り口はすぐ見つかるだろう。もちろん歩いて登ることもできる。東京タワーを階段で登るときと同じで、歩きながら振り返ると高度が増すに応じてザルツブルクのまちの風景が変化して見える。下りだけ徒歩という手もある。

城と言っても、城主は王ではなく神聖ローマ帝国の大司教だった。この城の建設を始めた十一世紀ころには、法王はドイツ皇帝と激しく争っていた。だから城の中には大砲あり、武器庫あり、拷問道具あり、さまざまな仕掛けありで、なかなか興味深い。日本語オーディオガイドを聞きながら歩くと様子がよくわかる。日本人が多く訪れるためか、城内の売店は年々充実して、ザルツブルクと関係のない装飾品も売っている。城から見る、修道院を始めとした旧市街の街並み、ザルツァハ川、その対岸の新市街の街並みという一連の眺めは圧巻である。

## 旧市街とモーツァルトの生家

このホーエンザルツブルク城の下にある旧市街には、ザルツブルク音楽祭の会場、修道院、大聖堂、レジデンツ（大司教の宮殿）など見どころがたくさんある。ザルツブルク音楽祭は毎年、夏を通じて開催されており、演奏がない日は屋外会場の観客席だけを見ることになる。

旧市街の中でゲトライデガッセという通りは、中世からの街並みが残り、装飾品店、食品店特に菓子店、さらにはレストランが立ち並んでいて歩いていて飽きない。特に、無数の小さな看板の意匠が凝っている。いくつかある広場にテントが張られて、食品や花、小物等の市場が開かれていることも多い。

ザルツブルクのザルツは「塩」、ブルクは「砦」の意である。オーストリアやドイツの都市はたいてい砦（城）を中心に成立しており、「なんとかブルク」という名の都市が多いので、ザルツブルクの場合、ザルツすなわち塩に意味がある。近くで岩塩がよく採れたのである。大司教はそれに課税して収入を得ていた。ラテン語で塩をサラと言う。給料は貴重な塩で支払っていた時代があるので、今でも給料をサラリーと言う。ザルツブルクのまちでは岩塩を土産物として売っている。このあたりでは塩気の強い料理にときどき遭遇する。塩が貴重だった時代が長いので、もてなすつもりで塩気を強調するのだろうか。

ゲトライデガッセの中心がモーツァルトの生家で、一八八〇年以来、博物館になっている。モーツァルト一家はマンションのような建物の一部に住んでいたわけで、この博物館に入ると中庭、内廊下など、一般の人の住まいの様子がよくわかる。以前は、博物館部分は建物の中のごく一部だけで小さなスペースだったが、これまた日本人を始め観光客が増えているようで、建物の中の博物館スペースは拡張され、館内の展示や販売商品は年々充実している。

「モーツァルトが住んだ家」は新市街にある。生家も住居も共にモーツァルテウムという財団が管理している。普通の人は、生家は訪れるが住居には行かないようだ。そのほうがいいかもしれない。モーツァルトの結婚生活は必ずしも幸福ばかりではなかったようだ。埋葬には誰も立ち会わなかったというし、デスマスクは未亡人が壊したという説もある。ウィーンの墓地（映画『第三の男』の舞台）については前々項に書いたが、モーツァルトの墓は正確にはわからないという人もいる。モーツァルトの一生を描いた小説や映画は多いが、突っ込んで調べても暗い気持ちになるだけなので、毎朝モーツァルトのCDを聞いて明るい気持ちで家を出るくらいにとどめておいたほうがいい。

## 微妙な影を引きずる『サウンド・オブ・ミュージック』

以上に勝るとも劣らぬ重要な観光ポイントはミラベル庭園である。旧市街からマカルト橋を渡った新市街にある。このミラベル庭園の端に立つとザルツァハ川をはさんで対岸に城が見えて、見事な景観が形成されている。ミラベルとは「美しい眺め」という意味である。ここは庭園として有名だが、宮殿である。様式は絢爛豪華なバロックである。十七世紀に大司教が愛人のために建てた。現在はザルツブルク市役所の所有で、実際にオフィスとして使用されている。

ミュージカル映画『サウンド・オブ・ミュージック』（一九六五年）で「ドレミの歌」が歌われた場面は、このミラベル庭園が舞台となっている。『サウンド・オブ・ミュージック』はニューヨークのブロードウェイでヒットしたミュージカルで、映画も大ヒットした。ナチスに従おうとしないトラップ大佐の七人の子どもに、修道女マリアが歌と踊りの喜び、楽しさを教え、子どもたちは明るく元気な子に育つ。マリアとトラップは恋に落ち、一家はナチスに屈伏せずアルプスを越えてアメリカに亡命し、トラップ一家合唱団を結成しアメリカ各地を興行して回り、人気を博す。マリアの自叙伝に基づく実話である。

『サウンド・オブ・ミュージック』はあくまでもアメリカ映画であり、オーストリア映画ではない。映画で描かれた人物像に対してはトラップ一家の批判が強いと言われる。また、オーストリアの人々からは、「ナチスに抵抗するオーストリア人大佐一家がアメリカに亡命」という物語自体、好まれていない。ザルツブルクの人たちには、このまちの描き方がディテールで実際とは違うという批判もあるようだ。未だにアメリカとヨーロッパ、特にドイツ、オーストリアの間では、ナチスの問題が横たわっていることを感じさせる話である。ちなみにヒトラーはもともとドイツ人ではなくオーストリア人である。

ミラベル庭園と同じくザルツァハ川に沿って優雅な建築のザッハー・ザルツブルクホテルがある。

ミラベル庭園

ザルツブルクの路地

このホテルの一階がカフェ・ザッハーで、赤を基調とした豪華なサロン風カフェで本物のザッハートルテを食べることができる。

ミラベル庭園までは駅から歩いて一五分くらい、庭園を抜けて橋を渡るとモーツァルト生家、そこからさらに奥に行ってケーブルカーに乗ってホーエンザルツブルク城を見学、降りてきて旧市街のゲトライデガッセのレストランで昼食、レジデンツ等を見て、その間、ザッハートルテを食べてもいい。買い物をしたとしても、夕食をとって夜九時ころの列車でミュンヘンにその日に帰ることもできる。私は初めてザルツブルクに行ったときは、ミュンヘンからオリエント・エクスプレスに乗った。オリエント・エクスプレスで国境の小さな川を越えたら、そこはもうオーストリアだった、という雰囲気を味わいたかったのだ。ミュンヘン駅に予約に行ったら「ザルツブルクまでしか行かないのか?」と何度も聞かれた。オリエント・エクスプレスは何日も食事を楽しみながら旅行する汽車だから、一時間半しか乗らないのは理解しがたいことなのだ。

最近は、ICEすなわちインターシティ・エクスプレスで同じくミュンヘンから行った。この超特急は、最高時速三〇〇km、ヨーロッパ自慢の高速列車である。室内装飾も悪くない。ユーロスターよりよほどいい。

訪れる日本人にとってはザルツブルクはモーツァルトと『サウンド・オブ・ミュージック』のまちだが、オーストリア人にとってはあくまでもモーツァルトのまちであることを忘れないほうがいい。

# バルセロナ

## ピカソ・ミロ・ダリ・ガウディ・カザルスが育った文化都市

バルセロナはカタルーニャの首都である。カタルーニャは民族・言語・文化がスペインとは違うし、自治権を持っている。カタルーニャの公用語はカタルーニャ語とスペイン語だ。ピカソはスペイン人だがバルセロナで育った。ミロ・ダリ・ガウディ・カザルスはカタルーニャで生まれカタルーニャで育った。カタルーニャは優れた才能を育む土壌をもっているのだろう。

バルセロナは一九九二年オリンピックの開催を機に、歴史や文化を生かしながらまちを改造し、その独自の歴史や文化の存在を世界にアピールし、文化都市としての評価が定着した。バルセロナ・オリンピックは一九六四年東京オリンピックと並んで、最も成功したオリンピックの一つに数えられている。

### サグラダ・ファミリアの完成が早まった？

バルセロナといえばガウディ、ガウディといえばサグラダ・ファミリアだ。林立する塔をはじめとする個性的で不思議なデザインもさることながら、完成まであと百年以上はかかるだろうという計画自体が建築という営為のロマンを感じさせる。ガウディがサグラダ・ファミリアの建築に取りかかったのが一八八三年だから、もう一二〇年近く経っているのに、まだ半分くらいしか完成していないのだ。

工事現場のうす暗い入り口から仮設の粗末なエレベーターに乗ってゴトゴトと上がっていくと、これまた粗末な足場で一人の若者がコーンコーンと石に鑿でうがっている。ボランティアで奉仕活動をしているということの若者が生きているうちには、この建築物は完成しないのだ。何を思い、何を願ってこの若者は奉仕活動を続けているのだろうか。涙が出るほど悲しく崇高な行為ではないか。

ところが近年、異変が起こった。この建築ロマンに魅かれて、世界から多くの人がサグラダ・ファミリアを訪れ、入場料を支払い、記念のグッズを購入し、寄進をする。おかげで建設資金が豊かになり、工事の進捗が早まった。一〇〇m近い高さまで整然と鉄製の足場が組まれ、資材はクレーンで高々と吊り上げられている。専門集団と見られるヘルメットの作業員が、監督の指図に従って組織的に働いている。地上レベルの礼拝堂の大空間はほとんど完成し、見事なステンドグラスもはめ込まれている。オリンピックスタジアムがあるモンジュイックの丘からサグラダ・ファミリアを遠望すると、高い塔が何本も見えて、すでに完成した寺院かと思うほどである。サグラダ・ファミリアの工事はたしかに早まっている。

ガウディの建築はバルセロナにたくさんあるが、サグラダ・ファミリアに匹敵する圧巻は、グエル公園である。ガウディの後援者の名を冠したこの公園は、本来は六〇棟の建物をもつ公園住宅のはずだった。しかし、この目論見は失敗し、グエル家、ガウディ家そしてもう一軒しか売れなかった。それでも丘の斜面の造成は実施され、ガウディは公園に豊富な装飾を施した。公園住宅としては失敗したが公園としては成功した。

公園内に公開されているガウディの住宅を見ると、随所にガウディらしい装飾があり、いい家だ。ガウディは道路を横断中に市電にはねられて死亡し、すぐには身元がわからなかったというので、寂しい晩年だったのかと私は思っていたが、グエル公園からまちを見下ろす、洒落た小さな家に住んでいたのだ。

先日たまたまグエル公園に座っていたら、不法滞在者の取り締まりに遭遇した。世界でスペイン語を話す人は多いから、スペイン本国で一旗揚げようとわたってくる人たちが多いのだ。

ガウディの建築群と並ぶバルセロナの魅力の代表格は、ゴシック地区とも呼ばれる旧市街だ。小さなレストランや店が立ち並ぶ、入り組んだ細い路地を歩いて行くと飽きることがない。昔は、旧市街を一人で歩いてはいけない、とか懐中物に注意するように、と言われた。今は、もちろん、油断は禁物だが、一人でも歩ける。

ゴシック地区は、ひところ荒れてスラム化していたが、「政治家の任期を超えて永続的に都市を再生する」というコンセプトのもと、計画道路をきちんと建設しながら旧市街地の建物を保存修復することに成功した。相当の公的資金を投入したが、今ではヨーロッパの代表的な観光地として多くの人が訪れて、十分に元は取ったと言われている。

旧市街の中心は、壮大なカテドラルとピカソ美術館と言っていいだろう。近年、ピカソ美術館は拡張され、展示はさらに充実した。王女マルガリータ（スペイン王家からオーストリアのハプスブルク家に嫁いだ。ベラスケスが多くのお見合い絵画を描いた）がピカソの手にかかるとこうなる、などという興味深い展示も見ることができる。

先日、日本人のグループに対して館内ツアーをガイドする年配の男性の解説を、たまたま横で聞くともなく聞いていて、ピカソが表現を抽象化する過程についてとても勉強になった。海外に素晴らしい日本人がいることを知って改めて感動すると同時に、この人がそもそもどういう人生を送ろうとしてバルセロナに住み着いたのかと、今でも考える。私自身、海外の都市を一人歩きながら、このままこのまちの片隅にひっそりと住み着こうか、と思うことがあるからである。

## バルセロナ自治大学のリスク・ガバナンス・センターと交流

旧市街の中に、カタルーニャ歴史博物館がある。この博物館の地下は、二千年前にローマ人が築いたまちの住居跡や水路跡が発掘されたままに展示されている。その迫力に圧倒されながら出口に至ると、そこはコロンブスが王に謁見した「王の広場」という仕掛けだ。

旧市街には、個人の収集家によるダリ美術館もある。お馴染みの馬や人の絵が小さな建物の中に所狭しと並んでいる。美術館で何点かの代表作を見るダリと違って、狭い部屋でたくさんのダリの

グエル公園における不法滞在者の取り締まり

芝生が敷かれた市電の敷地

絵を同時に見ると、妻ガラの奔放な生活を知りながら愛してやまなかったダリの屈折した気持ちが伝わってくるように感じられる。ダリを理解するには必見の美術館だ。

バルセロナのまちは道路が広いから、よく繁った並木が歩道を覆って歩きやすい。市電の敷地にも芝生をあしらうなど、緑を見せる工夫をしている。ごみ処理については、大きな収集ボックスがまちの至るところに置いてあり、せっかくの景観を損ねているが、人々は気にしていないようだ。

バルセロナ自治大学にリスク・ガバナンス・センターがある。高度に技術が発達した社会における交渉やコミュニケーションに伴うリスク、さまざまな社会的排除にともなう社会問題発生のリスク、公共部門や民間部門における汚職や不正が発生するリスク、教育や学校分野において問題が生じるリスクについての公共政策の立場からの分析など、リスクという切り口から現代都市社会の問題を研究し、教育するセンターである。

リスク・ガバナンス・センターという名称から、最初は危機管理や防災を扱っているのかと思ったが、そうではなく、公共部門や民間部門におけるガバナンスという観点から幅広く社会問題に取り組んでいるので、公共政策大学院と似ている。ピカソやミロ・ダリ・ガウディ・カザルスなど芸術だけでなく、都市政策においてもカタルーニャはしっかりとした文化をもっている。バルセロナのまちは、単なる観光都市ではなく、そういう総合的な歴史性・文化性が醸しだす独特の魅力を発信している。

# スペイン北東部・ビルバオ
## 起死回生の一点豪華主義で蘇ったまち

ビルバオはスペイン北東部に位置する人口三五万人の小都市だが、自治権をもつバスク地方の首都である。この地方の公用語はバスク語だ。私たちはスペインというと一つの国だと思っている。もちろん一つの国なのだが、いくつかの民族から成り立っている。だからたとえばオリンピックを開催したバルセロナを旅行して現地の人と仲良くなると、「私はバルセロナ人であってスペイン人ではない」などと言われたりする。バスクもやはりスペインであってスペインではない。

### ニューヨークのグッゲンハイム美術館を誘致

「バスク祖国と自由」（ＥＴＡ）というテロ組織の名前を聞いたことがある人もいることだろう。フランコ独裁時代のスペインで結成されたが、今でも非合法の独立運動を続けているバスク人がいる。

バスク人は土器の時代からの長い歴史をもっている。ヨーロッパにはローマ人よりずっと前から生活していた。ヨーロッパ先住民族として誇り高き人たちだ。今、バスク人はスペインに二七五万人、フランスに二二万人住んでいる。

大航海時代には世界中に足跡を残した。マゼランの死後、遺志を継いで世界一周を成し遂げたエルカーノはバスク人である。日本で宣教したカソリックのフランシスコ・ザビエルもバスク人だ。鹿児島、宮崎、長崎、山口などにその足跡が残っている。ザビエルが日本人について「名誉を重んじる」「貧乏を恥としない（必ずしも富を尊ぶとは限らない）」点を評価したのは興味深い。バスク人の歴史にもそういう傾向があるからだ。

ビルバオのまちはビスケー湾に面していて、十九世紀から港湾、造船、鉄鉱などで栄えた。フランコ総統がナチスと組んでスペイン全土を支配していた時代（一九三九年から一九七五年のフランコ死去まで）も抵抗を続けた。

ビルバオは、鉱工業と、主としてイギリスを相手に交易する港湾業が不振に陥って沈滞した時期があったが、蘇った。一九八九年に策定した戦略構想により、文化芸術都市を目指したのである。一点豪華主義の象徴として、造船所跡地にフランク・ゲーリー設計による金属（チタン）とクリスタルからなるグッゲンハイム美術館を一九九七年にオープンした。

ニューヨークのグッゲンハイム美術館はソロモン・グッゲンハイムのコレクションから出発し、ヴェネツィア、ベルリンに続いてビルバオに進出したわけである。このころ、東京の臨海副都心にもグッゲンハイム美術館をつくろうという話があったが、先方の事情もあって実現しなかった。

私はこのころから、ビルバオとはどんなまちかと興味をもっていた。ビルバオはこのグッゲンハイム美術館建設に一三〇億円を費やしたが、すでに十分、元をとったと言われている。ヨーロッパ、アメリカから大勢の観光客を集めたからである。

ビルバオの魅力は、グッゲンハイム美術館だけではない。まちの構造は幾何学的に整然とできている。中心部にあるモユア広場から八方に道が延びて、全体として放射、碁盤目、環状の道路がうまく連携している。

特に価値があるのは、ビルバオ川をわたった対岸にある旧市街である。古い町並みをよく残している。旧市街の広場には、つい上って行きたくなる階段もある。階段を上りきるとそこからはまちを一望できる。個々の建物に豊富な装飾が施されていて、歩いていて飽きることがない。

グッゲンハイム美術館以外にも、エル・グレコなどを展示するビルバオ美術館、バスク博物館、劇場など観光資源が多い。

何より空港から市の中心部まで車で一五分という利便性も魅力である。二本の地下鉄は、駅や出入口のデザインをノーマン・フォスターがデザインした。地下鉄に二〇分ほど乗ってビルバオ川が海に出る河口近くに行くと、ビスカヤ橋という世界遺産がある。全長一六〇mのこの橋は、水面からの高さが四五mあり、人や車を乗せたゴンドラが往復して渡し船の役割を果たしている。一八九三年の開通当時は帆船が多く通行していたため、その邪魔にならぬようこのような構造を工夫したのだ。

日本人はヨーロッパの古い街並みというとローマ、プラハ、ブタペスト、ウィーンなどを思い浮かべる人が多いと思うが、ビルバオはまち全体が徒歩圏にあって、歴史がコンパクトに詰まったまちだ。

## 日本の小都市も総花主義から脱却すべきだ

東京には、たくさんの島があり、いつも振興策が問題となる。青い海、緑の森、豊かな温泉、そしておいしい魚は、日本のどこの島にもあって、それだけでは観光は成り立たない。三宅島だったら実地に火山や地震を勉強する、新島だったらガラス工芸を楽しむといった、ほかにはないものが魅力となる。

その魅力は、必ずしも華やかな娯楽でなく、平和や災害を考えさせるものであってもいい。だが、それは付け焼き刃であってはならない。その地にしかない本質的なものであってほしい。その地の人々が本当に納得して、自信をもって外に発信したいもの、それを一点豪華主義で主張することが大切だ。日本でも地方の小さな町が、これ一点、という特色をもっていれば人々が観光や見学に訪れる。小都市の振興策では、どこの町もやっているようなことを中途半端にやっても効果はない。一点豪華主義が効果的だ。

観光という言葉は、「国の光を観(み)る」と書く。光は文化・文明を意味する。その地にある本質的な魅力を、その地に住む人々が日常的に磨き上げているとその地の魅力が増していく。

ビルバオの旧市街から上る階段

ビルバオのグッゲンハイム美術館

私は地方都市を訪問して感じるのは、東京やその周辺の地域に比べて、一般的には地方は豊かだなあということだ。まず、個人の家が立派だ。車を家族のそれぞれがもっている。主要な駅前は電柱が地中化されてすっきりしている。立派で巨大なアーケードを設置した商店街も多い。郷土の歴史や偉人の資料を展示した記念館や、講演会場も、東京でいえば御殿と見まがうばかりの豪華な建築物があったりもする。

それなのになぜ、地方は衰退しているといわれるのだろうか。狭い家で我慢して満員電車に苦しみながら疲れきって通勤している東京人にとっては解せない話だ。

豊かさは貨幣経済、経済統計だけでは表すことができない。裏庭で農産物を収穫したり小船を出して自家消費用の魚を釣ってきたりする類は、経済統計に把握されない。

地域振興をはかるためには、全国一律の画一的メニューを国が示して補助金を地方に与える方式では、一時的にカンフル剤の役割を果たす効果はあっても、真にその地域が発展することにはつながらない。その地域の特色を生かし、その地域に合った方法で発展をはかるほかはない。

地域の側も、他の地域にあるものは我が地域にも、という発想ではなく、他の地域にはないものを育てていく覚悟が大切だ。

人口減少時代だからこそ、日本の小都市は自らの知恵と発想が求められている。その知恵と発想は、よそにはない。国にもない。それぞれの地域の内に、その地域の市民の中にあるのだと思う。ビルバオの都市再生を見て、そう思った。

# ピカソの絵で有名なゲルニカのまち
## 自立精神に富むバスク民族

懇意のアメリカ人に「世界三大無差別爆撃を知っているか？」と質問してみた。しばらく考えて「ゲルニカ、ヒロシマ、ナガサキ」という答えが返ってきた。私は「違う。犠牲者の数から言うと、ベトナム、広島・長崎、東京が世界三大無差別爆撃だ」と指摘した。すべてアメリカが行なったものだ。アメリカ人は「東京とは何か？」と聞き返してきた。「一九四五年三月十日の大空襲だ」と言うと、「そうか。それなら聞いたことがある」と答えた。知ってはいるのだ。しかし、三月十日の東京大空襲が、軍事施設か一般市民かを問わない無差別爆撃だったこと、焼夷弾で市民を焼き殺す、原子爆弾に劣らぬ残虐兵器を無数に空から落とす攻撃だったことなどは知らなかった。

次に会ったとき、出版されている東京大空襲の写真集の、焼死者の遺体が積み重ねられている写真や無限に広がる焼け跡の写真を見せて、ようやく「オー、テリブル（恐ろしい）」と言わせることができた。私は一九四五年のその日、荒川区東日暮里に住んでいた。背中に焼夷弾の破片による傷跡を持っているが、そのことはそのアメリカ人に言わなかった。

## 世界初の無差別爆撃

犠牲者の数から言うと、ゲルニカは約二千人と、東京大空襲の約一〇万人よりずっと少なく、世界三大無差別爆撃には入らないが、それでも無差別爆撃と言うと人々はゲルニカを思い出すほど、強烈な印象を与えている。その理由は何か。

第一に、ピカソの「ゲルニカ」の絵で有名だ。これは絵画、音楽、演劇、映画、小説などの芸術が、いかに世界の人に大きな影響を与えるかの一つの証左でもある。世界の人に印象的なものは必ずしも政治や経済ではないのだ。もちろん背景には政治や経済があるのだが、人の心に残るのは芸術なのだ。第二に、ゲルニカは史上初の、軍事施設か一般市民かを区別しない無差別攻撃だった。史上初ゆえに有名なのだ。

そのゲルニカには日本から簡単には行けない。まずロンドン、パリ、フランクフルトなどヨーロッパの大都市に行って飛行機を乗り換えてビルバオに行く。ビルバオからバスまたは鉄道で一時間足らず東北に行くと、人口二万人ほどのゲルニカのまちに着く。

バスを利用するときは、ビルバオのアチューリ駅横の路上にあるたくさんのバス停留所の一つからベルメオ行きの路線バスが出ている。ゲルニカは一見、何の変哲もないまちだから、バスに乗るとき、ドライバーに「ゲルニカ！」と念を押してから乗ったほうがいいだろう。うっかりすると乗り過ごしてしまうような小さなまちだ。

ゲルニカは、バスク人がフランコの独裁に抵抗したため、一九三七年四月二十六日、ナチスによって無差別爆撃を受けた。バスク人はスペインとフランスに二百万人以上が住むが、スペイン人とは民族が違う。言語はバスク語を話す。自分たちの領域をエウスカレリアと呼ぶ。血液型のRHマイナスが七三%を占めるほど民族としての特異性がある。青い横縞のバスクシャツと言えば思い出す人がいるかもしれない。ピカソが愛用していた。漁師の仕事着だからボートネックとも呼ばれる。各国の軍隊の制服に使われたり、芸術家が愛用するベレー帽は、バスクの民族衣裳のバスク帽が広まったものである。

旧石器時代後期のバスク人による洞窟壁画が発見されている。宣教師フランシスコ・ザビエルはバスク人である。バスク人は古くから世界に航海し、鯨も捕っていた。海外雄飛が盛んで、バスク人こそ最もスペイン人らしいと言う人もいる。この誇り高いバスクが不幸に見舞われたのは一九三六年のことである。左派が総選挙で勝利したのに対してフランコらが反発し、軍事クーデターを起こして政権を掌握した。左派は人民戦線を結成して抵抗したが、フランコ軍は短期間でスペインのほとんどを制圧し、スペイン北部のバスク自治政府の地域を包囲した。

バスクはあくまでも抵抗したので、フランコと組むナチス・ドイツの軍隊がバスクの議会がおかれるゲルニカを無差別爆撃した。人口約七千人のまちで約二千人の人が殺された。

当時、ピカソはパリに住んでいた。バスク人ではないがバルセロナを中心とするカタルーニャ地方の人であるピカソは、無差別爆撃の報に接して衝撃を受けて、その夏にパリで開催されることになっていた万博のために「ゲルニカ」という絵を描いた。この絵は戦争の残酷さを雄弁に語る反戦画として、ピカソの代表的作品の一つになっている。

この時代、スペインの人たちによるフランコ独裁への抵抗は、欧米の知識人に大きな影響を与えた。ヘミングウェイは実際に参戦し、その体験を元に『誰がために鐘は鳴る』を書いた。舞台はマドリード北部、ゲーリー・クーパーとイングリッド・バーグバンが主演する映画も有名だ。「ゲルニカ」の絵はその後、ニューヨークの近代美術館にあったが、フランコ死後、スペインに返還され、今はマドリードのソフィア王妃芸術センターにある。

### 樫の木の下で自治を誓う

ゲルニカの小さな駅から少し歩くとフォル広場がある。この広場をはさんで市役所の向かい側にゲルニカ平和博物館があり、当時のフランコ軍との戦いや広島の原爆なども含めて、無差別爆撃の残酷さを訴えている。爆撃の前の民家の日常生活と爆撃直後の惨状をレプリカで示した展示も印象的だ。この博物館は一九九八年にできた。「復讐はしない、だが忘れることはしない」という考え方だという。

ゲルニカ爆撃の後、ビルバオもドイツの爆撃を受けて陥落し、バスクの人たちはフランコの独裁政権に弾圧されてバスク語は使用を禁止され、多くのバスク人はヨーロッパの他国やアメリカにいったん亡命した。もともとアメリカ各地にはフロンティア時代にアメリカに新天地を求めて渡っ

バスクの議事堂

ゲルニカのまち。左がフォル広場

たバスク人によるコミュニティがあり、バスク亡命政権の政府がアメリカに置かれた時期もある。ドイツ軍の度重なる爆撃によるバスク人の死者約五万人、捕虜約八万人余、亡命者約一五万人、刑罰を受けた人約六〇万人と言われている。

フランコの独裁政治は第二次世界大戦後も一九七五年までの長きにわたって続き、独裁政権終了後はバスクはスペインの自治州として一定の自治権を認められている。しかし一部の急進派は武装組織を結成し今でも独立闘争を行なっている。「バスク祖国と自由」（ETA）というのがそれで、一九五九年に結成されたときはバスク語研究を目的としていたらしいが、フランコの抑圧に反発して武装闘争に転じた。いまでもテロ事件を起こしている。テロに伴う死者は八百人以上に上ると言われており、今日でもスペイン政府は徹底した取り締まりを行なっていて、テロ関与の疑いで逮捕歴をもつ人も多いという。

ゲルニカのまちの丘の上には美しいバスク議事堂がある。議事堂は一九三七年の空襲による被害を奇跡的に免れた。内部は公開されている。園庭には八本の円柱に守られた大きな朽ち木がある。古来、バスクの人たちは共同体の問題を樫の木の下で話し合って決めたという習わしから、この木はバスクの自治の象徴として大切に扱われている。

議事堂から高台の道に沿って少し歩くと、野外の壁にピカソのゲルニカの絵が再現されていて、そこからゲルニカのまちを見渡すことができる。街並みは落ち着いていて、歩きながらあらためて世界平和を考えるのに相応しいまちだ。

# カナリア諸島スペイン領テネリフェ

## 大西洋のハワイと言われる常春の火山島

世界地図を見るとアフリカの西北、サハラ砂漠やモロッコの西側、大西洋に半円形に並ぶ大きな島々の群れがある。これがカナリア諸島である。主な島は七つあり、総面積は七〇〇〇km²余、東京都の三倍を超える。人口は合計で二百万人余。

最大の島はテネリフェで、面積二〇〇〇km²余、人口約九〇万人。三七〇〇mを超すテイデ山という火山を持ち、カナリア諸島の他の島々と同様、火山と共生する島である。火山島であるが故の豊かな大自然を有し、火山島であるが故に大規模な砂防工事が行なわれ、まちの中に土砂のための流路が施されている。

### アフリカの島だがスペインの自治州

カナリア諸島はスペインから大西洋を南に約一〇〇〇kmほど行ったところにある。コロンブスもここに立ち寄ったが、スペインの全盛時代、十五世紀半ばにスペイン人が支配下に置き、アメリカ大陸との中継基地として使われ発展した。カナリアはラテン語で犬を意味し、ローマ人がこの島を発見したとき犬がいたのでこの名がついたという説がある。私たちがカナリアと呼ぶ鳥は、この島が原産地なのでその名がついた。

原住民はもちろんスペインの占領政策に対して徹底抗戦し、九〇年にわたって戦争を繰り広げたが、スペイン人は強かったので、原住民は減少し、あるいはアメリカ両大陸に移住し、今ではほとんどスペイン人の島となっている。

十八世紀から十九世紀にかけてイギリスがカナリア諸島をスペインから奪おうとしたが、その都度撃退された。現在、正式なスペイン領で、カナリア自治州として扱われ、スペイン王国上下院両院議員を選出している。テネリフェは州都である。

カナリア諸島は年間を通じて気温・水温共に二〇度前後で、大西洋のハワイと言われる。州政府も自らをスプリング・ランドすなわち常春の島と呼んでいる。珍しい動植物がたくさんあるほか、大航海時代にアメリカ大陸との中継基地だったためにアメリカ大陸の文化も移入され、独特の風土を形成している。十六世紀頃の州都サン・クリストバル・デ・ラ・ラグーナというテネリフェ島内のまちは、そのころの街並みをそのまま残して世界遺産に指定されている。

テネリフェに行くのにはふつう、スペインのマドリードかバルセロナから飛行機で行く。所要時間二時間半。便数はたくさんあり、テネリフェには島の北と南の両方に大きな空港があるので、どちらの空港に着くのが便利かを間違えないようにしたほうがいい。便数がたくさんあるのは、ヨーロッパからの観光客が多いからである。

イギリス、ドイツをはじめ、年間九五〇万人くらいの観光客が火山観光、自然鑑賞、海水浴等のためカナリア諸島を訪れる。日本全土を訪れる年間外国人観光客数より多いわけだ。ホテルの料金は安く、部屋も広くて、電子レンジ等、長期滞在客用の設備がそろっている。ホテルから食品・日用品スーパーマーケットやショッピングセンターへ行くシャトルバスが出ているほどである。海の幸を中心とした家庭的なレストランも多い。ひとことで言うと、テネリフェはハワイというより西洋の熱海といった雰囲気である。

常夏と言わず常春と言うように、気温は三〇度を越えることはまずないので油断するが、紫外線は強い。私はテネリフェから帰ったあと、皮膚科に通院するはめになった。火傷症状が出たのである。皮膚科医によると、テネリフェに限らず、紫外線の強い国や地域から帰った人で入院治療を要する人もいるそうだ。だからこそ、イギリスやドイツの人が太陽を求めてカナリア諸島を訪れる。

テネリフェには、それほど大きくはないが国際会議場もある。二〇一〇年にはそこで世界火山都市会議が開催された。私は基調講演や座長を務めるため参加したが、世界の百にも及ぶ都市が参加し、火山と共生する都市が多いことにあらためて気がついた。

世界には約八百の活火山があり、日本には一〇八、そのうち二一が東京都内にある。東京都は世界一の活火山保有自治体である。大島、三宅島は近年でも活発な火山活動を続けている。国会の火山対策議員連盟は、共に都議会議員の経歴をもつ松本文明先生が提唱し萩生田光一先生が要となって発足したが、火山対策、火山研究、火山活用全般において世界一の自治体であっていい。たとえば八丈島の地熱発電など、気候変動対策という点からも、大いに充実し世界に発信するといいと思う。

## 世界最大の航空機事故はテネリフェで起こった

一九七七年三月、テネリフェのロス・ロデオス空港で、死者数では世界最大の航空機事故が発生した。ロサンゼルス発ニューヨーク経由のパンアメリカン機とアムステルダム発のKLMオランダ航空機は共にほぼ満員の保養客を乗せ、カナリア諸島のグラン・カナリア島に向かっていたが、その目的地飛行場がカナリア諸島分離独立派によるテロ予告のため一時的に閉鎖され、他の多くの航空機と同様にテネリフェのロス・ロデオス空港に臨時に退避した。

当時、この空港には滑走路一本、誘導路一本しかなかった。地上管制のためのレーダーもなかった。駐機場は既に十数機の航空機でいっぱいだったので、両機は他の三機と共に平行誘導路の端に待機した。まもなくテロ情報は虚偽だったことがわかり、各飛行機はテネリフェに待機する必要がなくなった。

パンナム機は出発の準備ができていたが、KLM機は給油中で、それが邪魔になり出発できなかった。共にボーイング747のジャンボ機だったのである。他の飛行機は給油中のKLM機の横をすり抜けて次々と飛び立って行ったが、機体が大きいパンナム機だけは待たざるを得なかった。

テネリフェのまち

火山土石流のための流路

ようやくＫＬＭ機が給油を終わり、滑走路を逆走して離陸待機に入ったころ、濃い霧が発生し、互いに他の航空機が見えなくなった。ＫＬＭ機が滑走路の端で待機態勢に入ってから、パンナム機も同じコースを辿って滑走路の端に向かった。このとき、ＫＬＭ機は「離陸します」と管制官に無線で連絡した。管制官はいったん「ＯＫ」と言ったが二秒ほどおいて「待機せよ」と言った。パンナム機はこのやりとりを聞いて不安に思い、「だめだ。当機はまだタキシング中だ」と連絡したが、ＫＬＭ機には管制官の「待機せよ」もパンナム機の「だめだ」も聞き取れなかった。

ＫＬＭ機の副操縦士も機関士も不安を感じて、機長にパンナム機が滑走路上にいるのではないかと進言したが、機長は「大丈夫だ」と言って離陸のための滑走を開始した。両機は衝突し、乗客乗員合わせて五八三人と世界の航空機事故史上最大の死者を出した。これがテネリフェの悲劇と言われる事件である。

この事件は、いかなる要因によって正常なコミュニケーションが妨げられるかという危機管理の問題としてよく教材で扱われる。その後、たとえばテイク・オフという言葉は離陸可の場合しか使わない（離陸待機はまだデパーチャァ）、標準英語を使う、復唱する、イエス・ノーは使わない（アファーム・ネガティブを使う）など、航空機についてのコミュニケーションの国際標準が定められた。二〇〇八年の新千歳空港のニアミス事件は、この国際標準を遵守しなかったためのコミュニケーション・ミスだとされている。こういう経緯があって、テネリフェ島には、もう一つ、北部に空港がつくられた。テネリフェは火山災害、幾多の戦争、航空機事故などを乗り越えて発展した島である。

# ローマ
## 観光とは何かを端的に示すまち

ローマの魅力はいろいろあるが、その第一は、二千年以上前の古代遺跡と五百年前のルネッサンスが併存していることだ。代表格がミケランジェロの設計によるカンピドリオ広場だ。ルネッサンス期につくられたこの広場からは、古代のフォロ・ロマーノ遺跡群と、二十世紀初頭にイタリア統一を記念してつくったエマヌエーレ二世記念堂を同時に見ることができる。すなわちローマには、古代、ルネッサンスそして現代が同時にかつ豊富に存在している。人々は、それを見に行くのだ。

一方、ローマでは、旅行者は所持品に常に気をつけていなければならない。ローマでスリや置き引きに遭った人を私は何人も知っている。一流ホテルで勘定を誤魔化されそうになった人もいる。しかしそれでも、そしてそういう人でも、またローマを訪れる。ホスピタリティの欠如を補って余りある魅力をローマは持っている。観光政策において、私たちは、システムを整備したり歓迎ムードを盛り上げるだけではだめだ。本質的なその都市の魅力を磨くことこそ、遠回りのようでいて、実は最も効果的な観光政策となる。そのことをローマのまちは示している。

## アッピア街道を歩いて二千年の時空を超える

ドイツ文学者ヘルマン・シュライバーは『道の文化史』(岩波書店)で、「だれが道路を発明したかは、われわれには言うことができない。しかし道路網はローマ人の発明である」と書いた。その発明の発端がアッピア街道だ。二三〇〇年以上前にアッピア皇帝がつくり始めたこの道路をある日、私は歩いてみた。厳寒期の早朝、リュックを背負ってホテルを出た。

都心からカラカラ浴場まで約一時間歩き、さらに南に二〇分ほど行くとサン・セバスティアーノ門がある。保存状況のよい、二つのアーチをもつ立派な門だ。すぐ近くにはカラカラ浴場に水を供給していた水道橋もきちんと残されている。ここからイタリア半島の南に向かってアッピア街道が始まる。幅一〇mほどの石畳の道で、今でもときどき車が通っている。

歩き始めてすぐ左にあるのがドミネ・クオ・ヴァディス教会だ。ペテロが皇帝ネロの迫害から逃れてローマを脱出してアッピア街道を歩き始めると、キリストの幻が現れた。ペテロが驚いて「ドミネ・クオ・ヴァディス(主よ、どこへ行くのですか?)」と聞くと「私はローマに行って再び十字架にかかる」と言う。ペテロは自分の逃亡を反省してローマに引き返し、信者たちを励まして自分はネロによって磔になる。

日本でも明治維新のとき吉田松陰があえて捕らえられ、自らは刑場の露となることによって高杉晋作ら塾生の士気を鼓舞した例があるが、この種のストーリー性がローマの遺跡の魅力である。デザイン性において並外れた建築では決してない教会あるいは道路であっても、それぞれにストーリーをもつことによって人々の心を惹きつける。ストーリー性は観光の要諦である。

しばらく歩くと道の風景が次々と変わっていく。小さな家が何軒かあるところもあれば、長く古い石の塀が続くところもある。道の両側に畑が開けていたり、草原にところどころ木が立っているところもある。路盤も、一〇センチ角の石が整然と埋め込まれているところもあれば、平たい石が並べられているところもある。水を流し放しの水道やその水を吸収する下水道が完備しているところもある。さまざまなお墓もある。アッピア街道は、この変化が面白い。

塩野七生の『ローマ人の物語』には、「ローマ街道とは、幹線ともなればことごとく、一面に大石を敷きつめた四mを越える車道と両側三mずつの歩道の計一〇mを越える幅をもち、深さも、四層から成る一m以上にもなるよう設計されていた」とあるが、私が歩いたアッピア街道はその記述とはまったく違う、構造も表面もそして周辺の状況もきわめて変化に富む道だった。

ときどきカタコンベ（地下墳墓）があって、それらのなかには教会だけではなく事務所、売店、食堂などが設置されていて、地下をガイドするシステムのあるものがある。私が歩いたのは旧街道だが、当然、離れた位置に平行して現代の道路が設置され、そこを走る観光バスがカタコンベに寄るらしい。このツアー一行に便乗してカタコンベの一つに入ってみた。パリ・モンパルナスのカタコンベとは違って遺骨はほかに移してあったが、かなり大きなカタコンベで、ガイドとはぐれたら道に迷うだろうと思われる規模だった。ネロがキリスト教徒を迫害したことは知られている。ローマのカタコンベはおそらく、墳墓としての機能だけではない。教会の機能全体が地下化されていた時代があったのだろう。アッピア街道を歩くと、二千年の時空を超えていろいろなことを想うことができる。これがローマの魅力である。

## 古代、ルネッサンスそして現代が同居するまち

ローマに行けば、誰もがサン・ピエトロ寺院を見て、システィーナ礼拝堂の天井画を見上げて首を痛くする。しかし見るだけで首を痛くしたと文句を言ってはいけない。当然のことながらミケランジェロは、四六時中、上を見ながらこれを描いたのだ。四年の歳月をかけて全部自分で描いたのだ。相当、首を痛くしたことだろう。このとき、発注者である老いた教皇が、自分が生きているうちに絵が完成しないのではないかと心配して、「いつ出来るのか」とミケランジェロに聞いた。ミケランジェロは「芸術家として私が満足したときです」と答えた。教皇が激怒してけんかになった話は知られている。

ローマといえばスペイン階段だ。テヴェレ川の洪水のあと、陸に打ち上げられた船がある風景をヒントに、ピエトロ・ベルニーニが十七世紀に破船の泉をつくった。これを見下ろすスペイン階段は、十八世紀にフランチェスコ・デ・サンクティスがつくった。踊り場が多く、段差が緩やかで人にやさしいこの階段には、いつ行っても大勢の人が座っている。

スペイン階段よりもさらに人にやさしいのが、ミケランジェロが設計したことで知られるカンピ

ローマ郊外のアッピア街道

ローマから見るバチカン

ドリオ広場に上るカンピドリオの階段だ。これは階段というより斜路といったほうがいい、緩やかな階段だ。カンピドリオ広場は下にあるヴェネチア広場からかなり高い位置にあるのだが、思わず上り始めてしまう不思議な階段だ。このやさしさが、ルネッサンスを単なる再生ではなく人間復興という所以なのだろう。

観光という字は「(国の)光(文化・文明)を観(み)る」と書く。単なる見物ではない。本質的な、人の心を打つものがあるから、高いお金を払ってでも人は見に行くのである。これはローマに限らない。決して美しいまちとは言えないニューヨークになぜ、世界の人が旅行するのか。それは、エンパイア・ステート・ビルが、ビルの高さが高いだけでなく、世界大恐慌のあとにあえてそれをつくった都市の心意気があるからだ。そこに、ミュージカル、ジャズ、コンサート、いずれも一流の音楽があるからだ。グリニッジ・ヴィレッジやソーホーには、多くの芸術家が現にそこで人生を賭けて闘った覇気とか妖気とか喜怒哀楽とかが漂っているからだ。

だから私たちは、現にそこで生活している人たちが本当に納得のいくまちづくりをしていけばいい。現にそこに住む人たちが遠慮せずに生活を楽しめばよい。本質的にいい文化文明を育めば、世界の人がそこを訪れたいと思うのだ。古代、ルネッサンスそして現代が同居するローマを見ると、そのことを痛感する。

# ヴェネツィア

## 水の都ではあるが歩くべき迷宮

ヴェネツィアは水の都だ。確かにヴェネツィアは海の浅瀬につくった都市で、街中を運河が巡っていて交通は舟運が中心だ。というより舟運しかない。観光客が楽しむゴンドラは別格としても、住民はヴァポレットと呼ばれる水上バスで通勤するのが普通だ。マルコ・ポーロ空港やサンタ・ルチア駅とホテルの間は、水上バスを利用するほかはない。宅配便も船で運ぶ。ゴミ収集もそうだ。

しかし、実際にヴェネツィアに滞在してまちの面白さを知るには、歩き回ってみるのが一番だ。ヨーロッパの歴史家ブローデルはここを迷宮都市と呼んだ。ヴェネツィアには軸となる道路は一つもない。まっすぐの道路もほとんどない。歩いていると思わぬところに出る。迷路ゲームと同じだ。

### 迷宮ヴェネツィアでは三つの橋が目印

迷宮ヴェネツィアには主な橋が三つある。南から順にアカデミア橋、リアルト橋、スカルツィ橋だ。大きく蛇行する大運河にかかるこの三つの橋の位置を頭に入れると、このまちの構造がわかる。

ヴェネツィアのまちには約六〇ほどの教区があってそれぞれに立派な教会がある。ヴェネツィアは貿易の中心地として中世に栄えていたから、教会もそれぞれに大きく目立つ。

アカデミア橋の近くにはサン・ステファノ教会があって、ここの美術室にはエル・グレコに影響を与えたといわれる十六世紀イタリア・ルネッサンスの画家ティントレットの「弟子の足を洗うキリスト」の絵がある。ティントレットによる同種の絵はスペインのプラド美術館にもある。キリストは自ら弟子の足を洗って見せることで、人々に仕える道を弟子たちに教えたのである。

アメリカで昨今、サーバント・リーダーシップ論が紹介されている（たとえばピーター・センゲ著、金井壽宏ら訳『サーバント・リーダーシップ』英治出版）ときだけに、ティントレットのこの絵は興味深い。

サン・ステファノ教会から少し南に歩くと、アカデミア橋という鉄骨を少し使った木の橋がある。ヴェネツィアは舟のために橋はすべて、たいこ橋である。したがって道路には自動車どころか自転車も一台も走っていない。宅配便もごみ収集もすべて舟運でまかなっている。まちを歩く人のスピードはかなり早くて、幅五〇センチとか一mの曲がりくねった小道を素早く曲がって歩いていく。ニューヨーカーのマンハッタンにおける歩きを彷彿させる。私にとってはペースが同じで歩きやすい。

アカデミア橋を南に渡ると巨大なアカデミア美術館がある。ティントレットのほか、カラバッジョがヴェネツィアを描いた絵もここにある。これらの絵を見ると、今のヴェネツィアの風景が十六世紀とほとんど変わっていないことに驚かされる。

アカデミア美術館から数分、大運河沿いの洒落た小道を東に歩くとペギー・グッゲンハイム現代美術館がある。ペギーはアメリカの鉱山経営者ソロモン・グッゲンハイムの姪で、ニューヨークのソロモン・グッゲンハイム美術館と同じく現代美術を蒐集し、三〇年間住んだヴェネツィアのこの邸が現代美術館となった。この水辺の邸も見事だが、作品としてはピカソ、ダリ、シャガールなど私たちに馴染みの深い絵がズラリと並んで展示されている。

アカデミア橋からサン・マルコ広場へ行く道には、世界各国のブランドショップをはじめ、皮革製品や文房具、ガラス製品などの店が軒を連ねている。逆にこのあたりから南に下がって行くと数分で海に出て、ザッテレの桟橋から渡し舟に五分も乗るとジューデッカ島に着く。その名のとおりユダヤ人ゲットーがあった島である。皮革工場も多くがここにあった。ジューデッカ島にはレデントーレ教会という優雅なデザインの教会があり、七月の祭りの時にはこの教会と対岸のサンマルコ広場との間に仮の橋が架けられる。近年、この島には大きなヒルトンホテルがオープンした。もちろん空港からでも駅からでも舟で行くほかはない。サンマルコ広場との間にはシャトル船が出ている。

## 欠点を補って魅力あるまち

サン・マルコ広場から北に歩いて行くとリアルト橋がある。大理石で出来た、橋上に土産物店がたくさん建てられている立派な橋である。この橋の欄干に腕を乗せて行き交う船を眺めていると終日飽きない。映画でもよく見る風景、シーンがここにある。リアルト橋の袂に大きな旧ドイツ商館の建物がある。十六世紀から十七世紀にかけてヴェネツィアがドイツの貿易の中継拠点だった名残りである。この都市は地理的に地中海貿易の拠点であると同時に、ドイツ・オーストリアと近く、その商業貿易の有利性ゆえに都市としての独立性（ヴェネツィア共和国）を長く維持することができた。

リアルト橋からさらに北へ向って二〇〜三〇分ほど曲がりくねった細い道をくねくねと歩き、無数の小さなたいこ橋を渡るとスカルツィ橋に着く。この橋を渡るとサンタ・ルチア駅で、ここから陸路、ヴェローナやミラノに行くことができる。逆に他の都市から鉄道でヴェネツィアに着くと、いきなり眼前に大きな水路が広がっていて、船でホテルに向かうことになる。

イタリアというと、スリ、かっぱらい、置き引き、勘定のごまかしに注意しろと言われる。レストランで注文通りのものが出て来ない、日本語のメニューには気をつけろ、日本語で話しかけて来る人を相手にするな、と言われる。レシートを要求しても通じないふりをする。レジがないから消費税を支払っているかどうか疑わしい。こんな話はヴェネツィアも例外ではない。ここの運河の水はきれいとは言えない。サン・マルコ広場は雨が降ると水が出るから広場に木の板による桟橋がある。

しかし、ヴェネツィアは、そんな欠点を補ってあまりある魅力をもったまちである。伯爵夫人がオーストリア人中尉と恋に落ちる『夏の嵐』、アメリカの中年キャリアウーマンがイタリア青年と恋をする『旅情』、貧乏な青年が裕福な青年を殺すアラン・ドロンの『太陽がいっぱい』、老作曲家の少年に対する愛を描く『ベニスに死す』――どの映画もヴェネツィアというまちがあったから成立した映画である。ルネッサンスの人間復興とバロックの絢爛豪華を体現しているのがヴェネツィアの魅力である。

リアルト橋

アカデミア橋

# フィレンツェ
## まち全体がルネッサンス

フィレンツェ（英語ではフローレンス）といえば、ドゥオモ（英語ではドーム）、ヴェッキオ宮、ウフィッツィ美術館、アカデミア美術館などを思い浮かべるだろう。だが、フィレンツェにある建物で最もフィレンツェの繁栄の歴史を感じさせるのは、ピッティ宮とそこにあるボーボリ庭園である。

ピッティ宮には、ラファエッロ「ヴェールの女」、ルーベンス「四人の哲学者」、カラバッジョ「眠れるクピド」など、日本の美術の教科書や雑誌でおなじみのルネッサンス時代を中心とした絵画が豊富に収蔵・展示されている。ボッティチェッリの「マッツォッキオをかぶった若者」という日本ではあまり紹介されていない珍しい作品も、ルネッサンス期の雰囲気をよく伝えている。

### フィレンツェの繁栄を最もよく示すピッティ宮

ピッティ宮はもともと、十五世紀にフィレンツェの富裕な商人ピッティが建築したものだが、それをメディチ家が買い取って、その後三世紀にわたって増改築を繰り返して今日の壮大な宮殿となった。メディチ家はフィレンツェを含むこのトスカーナ地方の大公という公職についていたから、公務はヴェッキオ宮で執り行ない、私邸はリッカルディ宮にあった。したがってこのピッティ宮は迎賓館という性格が強かったようだ。

フィレンツェのまちの中心部からアルノ川を対岸にわたったところにあるこの宮殿は、三層のシンプルな長方形の巨大な建物であり、それが丘の上にそびえている姿は、フィレンツェの装飾豊かなほかの建物とは少し違った感じではある。

メディチ家のコジモ一世は、その富ゆえに人々からねたまれていることをよく承知していて、だから、この非常に目立った姿の宮殿建築の案に対して慎重で、この案に乗らなかった。実際、メディチ家の本拠ともいうべきリッカルディ宮は思いのほか質素な邸宅で、旅行者がまちを歩いていても見逃してしまうのではないかと思うほどである。もっとも、ミケランジェロのダヴィデ像を見るためアカデミア美術館に行くと、その入り口も建物の一角が開いているという感じで、気がつかずに行き過ぎてしまうかもしれない。フィレンツェは旧市街地一帯がよく保存されていて、全体が世界遺産に指定されている。フィレンツェはまち全体がルネッサンスそのものなのである。

メディチ家が慎重だったので、この宮殿はピッティが建てたが、コジモ一世は妻が結核にかかったため、後背地に庭園のあるこの建物が療養のために適していると考えて購入したという説がある。

宮殿のなかにはパラティーナ美術館があって、ここに上記の作品をはじめ、ルネッサンス期の多くの絵画が収められている。特にラファエッロの作品がこれほど多く集められている美術館はほかにはないだろう。もちろん、ウフィッツィ美術館にはボッティチェッリの「ヴィーナスの誕生」や「春」があり、レオナルド・ダ・ヴィンチやミケランジェロがあるが、ピッティ宮のパラティーナ美術館の収蔵品の規模には圧倒される。ピッティ宮には、ほかに銀器博物館、衣装博物館、磁器博物館、馬車博物館などがあって、当時の富がたくさん展示されている。

それにしても、フィレンツェという一都市に住むメディチ家が商業によって何故にこれほどの富を蓄積し得たのか。フィレンツェには石器時代から人が住んでいた記録がある。そして紀元前一世紀前にはローマの軍隊を退職した兵士たちがローマの植民市をここに建設した。ちょうどこのフィレンツェでアルノの川幅が狭くなっており、向こう岸に渡るのに都合がいいというので、もともとローマはここを宿営地にしていたのである。ヴェッキオ橋はローマ時代からあったという。橋を歩くと、両側には装飾品の店が並んでいる。昔は動物の肉や皮、皮革製品を売っていた。その隣にあるサンタ・トリニタ橋は一二五二年につくられた。

ローマはフィレンツェに碁盤目状の道路をつくり、馬車や兵隊が素早く移動できるよう石で舗装した。現代のフィレンツェの市街地図を見ると、たしかに旧市街地はいくつかの碁盤目状の市街地が組み合わされた形になっている。

ピッティ宮からヴェッキオ橋を渡ったところにヴェッキオ宮がある。ヴェッキオは古いという意味である。ヴェッキオ宮は市の役所だった。そこからさらに一ブロック北側に、ドゥオモとその広場があるが、古くは、ピッティ宮からヴェッキオ橋を渡って左側にある長方形の共和国広場が市政では重要な位置を占めていた。

## 経済的に繁栄したからこそ文化芸術が花開いた

共和国広場にある凱旋門風アーチには「太古の市の中心」と書いてある。すなわち町の政治、経済、宗教の中心であった。ここでまちの議会が開かれていた。

その後、中世には食品市場となり、さらに周辺を含めて長い荒廃期を経て、一八六五年から七一年にかけて、フィレンツェがイタリア王国の臨時首都となったときには、エマヌエーレ二世広場と呼ばれ、第二次世界大戦後に共和国広場となった。

フィレンツェは一一一五年、コムーネとして自治権を獲得したとされている。この自治権が正式に神聖ローマ皇帝から認知されたのは一一八三年とされている。年に四回、人民集会が開かれ、貴族、騎士、聖職者、商人が集まって市政の重要事項を決定した。この間、毛織物の取引を中心として大商人が育った。

フィレンツェが繁栄するなかで、ジョヴァンニ・ディ・ビッチが一三九七年に本店をローマからフィレンツェ移した。これがフィレンツェにおけるメディチ銀行の誕生である。ジョヴァンニの息子コジモ・イル・ヴェッキオは商才があり、その富によって事実上フィレンツェを支配するに至り、芸術文化のパトロンとして多くの芸術家を育てた。

ドゥオモが一二九六年に着工し一三八〇年に完成、ヴェッキオ宮（政庁舎）が一二九八年に着工し一三一四年に完成、ピッティ宮殿が十六世紀後半にかけて大規模な増改築など、フィレンツェの建築ラッシュは十四世紀初頭から十六世紀にかけて最盛期を迎えるが、それはフィレンツェ経済の繁栄に支えられたものであった。フィレンツェが「経済的に繁栄したからこそ文化芸術が花開いた」という歴史は、今日、「都市が経済的にうまくいかないと福祉や教育に十分な財源を割くことができない」という現実と似ている。

それはさておき、ピッティ宮の文化芸術や宝物、そして宮殿建築は、とても一日で見終えることができるものではないが、宮殿の背後の丘にある広大なボーボリ庭園は一見に値する。広いだけでなく、イタリアの庭園様式を最もよく示していると言われる。

現在のような大規模な庭園となったのは、メディチ一家がピッティ宮殿に移って一五五〇年から大規模な庭園の拡張工事が行なわれてからである。

宮殿を通り抜けると広場と円形劇場があり、そこから丘の上に向かって、きれいに刈り込まれた樹木と幾何学的に美しい坂道や階段が続いている。さらに上がって行くと大きな池と噴水があり、そこからはフィレンツェの旧市街が一望のもとに見渡せる。脇道もたくさんあって、それらはいずれもよく手入れされた樹木のトンネルとなっている。

ピッティ宮だけでなく、ボーボリ庭園もフィレンツェの繁栄の象徴なのだ。フィレンツェの繁栄とルネッサンス文化は、ドゥオモとその周辺の諸美術館に加えてピッティ宮を訪れることによって、初めて実感をもって理解できるのではないか。

フィレンツェ

フィレンツェのピッティ宮

## 北イタリアの首都ミラノ
### ファッションでミュンヘンに負けている

ミラノはファッションのまちとして知られたが、近年は、近くのミュンヘンのほうが、大きな展示場をたくさん持ち、関連ビジネスもしっかりしているので、必ずしもその地位は安泰ではない。とはいえ、ローマ帝国の首都時代、中世自治都市コムーネの時代、ヴィスコンティ家支配時代、それを継承したスフォルツァ家の時代と、二千年を通じて北イタリアの首都であり続けたことによる文化芸術の蓄積は、ミラノにとって依然として大きな遺産となっている。

ミラノといえばドゥオモだが、この世界最大規模の典型的な中世建築（ゴシック）がヴィスコンティ家の命によって着工されたのは一三八六年、完成は一八八七年だから実に工事期間は五百年を要していて、工期の長さでは、バルセロナにあるガウディのサグラダ・ファミリアを凌ぐ。

**城ではなくドゥオモを中心に放射状に拡がるまち**

ドゥオモの建物は長さ一〇八m余、幅約六八m、高さ六二m、尖塔の先端高さ一〇八m余という巨大なものである。規模からすると、この種の建築物の中で世界最大級といっていい。加えて建物を飾る彫像の数、実に三六〇〇体は、見る者を圧倒する。その中を歩き、あるいは屋上に登って見ると、その一つ一つの細工に、五百年のミラノの歳月をしのぶことができる。

ドゥオモの前の大きな広場にはイタリアを統一したエマヌエーレ二世の騎馬像が一八九六年につくられた。広場の横にはエマヌエーレ二世のガレリアと名付けられた巨大なアーケードがある。十字路の真ん中には大きなドームがあり、プラダの本店はこの十字路の角にある。ほかにも一流ブランドのファッション店があり、いかにもファッションのミラノらしい一角を構成している。日本の商店街には、アーケードばかりが立派で閑散としているところが目立つが、これくらい豪快に巨大なアーケードは、それ自体が一つの芸術作品といえる。

広場からみてガレリアの反対側には王宮があり、さらにその向こうには一区画隔てて、ミラノ大学がある。この建物は、大学という機能の性質上、日本ではあまり詳しく紹介されていないが、ゴシックとルネッサンス様式が併用された、回廊式の歴史的建造物である。もともとは十五世紀にスフォルツァ家が邸宅として建造を開始し、のちに公立病院として使用され、さらに大学となったものだ。

ヴィスコンティ家とそれを継承したスフォルツァ家がつくったミラノの城は市の北西部にあり、スフォルツァ城と呼ばれている。この城の建築にはレオナルド・ダ・ヴィンチなどルネッサンスの巨匠も関わっていて、城内には一四九八年頃にダ・ヴィンチが制作した化粧板張りの間がある。

同じミラノ市内にあるサンタ・マリア・デッレ・グラッツィエ教会の食堂に制作した「最後の晩餐」と同時期にダ・ヴィンチが取り組んだこの天井装飾は、岩に根ざした木々が力強く茂っていく構成で、ミラノの発展を表現しているとも言われているが、「最後の晩餐」ほどには知られていないし、発信の努力もされていない。しかし、いろいろな意味や解釈が成立しうる絵であり、一見の価値がある。

一五六四年にミケランジェロが制作した「ロンダニーニのピエタ」像は、多くの草案が残されていて、美術史的に貴重なものとされている。ミケランジェロが亡くなった一五六四年、死の数日前まで制作に努めていたと言われており、いわばミケランジェロの遺作となっている。一見、未完成のようにも見えるが、死せるキリストを抱き起こそうとする聖母マリアの顔は悲しみに満ちていて、きわめて人間的で身近な感じがある。ルネッサンスを人間復興と日本語訳する根拠の一つとも考えられる、ミケランジェロの代表作と言っていいのではないか。もし私たちが、これをミケランジェロの作品と知らずに鑑賞したとすると、現代美術かと思うほど、生き生きした作品である。

このようにスフォルツァ城の博物館は、数々の歴史・芸術作品、そしてスフォルツァ・ヴィスコンティ両家が栄華を極めた時代に日本を含めて世界から集めた豊富な展示品に恵まれていて、観覧には相当の覚悟を必要とする。

ドゥオモから見てガレリアのさらに向こう側にはスカラ座、さらにその先にはブレラ美術館があって、北イタリア・ルネッサンスの主要作品が展示されている。なかでもラファエッロの「聖母の婚礼」は、聖母マリアがヨゼフを夫として選んだときの絵で、構図、背景、色使い、人々の表情いずれをとっても生き生きとして、ルネッサンスの代表作品の一つに数えられる。ブレラ美術館には美術学校が併設されていて、学校の中を歩くと制作風景を見ることもできる。

## イタリアのファッションにはがんばってほしい

市の南東部にあるミラノ中央駅は、一九二六年に建築が始まっていたが、ムッソリーニが政権を掌握してから、ファシズムを象徴する威厳ある建築とするよう命じて、一九三一年に完成させた。巨大で重量感に富む建築物だ。駅内部には、ファッションのまちミラノらしく、服装関係の店が多く、歩いていると駅舎ではなくファッションストリートという趣きが感じられる。また、書店が多く立地していて、イタリア人が意外に(?)本好きであることをうかがわせる。

以上の建物配置でわかるように、ミラノのまちは、スフォルツァ城ではなくドゥオモを中心に放射状に広がる都市構造をなしている。

イタリアの服や皮革製品の売り上げは近年、減少傾向がみられる。デザイナーも、プラダ、グッチ、マルニ、ドルチェほか、世界に名を馳せた一流ブランドを継承する若手が育っていないという。いま、私たちは、丸の内仲通りを歩くとファッションの大体の傾向がわかるようになった。かつて銀行の支店が並んでいて午後三時にはシャッターが下りていたまちが、洒落たファッションストリートに変わったのだ。

東京の都心でさえそうやって変わったのに、ミラノのまちには華やかさを感じさせる勢いがない。ミラノのファッションは、このまま新しい風が吹かずに徐々に衰退していくのだろうか。せっかく二〇一五年に開催権を取った本格万博（国際博覧会条約に基づく五年に一回の登録博）も、テーマはファッションではなく「食」となっている。ミラノは、世界がミラノに期待するものとは違う道を歩もうとしているように見える。

もちろんミラノには、ドゥオモをはじめ、ほかの都市にはない魅力がたくさんある。しかし、これら歴史遺産だけでは、一生に一度は訪れたいまちではあるが、一泊か二泊でいい、というまちになってしまう。日本人のミラノに対するイメージからすると、それは少し残念である。

日本人はイタリアを旅行するたび、スリやかっぱらいに警戒し、勘定のいい加減さ、特に一流ホテルでさえ領収書を出そうとしない国民性にあきれる。二〇一〇年十月、EU議会は、地方自治体から発注先企業への支払い期限を原則三〇日以内とする決議を行なった。イタリアではこれが平均一二八日であったという。イタリア議会はこの決議を批准したが、イタリア式悪習が改善されるとは考えられない。

そんなイタリアだが、日本人は愛してやまない。せめてファッションの世界で、ミラノにがんばってほしいと思うのは、私だけだろうか。

ミラノ大学の回廊

エマヌエーレ 2 世記念ガレリア

# アテネ

## 都市を市民がどう運営するか考えさせるまち

ギリシャのアテネというと、誰でもアクロポリスのパルテノン神殿を思い浮かべる。高い丘の上の都市を意味するアクロポリスに立つパルテノン神殿は、アテネのまちのたいていの場所から見えて、その壮麗さは確かにアテネのまちのシンボルとして相応しい。

紀元前四三二年に完成したこの神殿に祀られるのは都市アテネの守護神であり、神殿が立つアクロポリスは、いざというときに市民が逃げ込む城である。パルテノン神殿の存在は、宗教的な意味よりも、アテネがデロス同盟の盟主であることを象徴する意味が大きい。この大工事の財源は、デロス同盟の各都市がそれぞれの収入の六〇分の一をアテネに納め、それを主たる財源として建てられたからだ。

### 都市国家・市民共同体ポリスの中心をなすアゴラ

丘の下、少し行ったところに万能の神ゼウスの神殿がある。紀元前五一五年に着工されて以来、中断をくり返して二世紀にようやく完成したゼウスの神殿のほうがパルテノン神殿より大きくて立派なのだが、やはり丘の上にすっくと立っている象徴性という点で、パルテノン神殿のほうが圧倒的に知名度が高い。同じく知名度の点では劣るが、パルテノン神殿のすぐ横に建っているエレクティオン神殿には、ギリシャ神話のポセイドンの井戸がある。また、この神殿には、六人の少女が天井を支える形の張り出しがあって、そのうちの一本をイギリスが大英博物館に持って行ってしまって未だに返さないというエピソードがある。

パルテノン神殿がかなり壊れているのは、長い間に風化したこともあるが、一六八七年にヴェネツィア軍が砲撃して屋根を破壊したのが大きい。パルテノン神殿の下のほうには、イロド・アティコス音楽堂とディオニソス劇場がある。劇場は痕跡があるだけだが、収容能力は一万五〇〇〇人あった。音楽堂は、六千人の観客席が修復され、夏にはコンサートやオペラが上演される。

紀元前にこのような大勢を対象とする演劇や音楽が行なわれていたのは驚きだが、この点に紀元前から紀元後に至るアテネの人たちの生活の特徴がある。古代アテネに奴隷制度はあったが、一方で広範な市民階層が存在していた。市民としての権利が認められるためには土地所有が必要だが、土地は一部の者が独占するのではなく、かなりの人が所有していた。市民の美徳は自ら鍬を握って畑を耕し、重労働によって鍛えられた強靭な肉体をもって兵役に従事することだった。行政、スポーツ、芸術、哲学、いずれの面でも、極端な天才であるよりも、バランスのとれた人格が理想とされた。だから、大勢の人が平等に楽しむことができる劇場や音楽堂は重要な意味をもっていた。

アクロポリスの丘の下にはアゴラと呼ばれる地区が広がる。アゴラとは集まるという意味で、人々が集まり、挨拶や世間話を交わし、市場で買い物をする。アゴラには役所や図書館など公共の建物も集中していた。アリストテレスは、「市民は裁判と政治に参加する権利を有する」と言ったが、そのためには情報の共有が重要なことは昔も今も変わらない。アゴラこそアテネ民主政治の主要な舞台だった。なにしろ、ソクラテスもプラトンもアテネのアゴラで議論していたのだ。

アテネの人は十八歳で市民となり、三十歳で評議会委員等の被選挙権を得る。市民は民会を構成する。精緻な選挙区制度があって、市民は五百人の評議会委員を選ぶ。民会は直接民主主義の全体会、評議会は間接民主主義の議会制度である。評議会は休日を除いて毎日開かれるが、当番評議員が出席した。ソクラテスも評議員だった。民会は九日に一回。六千人もの市民が集まり、予算を決めたり将軍を挙手で選んだりした。

当時のアテネの収入は、ピレウス港の輸出入税、アゴラの市場税ほか、いくつもの税目からなり、スパルタと戦って疲弊するまではアテネは発展を続けていたから、公務員や軍人もかなり多かった。裁判は市民が参加する陪審制度だが、裁判の基本的考え方は民会にかけられることも多かった。

ポリスを都市国家と訳す場合と市民共同体と訳す場合とふた通りある。市民共同体と訳すのは、上記のような市民民主主義のもとで都市を運営したからだが、同時にポリスは他者や他地域からの支配を受けなかったから、一つの国家と見なされる。厳密に言うと、国家の三要素は国民・領土・支配だが、ポリスの領土は画然と定まっているわけではなく、アゴラを中心に周辺の農村に広がっていた。

一方、都市の三要素は集住・中心性・施設（青山説）なので、ポリスは都市そのものだ。ポリスは領土概念が画然としていなかったので、都市国家というより独立都市と呼んだほうが性格はわかりやすいかもしれない。

## 精神と肉体のバランスのとれた市民が理想

ゼウスの神殿の先にはパナティナイコ・スタジアムがある。一八九六年、近代オリンピック第一回大会の会場だ。二〇〇四年のアテネ・オリンピックではマラソンのゴールとなった。観客席は細長い馬蹄型になっていて道路の側は開かれている。

ポリスは互いに交流し、同盟を結び、外敵に対して共同で戦った。古代オリンピックは、精神と肉体のバランスを重視する考え方と都市間交流を盛んに行なおうとする考え方の象徴でもあった。

古代オリンピックの勝者に与えられるのが経済的利益でなく、オリーブの冠というギリシャのどこにでもある質素なものだったのは、スペシャリストよりゼネラリストとしての市民像が理想とされていたからである。

アテネはどこを掘っても遺跡が出て工事が中断する。一番の中心地であるシンタグマ、アテネ大学前のパネピスティミオ、古代アゴラの入り口、モナスティラキなど地下鉄の主要な駅のコンコースは、出土品の展示場を兼ねていて、けっこう見応えのあるものが展示されている。旅行者が行きたいところにはたいてい地下鉄が通っている。利用方法も簡単で安価なのでお勧めだ。次に止まる駅の表示等、必ずしも十分でないので、路線図を参照しながら利用するといい。

エーゲ海の玄関ピレウスへも、都心から地下鉄で二〇分足らずで行ける。エーゲ海というと穏やかな海と思うが、冬季は日本海同様に荒れてフェリー等も欠航になる。家々の白い壁に鮮やかに青い窓が目立つイドラ島へは船で二時間くらい。

空港と都心の間は三〇kmほどあるので地下鉄のほうがいいと思う。アテネのタクシーは相乗りさせることが多い。なお、リカビトスの丘に登るには、一部、ケーブルカーがあるが、一汗かくのが一番いい。道標はほとんどないが、どの道を行っても頂上に行く。

アテネのまちの道路表示や案内地図はお世辞にも完備しているとは言えない。貴重な遺跡に落書きが多い。また、まちを歩くとき気をつけねばならないことがある。それは、市の中心部には夥しい数の犬や猫がいるからである。これ以上は詳しく書かない。また、下水事情もよくないようだ。公衆トイレは、ほとんどない。アテネ大学の本拠地は市の外れにあるが、ときどき、警察と派手に衝突している。失業率が高く、移民も多く、治安がいいとはいえない。

総じてアテネは、一人歩きをする観光客にとって優しいまちではない。市の運営もうまくいっているようには思えない。しかし、その欠点を補って余りある本質的な魅力が溢れている。二千年以上前から都市を市民がどう運営するかを考え、それを実行してきた歴史を各種の歴史的都市施設遺産という形で今日に伝えるまちがアテネである。

ゼウスの神殿

犬が多くて歩きにくいアテネ

# モスクワ
## ロシアの象徴クレムリン

ロシアは資本主義、中国は共産主義と位置づけても両国を理解することはできない。たとえば私たちが中国に短期の旅行をするには飛行機の切符を購入してホテルを予約すればいいのだが、ロシアに行くには、まずは在日ロシア大使館に旅行日程に正確に基づいた申請書をあらかじめ提出してビザを取得しなければならない。

たとえばモスクワ市役所の招待でシンポジウムに出席する場合、ロシアの外務省から在日ロシア大使館にそれを許可する旨、テレックスが送られないとビザを取ることができない。観光の場合でも似たような手続きが必要だ。ロシアと中国を理解するには、中国は「市場原理だが政治的には微妙」、ロシアは「官僚国家」と理解して対応すると大体においてまちがいない。

**モスクワのまちは変わってもクレムリンは変わらない**

私が初めてモスクワを訪れたのは、東京都とモスクワ市が友好提携して間もない一九九二年頃だった。最近では、二〇一三年暮れにモスクワ市役所が主催する都市フォーラムで講演するためである。「ペリフェリー（都市の周辺部）」がテーマだった。

都市の市街地がスプロール化する過程で、東京が鉄道や道路の整備を軸に周辺部の発展との調和に努めてきた過程を話したのだが、モスクワはいま、そういうコンフリクトを抱えているようである。シンポジウムはクレムリンの会議場で開催された。

モスクワ市役所の幹部に「モスクワのまちもけっこう変化し続けていますね」というと、「クレムリンはいつも変わっていません」という答えが返ってきた。

クレムリンは城塞を意味する。十二世紀にここに砦が築かれて以来、徐々に整備され、十五世紀から十六世紀にかけて巨大な宮殿や壮麗な寺院が築かれ維持されてきた。モスクワ川、赤の広場、公園に囲まれた、ほぼ三角形の形をした約二六haの敷地をクレムリンと呼ぶ。

帝政ロシアでは皇帝が絶大な権力を持ち、ソ連時代は共産党が独裁、現代はプーチン大統領が強力なリーダーシップを発揮している。政治体制は変わってもクレムリンは長く権力の拠点であり、その佇まいも変わらない。

モスクワのまち自体は、共産党政権時代には多くの教会建築が破壊され、特にスターリン時代にはスターリン様式といわれる象徴的な大建築物ができた。

たとえばヒルトン・モスクワ・レニングラーツカヤホテルは巨大かつ壮麗なスターリン・クラシック建築の代表例とされている。一九五〇年代の建築だが、二〇〇八年からヒルトン・ホテルとしてオープンしている。

ソ連崩壊後は近代的なビル群も一部に出現したが、クレムリンの宮殿や教会の多くはこの間、破壊されることなく、一貫してロシアの権力の象徴であり続けている。現代でもロシア大統領府、大統領官邸等はクレムリンの宮殿建築群の中にある。クレムリンの中で必見は武器庫である。五世紀から十九世紀を中心に、武器だけでなく各種の宝物や工芸品、衣装など歴史遺産が展示されている。

クレムリンの前にある赤の広場（この場合の赤は共産党の赤ではなく美しいという意味らしい。念のため）には、ロシア建築の代表の一つとしてしばしば紹介されるワシーリー大聖堂がある。鮮やかに彩色された九つのタマネギ型のドームを持ち、世界遺産にも登録されている。十六世紀に絶大な権力を振るったイワン雷帝がワシーリー修道僧に命じてつくらせたので、この名で呼ばれている。

共産党政権時代には宗教はアヘンであると言われ、モスクワでも多くの教会建築が破壊され、あるいは教会としての機能は廃止された。一九三一年の宗教弾圧でモスクワの聖ハリストス大聖堂が破壊され、ソ連崩壊後に再建され二〇〇〇年に完成したことは知られている。このワシーリー大聖堂は建築物としては破壊されなかったが、教会としての機能は廃止され、現代でも教会ではなく歴史博物館の一部とされている。

## 東京と似たモスクワの都市構造

クレムリンから北西に伸びるトヴェルスカヤ通りは十九世紀以来、モスクワの都市計画の軸となっている。モスクワの都市構造は、クレムリンを中心核として、ここから伸びる放射状の幹線道路と、プリヴァール環状道路、サドヴォエ環状道路、モスクワ環状道路（大環状道路）の三つの環状道路で成り立っている。東京が皇居を中心に同心円状に発展したのと似ている。

ちなみにモスクワの地下鉄はその駅舎やコンコースが壮麗なことで知られているが、環状線（五号線）が放射状地下鉄路線の乗換路線として重要な役割を果たしている点は、東京の大江戸線の機能と似ている。

モスクワ市は、一九九二年から、クレムリンから地下鉄で四駅ほどの都心近く、モスクワ川沿いの約六〇haの工場跡地に、モスクワ・シティ（モスクワ国際ビジネスセンター）と呼ぶビジネスセンターを建設している。このまちのコンセプトは、高層ビル群をU字型に配し、そのスカイラインは、Uの字の初めから終わりへ高さが段階的に増していくようになっている。U字の中央には、これらビル群を束ねる広場や公共スペースが設けられている。

このモスクワ・シティは、モスクワ市が中心となって設立した公開株式会社「シティ」が資本運用していることと、その大株主がエリツィン・ファミリーであること、超豪華マンションがあってロシアの極端な貧富の格差を表象していること、さらにはノーマン・フォスターが設計した高さ六一二mのロシア・タワーが二〇〇八年の経済危機により建設が凍結されたことなど、派手な話題を提供して、たびたび日本でも報道されている。

当初の計画ではモスクワ市役所や市議会も建設されるはずだったが、現在では不透明になったとも言われている。中心的なプロジェクトが進んでいないとはいえ、既に相当数の新しいビル群がクレムリンからほど近いモスクワ河畔に林立する姿は壮観である。

モスクワの住宅事情は長い間、よくなかった。ロシア革命後、内戦が続いた上に第二次世界大戦があり、そこに戦後の人口流入があったからである。

住宅事情が劣悪ななかで、スターリン時代にはたとえばクドリンスカヤ・プローシャヂ・ドムという文化人用の、四五〇戸もが住む巨大なスターリン様式で荘厳な塔をもつ建物がつくられ、現代でも人気物件だという。

貴族の建物を政府が没収して労働者住宅にすることもけっこうあって、多数所帯がトイレやキッチン、シャワーを共用する例も多かった。こういう住宅をロシア語でコムナルカという。

フルシチョフ時代の住宅大量供給は批判されることも多いが、それでもそれ以前のコムナルカよりよほどマシだったという人もいる。ソ連時代のダーチャは郊外にある農作業用の別荘であり、金曜日夕方は都心からダーチャに向かう車で渋滞した時代もあった。今でもダーチャを持っている人はいるようだ。

モスクワの都市構造は東京と似ている。東京が直面してきた数々の都市問題を、モスクワは今でもかかえている。問題を共有し、東京の成功体験と失敗体験をもっと多くモスクワ市に伝えてもいいのではないかと思う。

モスクワ市内の典型的なアパート

赤の広場付近の地下通路

# 第Ⅲ部　アジア

# 第Ⅲ部 関連地図

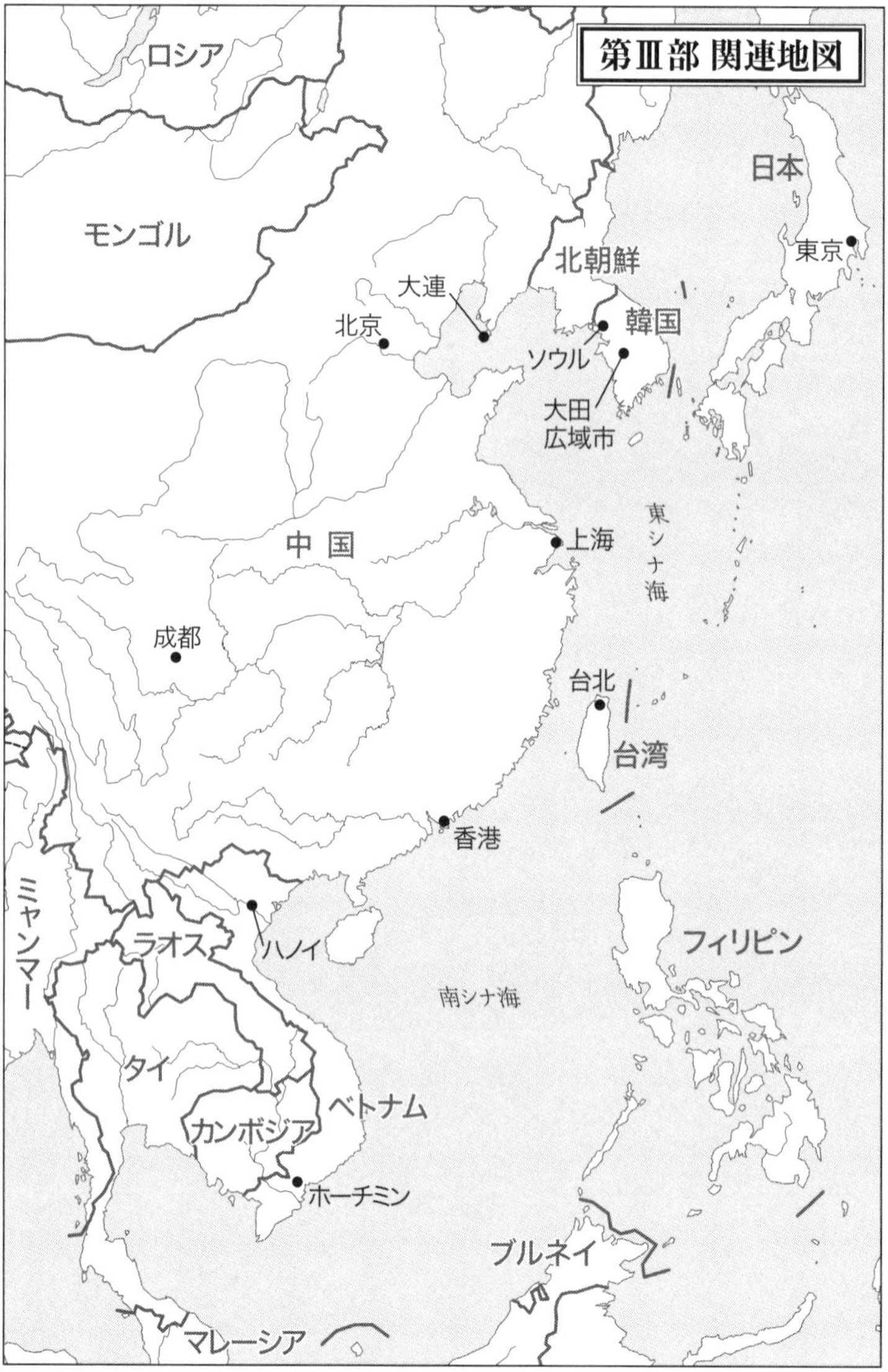
ロシア
モンゴル
日本
東京
北朝鮮
大連
北京
韓国
ソウル
大田
広域市
中国
上海
東シナ海
成都
台北
台湾
香港
ミャンマー
ラオス
ハノイ
フィリピン
南シナ海
タイ
ベトナム
カンボジア
ホーチミン
ブルネイ
マレーシア

# 北京市都市計画展覧館
## 都市政治の強い意志を表象

北京天安門広場前門の東側に北京市都市計画展覧館がある。前門東大街（この場合、街は大通りを意味する）を挟んで毛主席記念堂の斜向かいである。ガラス張りの大きな長方形のビルだが、この中には七五〇〇分の一の北京市都市計画立体模型がある。巨大だから、体育館の中を歩き回りながら見るといった感じだが、建築物が三次元で再現されているから、この立体模型を見ると北京の都市計画を容易に理解することができる。

北京市は、計画的につくられた都市である。世界の巨大都市で、これほど都市政治の強い意志が都市計画に表象されている例はないだろう。北京のまちを歩くと、広い道路と個々の巨大な建築物から一種の主張を感じ取ることができるが、この都市計画展覧館に入ると、北京の都市計画全体に長い歴史を通じて為政者の強い意志が貫かれていることを実感することができる。

## 故宮を中心とし南北軸を基本とした都市計画

北京の都市計画は、故宮を中心に据えている。これは、東京が皇居を中心に同心円状に広がっているのと同様である。ただし、東京の都市構造が円形を基本とするのに対して、北京は四角を基本として成り立っている点が根本的に違う。東京の都市構造は皇居から放射状に伸びる道路と皇居を中心とした環状道路を基本としているが、北京の道路は南北道路と東西道路が格子状に配置されていて、全体が碁盤の目構造となっている。

天安門の南側前面に広がる天安門広場は、一九四九年の中国革命のあとにできた。元々は広い道路だったが、第二次世界大戦前にいわゆる列強各国の大使館等があったところを拡げたのである。約四〇万m²あり、五〇万人の集会を開くことができ、世界最大の広場とも言われている。

天安門広場の西側に人民大会堂があるが、完成は一九五九年である。列強の植民地的侵略の象徴的な場所に議事堂をつくったわけである。天安門の前を東西に伸びる道路も、中国革命のあと拡張されて現在のような広い道となった。

天安門広場の南に毛主席記念堂があるが、これができたのは一九七六年のことである。これによって広場が狭くなったのではなく、このとき広場が拡張されて記念堂が建設された。

故宮の北側にある高さ四三m（海抜一〇八m）の景山は、風水の法によって、まちの北側の山が北風を遮るという考え方で、明の時代につくられた人工の山だという。故宮の五kmほど東側は北京商務中心区（CBD）としてビジネス街を形成している。故宮の北約一〇kmのところに二〇〇八年オリンピックの主会場となったオリンピック公園がある。

以上をおさらいすると、北京市の都市計画は、中心に故宮があり、その北側に景山、さらに北方にオリンピック公園、故宮の南側に天安門広場と人民大会堂、毛主席記念堂と、南北の太い軸を基本とした、まことにわかりやすい構造である。この中心軸から少しだけ東にずれて、北に地の神を祭った地壇公園、南に天の神を祭った天壇公園が配置されている。

平面的な格子状の都市構造の弱点は、交差点が多いことによって自動車交通の捌きが悪いことである。北京市はこれに対応するため、二〇〇八年オリンピック開催のため、猛スピードで格子状道路と立体交差する環状道路を整備した。二環路（六～八車線、半径約五km、延長三三km）、三環路（六車線、半径約八km＝東京の首都高中央環状線とほぼ同規模、郊外へ行く道路の基点となる）、四環路（八車線、半径約一〇km、延長約六五km、平均幅員約四〇m）、五環路（六車線、半径約一五km＝東京の外環道とほぼ同規模、延長約一〇〇km、物流中心を想定）、六環路（四車線、半径約三〇km、延長約一八八km）、延べ延長距離四三六kmである。

現在そのほとんどが完成している。

東京の場合は、一九二七（昭和二）年、関東大震災の復興計画の延長線上に、環状一号から環状八号の道路計画がある。放射道路に環状道路を組み合わせ、立体交差にすることによって効率的に自動車交通を捌こうとする優れた計画である。北京市の担当者に「北京の環状道路計画は東京の計画を見習ったのか」と聞いたが、笑っているだけでイエスともノーとも言わなかった。

なお、地下鉄は現在一四路線、総延長三三六km（東京はメトロと都営だけで計約二九二km）だが、二〇一五年末に五六一kmとなる計画で盛んに工事中である。

北京市都市計画展覧館の都市模型を見ると北京市の都市計画がよくわかる。東京では、森ビルが港区と臨海副都心、三菱地所が千代田区、三井不動産が中央区の一千分の一都市模型をつくっているが、東京都庁も東京模型をつくったらどうか。そのことによって都民と関係者の都市計画に対する理解が増すと思う。

## 物権法によって都市計画のスピードが遅くなるか

中国では都市計画が実現するスピードが速い。それは、社会主義国家であり、私有財産の権利が制限されているからである。「社会主義市場経済」という概念はわかりにくいが、いずれにせよ、今日の中国の経済社会が市場原理を基本として運営されていながら、政治の世界、そして私有権の世界は社会主義的である。

そういうなかで、二〇〇四年に憲法が改正され、私有財産権を認めた。これを受けて二〇〇七年、物権法が制定された。土地は私有権を認められないが、使用権が認められ、譲渡も認められた。

北京市役所の物権法の担当者に「物権法によって都市計画の実現に時間がかかるようになる。オリンピックを目標として都市計画がほとんど実行されつつあるので、もう私有財産権を認めても支障がないと判断したのか」と聞いた。「海外の会社にとっては、私有財産権が認められないと中国における企業活動に支障がある。中国の国際化にとって物権法は避けて通れない問題だ」というの

北京市都市計画展覧館の都市模型

前方陸橋が四環路

が答えだった。

北京市の都市計画にとって、弱点は道路整備に追いつかない自動車の急増による交通渋滞と、水不足だ。これに加えて物権法による私有財産権の強化が、今後の都市計画の実行スピードを遅くするのかどうか、注目していきたい。

私が初めて中国を訪問したのは一九七六（昭和五十一）年のことである。当時、中国は諸外国との間に「竹のカーテン」を下ろしていて、日本からは実態がよくわからなかった。経済学者の一団から「中国に招待された。一緒に行かないか」と誘われて、私は即座にその話に乗った。当時、日本から北京への直行便はなかった。まず香港に行き、国境の小さな橋を歩いて渡り、中国の入国審査を受ける。引いて行ったスーツケースの物をテーブルにすべて並べて検査を受ける。再びパッキングをして、それから汽車に乗って私たちは広州市に行った。そのとき中国国内のいくつかの都市を訪れたが、電力不足でどこも真っ暗だった。

当時、中国の人口は八億人とか九億人とか言われていたが、餓死者が出たという話は聞かなかった。これだけの人口を養っているだけでもすごい、というのが実感だった。農村でも都市でも人民服と自転車が溢れていたが、身の危険を感じることはなかった。その感想を毎日新聞社の『エコノミスト』（一九七七年一月二十五日号）に「中国の新生活事情・現地にみる物価と流通の実態」と題して掲載した。このころの中国は国家による計画生産、計画分配だった。企業も農業も集団所有制だった。現在の社会主義市場経済というやり方がいつまで続くのか、これも注目していきたい。

# 北京の都市軸と交通計画

## 地下鉄計画の修正が必要

北京は巨大な都市だから、その構造をゾーン別に区分けしようとすると迷路に入り込んでしまう。北京は都市軸で考えたほうがその構造を理解しやすい。

基本は北京市中央部を東西に伸びる長安街だ。長安街の中央北側に天安門がある。その南側が天安門広場、人民大会堂。天安門の西側には南海という大きな池があり、さらにその北側には中海、すなわち合わせて中南海がある。

この中南海周辺には中国の行政機関が集中していて、「中南海からの情報」といえばそれは「中国政府筋からの情報」と同義である。そして金融街だ。天安門の西側、復興門周辺には世界中の金融機関が集中している。

### 交流機能なく二十世紀型の巨大な本社ビル群で構成されるビジネス街

天安門から金融街とは逆に東に行くと北京駅があり、さらにＣＢＤ（セントラル・ビジネス地区）がある。オフィスビルを政策的に集中させた超高層ビル群である。建設中に爆竹が引火して火事になったテレビ局もここにある。最も高いのは国貿ビルで、ここの八八階にはラウンジがあってＣＢＤ全体を上から眺めることができる。この地区には、二〇一六年に国貿ビルより高い五一八ｍの高さのビルが完成する。

すなわち北京中央の東西軸には、西に金融街、東にＣＢＤが配置されている。一方、南北軸でみると、故宮を中心点として、北に地壇、南に天壇がある。地壇のさらに北側には二〇〇八年のオリンピック会場がある。空港は東北だ。一方、西北には北京大学、精華大学に加え、いわゆる北京シリコンバレーがある。

このように、北京の都市軸は南北軸、東西軸が鮮明で地理が頭に入りやすい。地理的な配置は明快かつ豪快ですばらしいのだが、問題は、ビル間の連絡だ。中央東西軸の西に金融街、東にＣＢＤが配置されているといっても、金融街、ＣＢＤのそれぞれの地域内の、それぞれのビルの配置に脈絡がなく、連絡もない。

巨大なビルが、それぞれ独自に建設され独自に生きている。つまり巨大な本社ビルが多数あるだけだ。それぞれのビルは巨大なので、ビル周囲には空地を十分とっているが、相互に機能的あるいは建築的な連絡性はまったくない。ときどき道路をまたぐ歩道橋があるくらいだ。地下道でつながっていることもない。地下鉄から出てきても、いったん地上に出て、雨風に吹かれながらビルに入っていくほかかない。

すなわち、世界の潮流からいうとまだ二十世紀的なまちづくりであって、超高層ビルといえば本社ビルであり、それぞれに従業員を多数詰め込んで、大量の伝票処理や事務処理を行なっているビルなのだ。各本社ビルが充実した職員食堂をもち、従業員は一日をその本社ビルで過ごす。高度情報化時代の異業種・異職種の交流機能に乏しい。商店もない。情報交換や商取引の相手方が本社を訪ねてきて、食事、あるいは多数の関係者でレセプションを開催、というときは、金融街やＣＢＤを離れて、ほかのまちに行く場合も多いという。

高度情報化時代には、このように、事務処理と交流機能を分離してしまったビジネス街は、機能が半減する。しかも北京は交通渋滞が激しく、自動車で移動するにはかなりの時間コストがかかる。北京の道路は幅一〇〇ｍどころか二〇〇ｍ級の道路も多く、スモッグが激しい日には道路の向こう側が霞んでいるほどだが、その広い道路に自動車が溢れている。

今は北京市民の自動車所有の申請を月二千台に限っていて、所有許可は抽選制になっているが、二〇一三年三月には一五〇万人が申請したという。せっかくの幅広道路、しかも、オリンピックを機会に東京同様、放射道路に環状道路を立体的に組み合わせる合理的な道路構造をつくったが、それでも自動車が急増しているのだ。

## 都営交通は北京やニューヨークに教えたらどうか

地下鉄は急ピッチでつくった。一九六九年に初めて運行を開始したという点で、地下鉄後発都市であるにもかかわらず、二〇一三年四月に北京市内地下鉄は二六一駅、延長四四三kmに達した。東京の地下鉄延長km数の約二倍である。二〇〇八年オリンピック招致の成功によって整備に拍車がかかったということもある。これから整備する一四号線は香港資本が参加することになっている。一六号線の構想もある。これを含めてさらに二〇〇km以上の地下鉄を整備する計画をもっている。

ただし、東京では私鉄・JR各線が二三区内では地下や高架を走っていて、駅数は五百を超えているので、北京の地下鉄はまだまだといえよう。致命的なのは六両編成でつくってしまったことだ。

北京では、東京の大江戸線より大きい円を描く一〇号線という環状線が近く完成するが、それでも混雑はなくなりそうもない。東京同様、老人はバスが無料であり、北京市当局は「地下鉄は混雑して危険だから老人はバスを利用するように」と指導しているという話もあるくらい、地下鉄は混雑している。東京では戦前につくった銀座線、占領下に計画した丸の内線以外は一〇両編成が原則だ、といったら北京市の担当者は絶句していた。私は鉄道のいわゆる「別線理論」に従って、混雑路線には並行して新しい路線を設置することを勧めた。導入空間は十分あるのだ。

地下鉄の料金が何km乗っても一律二元（二〇円余）となっているのも問題だ。初期の、路線が短い時代はともかく、長大路線を多くかかえる今となっても一律料金というのは、まずい。急速に路線延長が拡大したのに伴って運営コストは膨れる一方のはずだが、一律料金でまかなえるはずがない。

ニューヨークの地下鉄も、マンハッタンのミッドタウンから六〇分以上も乗ってコニーランドまで行っても二ドル余で、一駅料金と同じである。ニューヨークの地下鉄運営がうまくいっていない

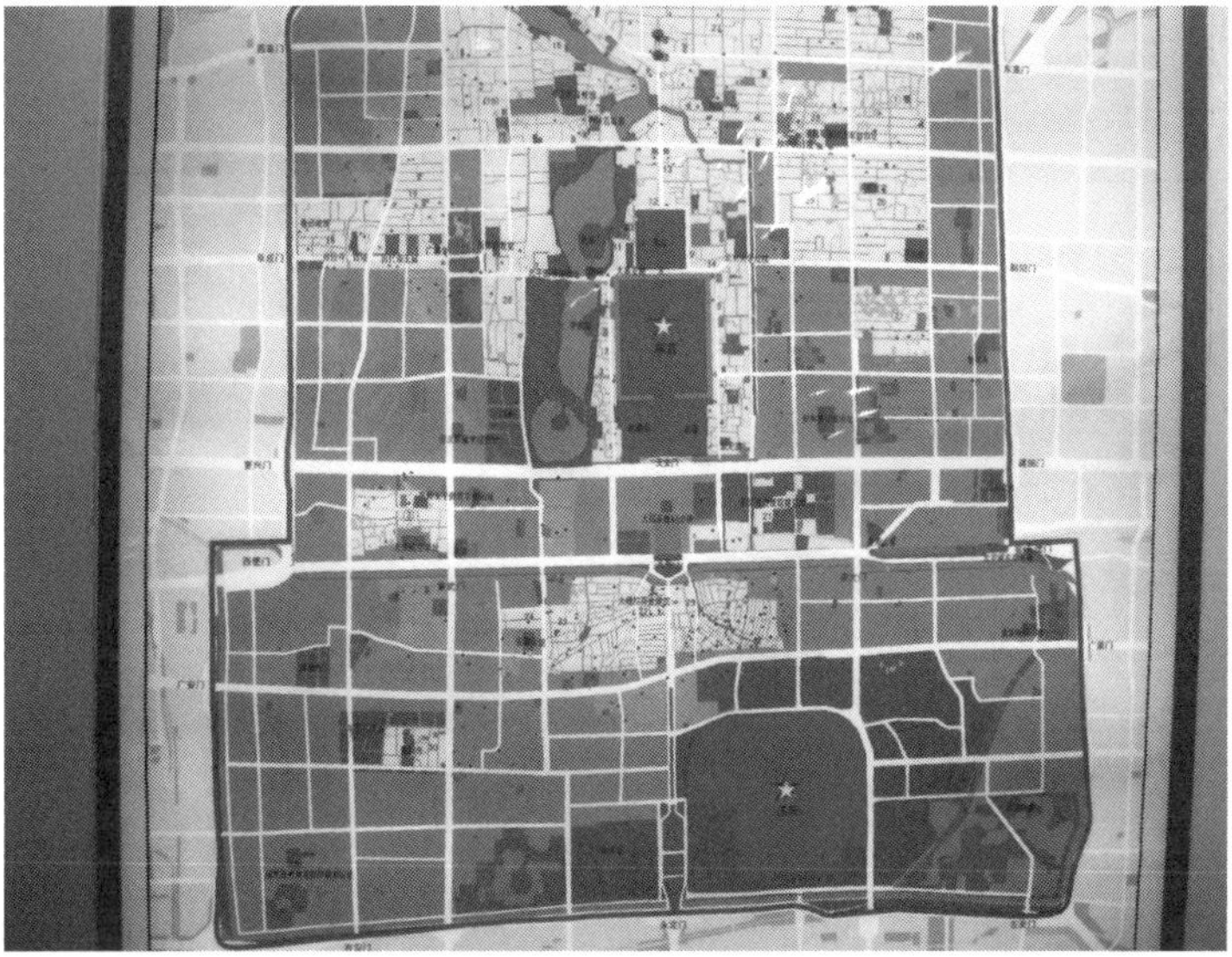

北京の都市軸（都市計画展覧館資料）

コンコースは立派だが課題が多い北京の地下鉄

理由の一つであるが、このニューヨークの失敗に北京は学んでいない。

もっとも、ニューヨークの地下鉄が古い、暑い、汚い、暗い、ダイヤが乱れる、運休路線が毎日のようにある理由はほかにもあって、上下分離の結果、所有者である州政府が郊外鉄道の整備を優先している事情もある。東京都の交通局は、北京市やニューヨーク市に東京のやり方をもっと教えたほうがいい。

北京市の担当者には東京メトロに研修派遣された職員などがいて、いろいろ研究しているようだが、東京のうまくいっている点は何か、失敗した点は何かなどの反省が伝わっていない。まだまだ互いの都市間政策交流が必要ではないか。都市計画的に言うと、北京市では公共交通機関を多様化したほうがいい。現在の自動車交通と地下鉄だけでなく、モノレール、高架鉄道、ケーブルカー、ロープウェイなどさまざまな交通手段を駆使すべきだ。

北京市環境保護局の担当者の話によると、北京では「環境か経済か」の論争が今でも存在するようだ。世界各国の歴史では、厳しい環境規制を講じるとき、これでは経済が壊滅する、という声が挙がることが多いが、実際に規制が強化されても、それによって経済成長が鈍化した実例はない。企業は技術革新によって適切に対応していく。

東京都でも、「環境と経済の両全を期す」などという議会答弁をしていたのは、すでに四〇年以上も前のことだ。今ではそのような古典的な言葉は聞かれなくなった。北京の公共交通機関の飛躍的な充実と多角化が早急に実施されることが望ましい。

# 上海

## 国際都市として東京のライバルとなるか

上海に初めて行ったのは昭和六十一（一九八六）年、もう二〇年以上も前のことである。そのころの上海は、夜になると真っ暗だった。街灯が少ないし、自動車はあまり走っていない。おびただしい数の自転車が闇のなかから現れ、闇のなかに消えて行った。

そのとき、東京でいえば隅田川のような位置にある黄浦江の西側、すなわち浦西にある上海大厦という歴史的建造物のホテルに泊まった。一九三四年にイギリス商人がつくったものだ。周囲には昔ながらの細い路地に長屋が連なっていて、中に入り込むと迷路のようだった。お粥や饅頭の類を売っている店もあって、そういう店の周囲は人が賑やかに群がって活気があった。

歴史的建造物といえば、魯迅公園に面して西洋風の幾何学的模様を施した連屋があって、私は都庁の職員紙に「いずれ中国が経済発展をしたときにこのすっきりした低層の建物を残すかどうか、興味深い」と書いた。先日上海に行って確認したところ、この連屋は今日でも残されていた。近くにある、魯迅が一〇年ほど住んだ家も保存されている。

## 三二km沖合いにつくった国際コンテナ埠頭

その後、上海は驚異的な経済発展を遂げて、今や世界の代表的な都市のひとつとなった。港湾貨物の取扱量で見ると、二〇〇七年の数字で世界第一位の香港に肉薄している。おそらく、現在ではすでに世界一の港になっているかもしれない。

というのは、上海には最近、大小洋山港という大きな港湾埠頭が新たにできたからである。私はこの新しい港を二〇〇八年に見た。松原忠義大田区長が「上海に、とてつもない大きな港ができたので見に行きませんか」と誘ったのだ。

羽田空港に四本目の滑走路ができて、国際線を含めて飛躍的に空港の利用者が増加しようというときに、早くも国際コンテナ港としての東京港のあり方を考えている松原区長の国際感覚はさすがである。

上海の新しい港は、海の向こうにあった。私たちは人数が多いのでバスを雇ったのだが、バスは延々と続く真っ直ぐな橋を、ひたすら走った。両側は海である。彼らは、上海のまちから三二km離れた小さな島々を結んで巨大な国際コンテナ埠頭を建設したのだ。そしてそこまで橋をかけたのである。このコンテナ港は、まだまだ余力がある。そろそろ香港を抜いて世界一の取扱量になるのではないかと日本郵船の現地担当者は説明した。

高杉晋作は一八六二年に上海を訪れ、「上海には欧米の船のマストが林立している」と評した。

ニム・ウェールズは『中国に賭けた青春』（岩波書店）で、一九三一年に上海に着いたときの印象を「軍艦や商船が威風堂々と錨をおろしている」と記している。私は、この本を美濃部都政のブレーンと言われた小森武氏から一九九〇年代にもらった。美濃部都政が終わってから私は小森氏とけっこう親しく付き合っていて、いろいろな話を聞いたのである。小森氏は戦前の上海で生活したことがあるということで、そのころ魔都と言われた上海の様子を楽しく語っていた。

一八四二年の上海開港もそれに続く欧米列強による租界（治外法権地区）の建設も中国にとっては屈辱の歴史だが、結果的にはこのころから国際都市としての上海の性格が形成され、今日に至っている。

上海港の巨大さは、そのままに上海という都市の巨大さでもある。上海の人口はざっと一八〇〇万人を超えると見られている。正確にはわかっていない。世界の大都市で人口が正確にわかるのは日本の都市くらいのもので、欧米でもこの種の統計はおおざっぱなケースが多いが、とにかく上海の人口が東京の一三〇〇万人、ニューヨーク、ロンドンの各八〇〇万人を大幅に超えることはまちがいない。

上海は巨大都市だから環状道路も規模が大きい。内環状（一九九五年完成）が全長四七km、中環状（現在ほぼ完成）が同七〇km、外環状（二〇〇三年完成）が同九九kmもある。東京の場合、一番外側の環八が同四四kmだから、上海は相当の巨大都市である。

ちなみに地下鉄は、上海万博の二〇一〇年には環状線を含めて一五路線、総延長は約四〇〇kmが完成し、延長km数については東京を超えた。上海市内と浦東空港を結ぶリニア新幹線は全長三〇km、最高速度は時速四三〇kmで走る。所要時間は全部で七分余だから、浮いたと思うと到着する。

上海の、都市としての巨大さは、金融、商業、工業、情報、物流などさまざまな分野で中国全体の経済をリードしている。そのため、中心地区に大きなオフィス床需要が見込まれ、浦東地区を中心として超高層オフィスビルが林立するようになった。

私たちは、高さ四九二m、現時点では世界最高の上海環球金融中心を見学した。日本の森ビルがつくったビルである。当時は完成間近でまだ工事中だったが、展望フロアから地上を見下ろすと、はるか下に見える中層建築のマンション群の屋根が三角形で、きれいな色にそろっている。これは、超高層ビルから見える屋根が見苦しくないよう、当局が公費によって見栄えのいい屋根を新たに付けさせたのだという。それなりに景観に気をつかっているのだ。

## 二〇一〇年上海万博は世界に何を発信したか

二〇〇八年は北京オリンピックが世界の話題となったが、二〇一〇年には上海で世界博覧会が開催された。オリンピックの開催期間はひと月余だが、万博は五月から十月まで六か月にわたって開催され、一六七か国と二八の国際機関が参加した。期間が長いから入場者数は七千万人を超えたという。会場は都心から近い黄浦江の両岸を使った。

この世界博覧会は、いわゆる万博のなかでも一九二八年に結ばれた国際博覧会条約に基づく本格

近年完成した上海の巨大な歩行者デッキ

森ビルがつくった上海環球金融中心のビル（中央）

的なものである。条約締結以前から、一八五一年のロンドン万博が産業革命の成果を世界に発信し、一八五五年に第一回、その後の数度の開催を経て一八八九年にフランス革命百周年を記念したパリ万博が世界に文化を発信したように、その時代の世界史を代表する都市とテーマによって開催される例が多い。一九七〇年の大阪万博は日本の高度成長の象徴だったし、二〇〇五年の愛知万博は地球環境の世紀到来を発信しようとした。

中国はかつて世界の市場と言われ、その後、世界の工場と言われた。『チャイナ・フリー』(サラ・ボンジュルニ著、東洋経済新報社)、すなわち中国産製品なしで生活しようとしても不可能なほど、中国製品は私たちの生活に浸透した。二〇一〇年の上海万博は、共産主義政権の下での市場経済発展という、私たちが予想しなかった中国の経済・社会をあらためて世界に発信することになった。

経済のグローバル化と金融取引偏重の市場経済原理主義が世界の経済に変調を来たした今日、上海万博は公共の役割と市場の役割というテーマについてあらためて考えるいい機会になるだろう。中国の共産主義革命は一九四九年のことである。改革開放が一九七九年だから、社会主義経済は三〇年ほどにすぎない。中国の人たちはもともと市場経済が得意である。そして上海には国際都市としての長い歴史がある。東京の経済にとってのライバルは、北京でなく上海であると考えたほうがいいのではないか。

# 大連

## 百年以上にわたって日本と濃密な関係をもつまち

大連は人口約六百万人、新潟から直線距離で約一七〇〇km、東京から飛行機だと三時間足らずで行くことができる。中国の大都市のなかでは東京に最も近い都市だ。日露戦争以来百年以上にわたって、大連と日本の関係は濃密だが、特に中国が改革開放政策を推進した一九八〇年代以降、大連市は外資導入と対外取引の重点的な相手先として日本を選んだ。市民の日本語教育に力を入れ、日本企業を誘致した。

東京都議会が二〇〇二年に超党派の議員連盟で、日中国交回復三〇周年を記念してチャーター便を仕立てて、区市議会の議員と共に訪中したときの訪問都市は北京と大連だった。そのとき私は副知事だったが、一〇人近い都の幹部と一緒に休暇を取って私費で参加させてもらった。

当時の大連市長は李永金さんという人だったが、一行に対して、「現在、大連には日本企業が約二百社進出してきているが、これを飛躍的に増やしたい。この一年で日本の四七都道府県のうち、三〇以上の都道府県を誘致して回った」と話した。そのとき私は内心、産業衰退を嘆く日本の地方都市の首長が果たしてこれだけの努力をしているだろうかと思った。

## 二千を超える日本企業が進出

現在、大連には二千を超える日本企業が進出し、五千人を超える日本人が働いている。まちには高層ビルが林立し、車が溢れている。二〇一〇年に私は都市政策研究の仲間たちと大連を訪れ、大連市人民委員会書記の夏徳仁氏（前大連市長）と話したが、夏氏は、「さらに日本との交流を深めたい」と話していた。

大連が対外交易の重点に日本を選んだ背景には、地理的・歴史的な条件がある。日露戦争以来、百有余年にわたって、大連は日本と中国東北部とのゲートウェイだった。

そして、これが何よりも大切なことだが、この地では、中国人の反日感情が相対的に、深刻でない。大連総領事館の遠山茂所長（当時）の話では、「大連は治安がいいですね」と中国の人に言うと「日本の統治時代からそうです」という答えが返ってくることもあるそうだ。清岡卓行の『アカシアの大連』を読むと、敗戦直後の在大連日本市民が比較的のんびりと過ごしていた様子を感じ取ることができる。

このことを象徴的に示しているのが、最近、公開された旧満鉄本社である。旧満鉄本社は、ヤマトホテルがある中山広場から魯迅通りをしばらく歩いて右側にある。総裁室には初代後藤新平以来、一七人の総裁の写真と名前が掲げてあるなど、扱いが淡々としていて、反日感情が表現されていないる。係員の説明は、満鉄が行なっていた都市基盤開発など、都市開発事業の内容に重点が置かれている。

満鉄の人々は中国の人たちの恨みを買うようなことをしなかったのだろう。私たちはここで仕事をしていた先達に感謝しなければならない。また、日本のGDPを追い越しつつある中国の自信も背景にあるのだろう。旧満鉄本社は、過去の歴史を示すと同時に、その後の日中関係の推移をも感じさせる場所となっている。

私は大連市から求められて、大連理工大学で「都市間交流の意義」というテーマで都市の交流と発展について講義した。講義も映写資料も質疑応答もすべて日本語である。質問はいずれも的確で、学生の日本語はわかりやすかった。ハーバードやコロンビアでは英語圏以外の国からの留学生の英語による質問を私が理解できたことはない（私の英語力も劣るが、アメリカ人の教授でも質問を理解できないことが多いという）ので、ずいぶん違うと思った。

学生でそれだから、先生はもっとすごい。私がお付き合いした趙勝川先生や孟慶栄先生は、日本人が中国語も話す、といった感じである。言葉だけでなく日本をよく理解している。私たち日本人はこういう都市とこういう人々をもっと大切にしたほうがいい。

この大学は五年制で、三万数千人の学生が全寮制で学んでいる。日本語コースの学生は、最初の一年は理工系の学問に必要な日本の専門用語を学ぶという。大連では小学校から日本語を教えているところもある。学問の世界もビジネスに徹しているのだ。

大連には一九九四年というかなり早い時期に森ビルが建設された。当時、森ビルがアジア諸都市の市場調査をしたら、大連ではホテルに居を構える日本企業が多く、「とにかく早くつくってほしい」と言われ、延べ床面積四万六〇〇〇m²のビルをつくった。近代的なオフィスビルは当時、少なかった。二〇〇五年に中国各地で反日運動が発生したとき、警察に警備のことで相談したら、「大連では大丈夫。警備の強化は必要ない」と言われ、実際に問題はなかったという。

## さらにグローバル化が進む大連

キヤノンは中国に全面展開していて、二〇〇二年に訪問したときもその話を当時の市長から聞いた。菅原晃さんという大連キヤノンの責任者の話を聞いたが、そういう日本語環境や日本を理解している環境がビジネス拠点としてとても有効だと言う。

大連に進出している日本企業は大企業に限らない。中小企業も多い。もちろん部品や原材料、加工など、大企業の下請けや関連企業も多いが、ベンチャービジネスも多い。埼玉県川口市に住む井上太郎さんが紹介してくれた大連泰和という会社は、日本で出版されている日本語の本の編集・割付を行なっているが、社内にある数百台の業務用パソコンはすべて日本語ソフトである。一台のみ、中国国内の連絡や手続き用に中国語環境を整えている。数百人の中国人、しかもほとんどが日本に行ったこともない中国人従業員が、日本語を流暢に扱い、日本語の書物の編集・割付の仕事をしている。

大連経済技術開発区

最近公開された旧満鉄本社ビルの内部

日本でも知られている大連経済技術開発区は、都心から約三〇kmほど行ったところにある。東京でいえば立川のような位置にあるが、面積は約四〇〇$km^2$、人口は約五五万人である。東芝、サンヨー、富士電機などをはじめメーカーを中心に約四千社が立地しているが、そのうち約一千社が日本企業で、日系企業に働く従業員数は一〇万人に達する。

ここからさらに約一〇〇kmほど北西に行くと、大連長興島臨港工業区がある。大小四つの島とその間の海面を埋め立て・造成・整地していて、保税特区だけで八・九$km^2$、全体ではその数十倍の面積をもつ。私たちはバスで一時間ほど走ったが、その間、どこまで行ってもブルドーザーが整地中の風景が果てしなく続く。韓国系の造船所はすでに稼働している。全体の企画設計はシンガポール系の企業が担当しているという説明だった。ここはもう脱日本、日本離れ、そしてグローバル化が進行中という印象だった。

大連のまちは元々はロシアの租借地だった。パリの都市計画を模していくつかの広場が配置され、そこから八方に放射状の広い道路が伸びる。後藤新平が初代満鉄総裁のとき、計画の基本を踏襲し、さらに大規模なまちをつくった。現代の大連は、その中心市街地を残しつつ、どこまでも拡大しつつある。大連のまちには、百年前の日本、そして戦後高度成長後の日本がそのままに残されている。しかし、このまちは、着実にその歴史を超えて独自の道を歩みつつある。私たちはその事実を冷静に認めつつ、新たな関係を構築することを考える時期が来ているのだと思う。

# 成都とその周辺

## 『三国志』の史跡をもつ近代的な大都市

『三国志』で知られる中国の三国時代は、紀元一八〇年から二八〇年までのわずか百年にすぎない。それなのに中国の永い歴史の中で日本人に最もよく知られている時代となったのは、正史ともいうべき『三国志』という歴史書が残っていることに加えて、『三国志演義』という通俗歴史小説によって、激動の時代の人生ドラマが虚実を織りまぜて描かれているからである。

『三国志』の三国は、魏（ぎ）・呉（ご）・蜀（しょく）であるが、成都（チョンドゥー）は、そのうち蜀（しょく）の首都であり、劉備玄徳（一六一～二二三）と諸葛孔明（一八一～二三四）が治めていた。『三国志』では劉備玄徳は武勇に優れ、人を平等に扱う人格者のトップリーダーとして描かれている。諸葛孔明は、その劉備玄徳が三度も足を運んで（三顧の礼の語源）補佐役にスカウトした、文武両道に長けた人とされている。

### 四川大地震に対し中国各地の大都市が一対一支援を実施

成都の人口は一千万人を超え、都心には高層ビルが林立し地下鉄も建設して、中心市街地には立体的に環状道路が走る近代的な大都市である。三六〇〇mの滑走路をもつ国際空港もある。交通の要衝であり、チベット旅行への入り口でもある。標高が約一五〇〇mあり、年間気温は一六度前後と過ごしやすい。

成都の都市地図を見ると、放射道路と環状道路が見事に組み合わされて既に完成している。成都については『三国志』や世界遺産の灌漑施設・都江堰（とこうえん）、パンダの棲息地などのイメージが強いので、日本でいえば奈良のような古都を訪問したつもりでこのまちに足を踏み入れた人は、実際は成都が近代的な大都会であることに戸惑うことだろう。

この成都を省都とする四川省をマグニチュード八・〇、死者・行方不明者約八万六〇〇〇人、被災者四六〇〇万人に達するという大地震が襲ったのは、二〇〇八年五月のことである。多くの学校校舎が倒壊し児童生徒の犠牲が多かったことや、崖崩れにより河川の流路が塞がれ、土砂による天然ダム（せき止め湖）が百も出来て、決壊による土石流・土砂流の危機にさらされたことは日本でも報じられた。

ヒマラヤ山脈付近では、インド・オーストラリアのプレートとユーラシアプレートがぶつかり合っているから、大地震が発生しやすい。今回の大地震のエネルギーは、阪神大震災の二〇倍くらいとされている。一五〇〇km離れた北京でも震度2の揺れが観測された。

北京オリンピックをこの年夏に控えていたこともあり、中国の国家意識が高揚していた時期だった。中国全土の国民から多額の義援金が集まった。日本をはじめ各国からの援助隊も現地に受け入れた。

さらにこのとき、中国政府がとった復興政策の特徴は、被災した一九の市・県（中国の自治制度は日本と異なり欧米に近い四層制。基本形は国―省・地級市―県・県級市―鎮・郷）に対し、中国各地の大都市からの一対一支援システムをつくったことである。たとえば北京市は什邡市を、上海市は都江堰市を、江蘇省は綿竹市を支援する、といった具合に、中国政府がパートナーの組み合わせを決めた。

この仕組みは「口移し」、という意味で対口支援と呼ばれている。支援する側は自分のところの財政規模の一％以上の支援を三年間にわたって継続することが定められ、支援策の内容は当事者間で話し合って決める。成都市は四千人以上の死者を出すなど大きな被害を被ったが、自らが大都市だから、このパートナーシップには加わらなかった。被災自治体と支援自治体の規模比が一対九九以上、という基準があったという。

什邡市（上記の県級市）は人口約四三万人（都市人口はその半分以下）ほどのまちだが、六千人近くの犠牲者を出した。北京市はここに、公営住宅のほか大病院（移転拡充）をつくり、幼稚園・小中高校、職業訓練校、工業団地そして道路をつくった。道路は、六八kmにわたって拡幅を実施し、一一本の橋をつくった。堤防強化工事を実施した。これらのプロジェクトを実施するため、一時は数百人の北京市スタッフが現地に滞在していた。

自治体職員のほうが現場の行政すなわち住宅や道路のつくり方を知っているから、国家公務員を動員するより、このやり方のほうが効率的かもしれない。しかし、広々とした道路（北京大道と名付けた）を走っている車が少ないのを見ると、アピール効果の高いものばかりつくる弊害はないのかとよけいな心配もしたくなる。この北京大道には「北京に感謝」という旗がたくさん掲げられていた。

## 劉備玄徳と諸葛孔明が成都観光のポイント

成都は大都市だが、観光スポットの代表は、諸葛孔明を祭った武侯祠である。武侯は、諸葛孔明の諡（おくりな）である。劉備玄徳が蜀の王であり諸葛孔明はその補佐役であるが、補佐役を祭る武侯祠が成都観光のメインとなっている。王である劉備玄徳もここに祭られているし墓もあるのだが、諸葛孔明が主で劉備玄徳が従という扱いになっている。この辺が、いかにも形式にとらわれない現実主義の中国流だ。武侯祠では本音のほうが優先している。

『三国志演義』は、黄巾の乱によって世が乱れる中、劉備が関羽、張飛と桃園の誓いを結び、義勇兵を起こす場面から始まる。以後、この三人の結束は終生変わることがなかった。そこから「桃園の義」は、互いに裏切ることのない誓いのことをいうようになった。その桃園すなわち桃畑は、張飛の家の裏にあった。武侯祠の中には、桃園の義を描いた場所もある。

名将劉備玄徳の名をいっそう高めたのが杜甫（七一二〜七七〇）である。杜甫は劉備玄徳や諸葛孔明について多くの詩をつくった。成都には一時、杜甫が住んでいた草庵の場所を記念して、杜甫草堂という広大な公園が出来ている。そこにはたくさんの建物群や庭園、書や盆栽などが展示されて

上海市が四川省につくった復興住宅

四川省地震被害を忘れないため保存された倒壊建物

おり、さながら中国文化の殿堂となっている。武侯祠に次いで杜甫草堂が成都観光のポイントである。

こういう永い歴史をもつ成都という大都市が復興拠点の機能を果たしたこと、西部大開発構想により空港や高速道路がある程度整備されていたことに加え、北京、上海など大都市に四川省支援を競わせたことなどが、二年という短期間で復興を進めたスピードにつながったと北京精華大学の顧林生教授は解説する。

二〇〇三年のSARS問題や二〇〇八年の北京オリンピックを契機に、危機管理の重要性が認識されていたことも背景にある。

北京減災協会の鄭大瑋・農業大学教授によると、近年の中国の危機管理概念は、災害やテロ、感染症対策から、交通安全や渇水対策まで対象が広がっているという。四川省の復興対策に中国政府が全国の自治体を動員した背景には、災害復興を都市や生活という観点から総合的に考えようという流れがある。

一対一支援システムには、自治体同士の連携から始まって、たとえば都江堰の小学校図書館の建物を森ビル株式会社（都江堰市のパートナーである上海市にビルを建設した）が寄付するなど支援の輪が広がる効果もあった。

二〇〇五年ニューオーリンズ水害の復興スピードに比べ、二〇〇八年四川省地震の復興が進んでいる印象が強いのは、全国の自治体を復興支援に動員したからだと言えよう。

# 香港

## 中国であって中国でないまち

香港は一九九七年にイギリスから中国に返還された。中国はこれを地方行政区とし、高度な自治権を付与して、本土と異なる行政・法律・経済制度の維持（一国二制度）と、「中国香港」の名称で経済社会分野における国際組織や会議への参加も認めた。

しかし、完全な自治権を認めたわけではなく、首長である行政長官は職域組織や業界団体の代表約一二〇〇人による間接選挙で選出され、その任命は中国政府が行なう。現在、行政長官ならびに立法会議員の直接普通選挙の時期が議論されている。軍事はすべて中国政府が行なっていて、人民解放軍駐香港部隊の司令部が、以前イギリス軍司令部のあったセントラルのプリンス・オブ・ウェールズ・ビルにある。香港行政長官には部隊への指揮権がない。

### 産業の多様化に成功するか

日本人が香港を訪問するときは、ここは中国ではないと思っていたほうがいい。なぜなら、入国管理上は中国と香港はまったく別扱いだからである。仮に中国側の都市から香港に行くときは、中国を出国して香港に入境することになり、それぞれの出入審査を受ける。通貨も中国とは異なり、香港ドルしか通用しない。中国では政府を公然と批判する言論にはあまりお目にかからないが、香港の新聞にはそういう報道が掲載されるし、街角で中国政府を批判するポスターを見る。

人口は七百万人を超え、うち約半数は九龍半島と香港島北部に密集して住んでいる。周辺の島を含め、面積は一一〇〇km²余と東京二三区の二倍くらいである。中国本土の場合と違って、一定の財産を所有して七年住むと香港の市民権が与えられる。

一〇〇万ドルの夜景は、海を挟んで九龍半島と香港島北部に高層ビルが密集していることによって成り立っている。高層ビルの代表格が、九龍半島側の国際商業センタービル（地上一一八階建て・高さ四八四m）と香港島側の国際金融センタービル（地上八八階建て・高さ四一五m）である。

海から香港に入ると、この二つのビルがゲートのようになって迎える形になっている。そのほか三〇〇m以上のビルが、セントラル・プラザ、中国銀行タワー、ザ・センター、ニーナ・タワー、港島東センターなど何本もある。リッツ・カールトンなど世界の一流ホテルがこれら超高層ビルに入っている。

ロンドンやパリがようやくビル高さ三〇〇m時代に入ろうとしているように見えるが、香港はとっくに三〇〇m時代を実現している。

一流ホテルといっても、たとえばリッツに泊まってもサービスは完璧とは言えない。バスローブなどがなくて指摘しても悪びれないし、フロントもけっこう待たされる。新聞も遅い。従業員の態度は高水準だが、日本のような隙のないサービスは期待できない。国民性の違いだろう。

ホテル内のインターネットはしばしば途切れる。携帯電話の類も同様だ。これは、ホテルの設備の問題もさることながら、香港の情報インフラの整備が近年の建築ブームや情報機器の変化に追いついていないことを示している。

香港が繁栄している理由の一つが法人税が安いこと、香港で生じた利益を国外に持ち出しできること、不動産取引を含め英語でビジネスができること、相続税がないので富裕層が投資したがることなどが挙げられる。

しかしそれ以上に、高度経済成長過程にある中国であって中国でない、この微妙な距離感が大きい。中国経済に陰りの兆しが見える今日、これからの香港はどこに行くのか。

公式には、文化、教育、医療など多様化をはかっていくとしている。歴史的には漁村から手工業、さらには金融・商業・観光などサービス産業へとうまく転換して繁栄してきた香港だが、サービス産業を基本としつつ多様化をはかっていくことに成功するかどうか、今後しばらくは目が離せない都市である。

外形上、近年の香港の都市の特徴は、高層ビルに加えて超高層ビルが増えたこと、近代的な巨大ショッピングセンターが増えたことである。もともとプラダ、ティファニー、ランバンなど欧米系のブランドショップは香港で軒を連ねていたが、今では巨大ショッピングセンターごとに軒を連ねている。香港独自の周大福、上海灘といったブランドもあるが、欧米ブランドものブームが永続するのだろうか。

## 広東省全体が香港化していくのか

香港の都市開発を担っているのは、民間資本だが、MTR（マス・トランジット・レールウェイ）という香港政府が七六％の株を所有する鉄道会社が、開発をみずから行なったりコーディネートしたりしている。

MTRの基本理念は鉄道と不動産である。香港域内だけでなく中国本土との鉄道増設計画も積極的に推進しているし、同時にそれらのプロジェクトを通じて都市開発を行なっている。いわば、イギリスの東インド会社や日本の満鉄が行なった方法の香港版である。

香港に巨大ショッピングセンターが一挙に増えたのもMTRの果たした役割が大きい。MTRは、従来の一一路線に加えてさらに五路線を建設中もしくは計画している。香港域内の利便性向上のほか、珠江デルタの連携強化も意図している。同時に商業・金融・サービスなど基幹産業の充実をはかる都市開発プロジェクトを進行させている。

インフラ整備と都市開発を同時進行できるのは、香港が中国政府の承認や決定を待たずに機動的に政策決定できるからでもある。

香港の財政長官と面会したとき、同行の早坂義弘都議が「休日に近代的な超高層ビルの通路や空

二本の超高層ビルがゲートの役割

オフィスビルのオープンスペースで休日をすごすメイドさんたち

地など公共スペースに大勢の女性たちが座り込んで談笑飲食している。もっとまともな居場所をつくって上げたらどうか」と遠慮のない質問を発した。

長官は、「フィリピンやインドネシアからメイドが大勢来ている。休日を過ごす場所は用意したのだが、便利な場所に集中してしまった。香港の女性はメイドのおかげで高度な仕事をしている。メイドにとっても香港は働きやすい場所となっている」と答えた。これが公式見解だろうが、富裕層と貧困層との格差をはじめ、いろいろ問題をかかえていることも確かである。不動産の価格も、見方によってはバブルの側面もある。しかし、富裕層からの需要は根強いのでバブルとは言えないという意見もある。

香港、広東省、マカオの三角地帯を珠江デルタという。これら三つの地域の、それぞれの特色を生かしながら連携を深めて、さらに経済発展をしようと香港は計画している。その結果、香港は中国になるのか、それとも広東省が香港になるのか。香港の隣の深圳はもともと経済特区であり、中国全体の市場原理主義経済を見ると、広東省が香港になっていくと考えるべきなのかもしれない。

# 台北など台湾の諸都市

## 後藤新平がつくったものを活用したまち

『小説　後藤新平』を書いたころから、台北には何度も行った。台北駅から南へ一〇分ほど歩くと総統府がある。後藤新平が民政長官のころ、日本の台湾総督府として建てたものだ。一九四五年に米軍の空襲で焼けたが、国民党が台湾に渡ってきて補修し今日に至る。ソウルは日本の総督府を壊したが、台北は破壊しなかった。それぞれに歴史的経緯があり、比較することはできないが、結果的に台北では日本統治時代の総督府が現在でも総統府として使用されている。

「後藤新平の会」は、二〇〇七年、第一回の後藤新平賞を李登輝元総統に受けて頂いた。植民地時代の支配者だった後藤新平を記念する賞なので、先方がどう考えるかと心配したのだが、杞憂だった。李登輝元総統にはご家族で来日して記念講演をして頂いた。

総統府に向かって一〇〇m幅の道が真っ直ぐ伸びている。東京にはない、幅広の道だ。この道が交差する道は昔の台湾城の城壁を壊してつくった道で、もっと広い。中央分離帯が公園になっているほど、広い。後藤新平がつくった道である。

後藤新平は、新渡戸稲造を登用して台湾で大々的にサトウキビを栽培するのに成功し、それを台湾で精製し輸出して、台湾に相当の利益をもたらした。そのとき、台湾に本格的な道路ネットワークを形成した。

## 台湾に形成された道路と鉄道のネットワーク

幅広の道路は、砂糖を運ぶためだけではない。上下水道を敷設するためでもあった。当時、日本から赴任した役人の多くは、亜熱帯（南部は熱帯性）気候のため伝染病に倒れた。台湾の陽差しは並大抵のものではない。私は九月にグループで台中の一九九九年地震の震源地近くに行ったとき、かなり広大な視察先を皆より早く歩いてしまって、冷房の効いた建物から外に出て最後の集合場所である広場に立って待っていたが、このまま皆を待っていたら熱射病で倒れるに違いないと思った。

そこでとにかく近くの日陰を探し、物売りからジュースを買ったが、糖分ゼロという飲料はなかった。それどころか、オレンジジュースにも砂糖入りと書いてある。台湾には日本や中国よりも漢字がきちんと残っている。コンビニは便利商店と書いてあるのだから、わかりやすい。飲料の成分も一目でわかる。後藤新平と新渡戸稲造以来、台湾ではジュースに砂糖を加える習慣が今日でも続いているのだろうか。

物売りのテントの下で陽差しを避けても、この暑さには耐えられない。駐車場で待っているバスを探し、乗り込んで冷房を入れてもらってなんとか命をつないだが、危ないところだった。

医師でもあった後藤新平は、公衆衛生の大切さを知っていて、伝染病を防ぐために上下水道を整備した。今日、台湾で出版されている書物には、「当時の台湾の上下水道は、植民地の宗主国である日本のそれよりも立派であった」などと誇らしげに書いてある。台湾鉄道最南端のまち、高雄の旧市役所は現在、博物館となっているが、そこには「日治時期」の日本人市長の写真や事績が掲示されている。

今日、台湾を車で走ると、高速道路ネットワークが日本よりずっと立派に形成され、今でも増強され続けていることがわかる。

後藤新平は、台湾を南北に貫く鉄道を企画し、建設を開始した。資金は外債を発行してまかなったが、当時の日本の議会は「むだな公共事業だ」とばかり反対し、審議は難航した。予算は少しずつしか認められなかったが、結局は鉄道はできた。精製した砂糖を輸出する積み出し港として、台北のさらに北にある基隆の港湾を整備する予算をまかなう外債発行も、日本の議会はなかなか認めなかったが、これも結局はつくった。

今日では、日本の新幹線が台北から台中を経て高雄（新幹線の駅は左営）まで開通している。三四〇km、ノンストップだと九〇分で両市を結ぶ。乗客が少なくて利益は上がっていないようだ。高速道路が完備しているところに新幹線を敷いたのだから当面はそうだろう。今後、台湾の産業のハイテク化がさらに進んで、人と物の移動が盛んになれば採算がとれるに違いない。

地球上の熱帯、亜熱帯で、台湾ほど交通インフラの整備が充実した地域は、ほかにない。九州ほどの面積のこの島に道路と鉄道の緻密なネットワークが出来ているから、ハイテク産業が多く立地できるのである。台湾全体が交通ネットワークにより一体化されていて効率的に移動できる。本稿において台湾の諸都市を一括して扱う所以である。

日本では近年、子孫が経済活動を行ない生活を維持するためのインフラ整備を、一括して「むだな公共事業」扱いして、財源を今の世代だけで使い切ってしまおうとする言動が見受けられる。次の世代が活躍できる社会基盤として私たちの世代が何を残すのか、国民的議論が望まれる。

盛んにインフラ整備を進めるヨーロッパ、アメリカ、アジアなど海外の諸都市から帰国するたび、日本だけが次世代のための社会資本整備を怠っていていいのか、と痛切に思う。

## 台湾諸都市には日本の歴史が残っている

先年、明治大学危機管理研究センターの一九九九年台湾中部大地震復興状況調査で震源地近く南投県埔里鎮を訪問した際、水頭里の住民コミュニティ自主防災組織の人々と懇談した。

水頭睦隣救援隊というのが正式名称で、避難勧告、引率、救助、医療の各チームに分かれている。避難所は地域に三つあるお寺だという。台湾はユーラシアプレートとフィリピン海プレートがぶつかって形成され、日本の富士山より高い山脈がある。地震が多い島だが、水頭地域は地震よりむしろ水害が頻発するので、その対策に重点をおいている。この住民防災組織の母体になっているのは、昔ながらの日本の町会組織である。

1999 年台湾中部地震の展示

現在の台湾総統府

同じく南投県埔里鎮には、一九九九年地震のときにつくられた高齢者の福祉コミュニティ、菩提長青村がある。日本の仮設住宅そのままにつくられたこの村は、被災後一〇年経ってもそのまま高齢の被災者たちが住み続けている。支えているのはボランティアたちだが、村では野菜や家畜を生産するほか、コーヒーやトマトジュース、陶芸品等を販売したり、見学者に食事を提供するなどして収益を得ている。高齢者は各戸に分散して住んでいるが、三食は共通の食堂でとることになっており、村長は「食事が出欠確認（安否確認）となる」と言う。台湾を歩いていると、台湾諸都市には日本よりも昔の日本社会の良い面が残っていると感じることがある。

しかし一方で、二〇〇九年八月の台風被害対応の不手際によって、台湾の馬英九政権の閣僚は次々と辞職した。一〇年前の地震の際の李登輝政権の対応と比較して、国民の批判にさらされたためである。「庶民の生活感覚と遊離した博士内閣」という批判もある。もって他山の石としたい。

# ソウル
## 日本を強く意識する都市

韓国に住む人に「北朝鮮、米国、中国、日本のうち、韓国の人が最も強く意識する国はどれか」と率直に訊ねたことがある。相手はしばらく考えてから「韓国の人にとって最もデリケートなのは日本だろうね。かつて日本の朝鮮統治があったことに、韓国の人は今でも傷ついている」と答えた。私たちにとってのソウルは、サムスン、ヒュンダイ、韓流ドラマ、焼き肉、サムゲタン、キムチ、買い物、そして東京から二時間というイメージだが、韓国の人たちは別の面で日本を強く意識して生きている。日本の占領下にあったという歴史にこだわりながら生きている。

### 日本統治時代の朝鮮総督府を壊し王宮を復元

東京の象徴が皇居であるのと同様に、ソウルの、そして、韓国の象徴は景福宮である。二〇年ほど前のソウルでは、ここに韓国の国立中央博物館があった。それ以前は韓国の中央政府が庁舎として使用していた。荘厳で巨大な白い石造りの建物だった。中央の青いドームとその上に立つ尖塔が目立った。

元々は日本統治時代に朝鮮総督府として建てた。ソウル中心部にある官庁街の大通り（世宗路）から突き当たり正面に、北岳山を背にしてそびえていた。一九二六年完成、ドイツ人建築家デ・ランデの設計による。当時、ソウル駅のほか東京駅、台湾総督府などがいずれもレンガ造りであったのに、朝鮮総督府はさらに近代的なイメージのビルだった。

この立派な建物を韓国の人たちは壊した。日本の植民地支配の象徴であるほか、王宮の正門である光化門を移築し景福宮を後に従えるようにして建てられているからだ。壊したのは一九九五年、金泳三大統領のとき、日本の敗戦からちょうど五〇年の年である。壊すには多額の経費を要する。この建物の破壊は韓国の経済力の表現でもあった。

景福宮は、訪れるたびに各種の建築物が復元されていて、朝鮮王朝の栄華や歴史、文化をよく理解できる施設となっている。日に何回か華麗な衛兵交代式が行なわれ、誰でもこれを間近に見ることができる。見事に復元され大切に運営されている現在の王宮建築物群を見ると、やはり、あの朝鮮総督府の建物は壊されるべきだったのかとも思う。

韓国の日本に関する国民教育の基本的な考え方は、ソウルから南へ二〇〇kmあまり、天安の独立記念館に行ってみるとよくわかる。韓国の高速道路ネットワークは日本よりずっと高度に整備されているから、ソウルからそれほど時間はかからない。

広大な丘にいくつもの巨大な建築群があるこの独立記念館のうちの一つ、日帝侵略館では、日本の憲兵が韓国の女性を拷問する様を人形で示し、彼女たちの泣き声がテープで流されている。

私が初めてここに行ったのは、一九九三年のことである。ハングルによる高速バスの行き先表示と地図に表示されているハングルとを照合してようやく辿り着いた独立記念館で、大勢の韓国人小中高校生に囲まれ、刺すような視線を感じながら参観した。それ以来、日本の政治家や社会のリーダーと共に訪韓するときは、なるべくここに案内することにしている。いい悪いは別にして、韓国の人の対日本感情を理解するためには、独立記念館の参観は必須だと思う。

ソウルにあった旧朝鮮総督府の建物は、いま、この独立記念館に移された。正確に言うと解体されて地面に埋められた。今までの多くの施設群とは別に、それらの配置の外側に、朝鮮総督府撤去部材展示公園としてつくられた。小高い丘の中腹に、建物の残骸によって大きな円形の窪みをつくり、その底部に、かつて青いドームの上に立っていた尖塔が地面の底から直接立っている。ここに立つたびいろいろなことを思う。

韓国の人の心情がよくわかるもうひとつの象徴的な建物が、安重根(アンジュグン)義士記念館である。伊藤博文を暗殺したこの人は、韓国では義士として扱われている。ソウル駅前の小高い丘の上にある。

開館されたのは一九七〇年だが、二〇一〇年十月、暗殺(彼らは義挙と呼ぶ)一〇一周年を機会に近代的な博物館として新築オープンした。かつてはワンフロアの展示館だったが、今は立体的な建築物で、展示もよくできている。

## 清渓川高架高速道路撤去の真の狙い

安重根義士記念館が建っている山から急な坂道を下ると、繁華街である南大門、そこから東へ行くと、さらに繁華街である明洞だが、大通りを北に真っ直ぐ行くと右にソウル市役所、そして清渓川を経て正面に光化門が見えてくる。

清渓川の高架高速道路撤去と清流復活プロジェクトは、のちに大統領を務めた李明博氏がソウル市長だった二〇〇五年に完成させた。ここは今日、多くの市民や観光客の憩いの場として賑わっている。ふつう、上流の起点であるソウル市役所の横から歩き始めるが、できれば八kmほど下流にある清渓川文化館に行ってみたい。ここの展示を見ると、清渓川の歴史とこのプロジェクトの意義がよくわかる。

清渓川は約六百年ほど前からあった。ふだんは枯れた川だったが、大雨になると氾濫し汚染もひどく、昔から問題の川だった。日本統治時代には、農村から都市への人口流入が激しく不法建築も多く、犯罪の温床ともなっていた。朝鮮戦争終了後に占拠者の立ち退き、河川への蓋かけ、高架道路の工事が始まり、一九七六年に高架道路が完成した。しかし、高架道路の下は荒れたまま放置され、高架道路の景観もよくなかった。

ボストンのセントラル・アーテリー高架高速道路を地下に埋めて、地上の高架撤去跡地を主として公園にしてダウンタウンとウォーターフロントを一体化した、ボストンのビッグ・ディッグ（大きな穴掘り）プロジェクトについては第Ⅰ部でも触れたが、清渓川プロジェクトはこのボストンの

改築した安重根義士記念館

天安の独立記念館に移された朝鮮総督府の尖塔と残骸

ビッグ・ディッグに触発されて始められた。

総事業費は約四五〇億円と言われている。川には今、漢江から引いた水と地下鉄から出る水が流れている。

韓国の人に言わせると「清渓川に行けば手に入らないものはない」というほど、この周辺には魔窟のようなところもあった。「李明博市長（当時）の真の狙いは魔窟の整理だった」と言う人もいる。実際、高架道路の撤去のあと、周辺では再開発が進んでいる。単に高架道路の撤去だけでなく、周辺を含むまち全体が再生するためのプロジェクトである点は、ボストンのビッグ・ディッグのプロジェクトによく似ている。東京で高架高速道路の地下化説に支持が拡がらない理由は、多くの地下化論者にこの視点が欠如しているからではないか。

清渓川の起点に隣接するソウル市役所前の広場は、かつてここに集中する何本もの道路のジャンクションとしての機能を果たすロータリーだった。しかし、人が往来するにはきわめて不便なネックだったので、現在の芝生広場に改造された。このプロジェクトは、清渓川に先立つ二〇〇四年に完成した。ここに立つ旧ソウル市役所の建物は旧日本統治時代のものなので、かつて、壊す話もあった。しかし、どうやら保存の方向で進んでいるらしい。

このようにソウルは、激動する現代史のなかで、保存と革新、破壊と復元を繰り返しながら活発に生きている。訪れるたびにまちがつくり変えられている。東京も、日々変わっていて、それが魅力だが、ソウルは東京よりも変化が激しい。その変化を見るのが楽しみでソウルに行く。

# 大田広域市など韓国中央部のまち

## 首都移転論議の混乱を超えて発展中

韓国では首都移転をめぐって政治的混乱と政策の変更が繰り返され、現在は行政機能の一部移転に限定された形で進んでいる。もともとは朴正熙(パクチョンヒ)大統領時代に行政首都移転計画として、韓国中部の忠清圏（忠清道・忠清南道）方面への移転が想定された。

理由は、第一にソウルが北朝鮮に近くて、いざというときに危険だということである。第二にソウルの過密。ソウル特別市の人口は全国の約二〇%、ソウル大都市圏に拡大してみるとその人口は全国の約四六%を占めている。しかもソウル中心部のビルやマンションの超高層化は進んでおらず、交通渋滞がひどい。首都機能移転の実際の動きとしては、その後一九九七年に、大田(テジョン)広域市へ関税庁、統計庁、中小企業庁、特許庁、調達庁、山林庁、兵務庁など一一の省庁が移転した。

### 土地開発が先行した首都機能一部移転

二〇〇二年には盧武鉉(ノムヒョン)大統領が「行政首都移転」を公約に掲げて当選し、新行政首都建設法が制定され、忠清圏の公州市等に新行政首都を建設することが決定された。しかし、憲法を改正せずに法律によって首都を移転するのは憲法違反であるという判決が出て、首都移転ではなく一部移転に変更された。二〇〇五年の行政中心複合都市建設法は、首都移転ではなく一定の行政機関の移転を定めている。次の李明博大統領はソウル市長時代から首都移転に反対の立場をとっていた。公州市は二〇一二年に世宗特別自治市に改称されることが法律で決まった。

大田広域市は、首都機能一部移転先である忠清南道（道は日本の都道府県にあたる）の道庁所在地である。大田広域市は広域市であり、日本の政令指定都市同様、都道府県並みの事務を行なう自治体である。しかし、韓国の自治制度では、広域市は道には属していない。その点が日本の政令指定都市とは違う。すなわち大田広域市には忠清道の道庁が置かれているが、大田広域市は忠清道には属していない、国と直結する広域自治体である。

韓国の軍事政権が終了し地方自治が再開されたのは、一九八八年のことである。一九八〇年代、韓国内務省の関係者が次々と日本の地方自治制度を調べにきた時期があって、私は都庁の課長として彼らに応対した経験をもつが、おそらく、彼らは日本の自治制度のうち、政令指定都市の制度は一部改良して取り入れたのだろう。現在の日本では大阪、名古屋など政令指定都市の制度的問題が顕在化しており、この点において日本の自治制度をそのままに取り入れなかった当時の韓国の関係者の賢さがうかがわれる。

大田広域市には各種政府機関が移転したほか、一九九三年には科学万博が開催され、市内北部の儒城（ユソン）区という温泉で知られるまちの東隣に、大徳（テドク）研究団地というハイテク団地があり、百を超える研究機関がある。大徳研究開発特区を国の特別法によって開設し、テクノポリスを新増設中である。大規模なコンベンションセンターもある。なお近くの清州（チョンジュ）市には、三四七万$m^2$に及ぶ大規模な地域にテクノポリス造成事業が進んでいる。このように土地開発は先行して進んでいるが、問題は中身である。

大田広域市の人口は約一五〇万人。日本でいえばさいたま市とつくば市を合わせた自治体といったイメージであろうか。私は二〇一一年五月に、明治大学大学院に学ぶ議員・自治体職員・会社員らと一緒に大田広域市役所を訪問して、いろいろ話を聞いた。最近、住民投票の制度を定めたというので、「議会との関係で問題はないのか」と聞いたら、「地域の利己主義、政党の利己主義を克服するために、住民の発案権、直接投票権が必要と考えている」という率直な回答があった。

なお、二〇一〇年の地方自治法改正によって、教育委員は住民から直接選挙で選ばれることになっている。選挙で選ばれるから教育委員は同時に議員の資格をもち議会に議席をもっている。大田直轄市議会（当時）が三〇年ぶりに選挙を実施したのは一九九一年のことである。議員定数は二六人、地域から選挙されるのが一九人、比例が三人、教育委員である議員が四人となっている。

急速に発展した大田市は雇用促進と福祉に力を入れている。市役所には、正面玄関横の目立つところに市役所職員のための職場内保育所をつくったり、「パンをつくるために人を雇うのではなく人を雇うためにパンをつくる」と言って市役所に障害者がつくるパンの売り場をつくる（同様のケースは日本でもよく見られるが）など、雇用政策のアピールに力を入れている。

## 日本よりずっと教育熱心

韓国の人々の教育熱心は日本の比ではないとよく言われる。実際、大学進学率は国民の三割以上、しかも大卒で就職した人はその後、職業人として働きながら大学院に通う。ソウルの師範大学の大学院には、学位をとるために高校の先生が通う。ソウルの行政大学院には現職の軍幹部が通う。大学・大学院の留学は、今はアメリカが主流だが、娘がアメリカの大学に入ると決まると母親が一緒に渡米して、父親は韓国で単身生活となるとの話もある。

教育熱心の韓国で公立小学校教育はどのように行なわれているか。大田広域市立ボドゥネ小学校を訪問してみた。学力優秀校で知られ、英語教育に力を入れている。ここには一年から六年まで四五クラス、一四一二人の生徒が学んでいる。内訳をみると六年生二六七人に対し一年生二〇三人と、低学年ほど生徒数が少ない。校長先生は「少子化でどこでも同じです」という。教員は男一一人に対し女六〇人。これまた校長先生はどこでも同じです、と言う。授業時数は一、二年が年間一六八〇時間であるのに対して三、四年一〇二〇時間、五、六年一一二〇時間と、学年が進むにつれて減っていく。もちろん進学のため塾等に通うからだろう。土曜授業は月二回。パソコンはエクセル、パワーポイントまで教える。

韓国が伝統的に教育熱心だったことを示すのは、ハンバ教育博物館である。ここは一九三八年、

大田広域市の街並み（大田市役所から）

教育博物館では日本統治時代の碑を倒して展示している

日本統治時代に建てられた学校の建物を利用している。紀元前から二千年以上にわたって朝鮮で行なわれてきた教育が展示されている。日本統治時代に日本語が国語で、朝鮮語は朝鮮語として教育されていた記録も展示されている。

一九六一年に軍事クーデターを起こし政権を奪取、一九六五年に日韓国交回復をして韓国の工業発展の基礎を築いた朴正熙（パクチョンヒ）大統領は、地方自治をお休みにして徹底した中央集権政治を行なったが、教育の価値をよく知っていた。「日本の統治時代、日本の軍部が義務教育を受けさせない親は罰すると命令したので、貧困家庭の自分も労働から解放されて学校に行くことができた。成績がよかったので東京の陸軍士官学校に進み、そこでも成績がよかったので日本人生徒の前で答辞を読んだ」と語っている。

韓国では日本の植民地支配に対するこだわりが大きいことを、私たちは認識しなければならないが、一方で、朴政権時代以来、日本の経済を追いかけてきたことも事実である。また、社会秩序をきちんと守る傾向が強いことなど、日本人の文化や習慣と共通のものをもっている面もある。目を離すことのできない国そして都市群であると思う。

余談だが、日本と交流が盛んだった百済が唐に攻められ七世紀に滅亡したとき、三千人の官女が白馬江に身を投げたという落花岩が忠南道扶余にある。落花岩は、とても狭いところだ。「ここに三千人も人が並ぶことはできないでしょ」と韓国の人に聞いたら「三千人とか二万人とかいうのは、大勢という意味です。中国流ですよ」と軽くいなされた。なるほど。

# ホーチミン・シティ（旧サイゴン市）

## 戦争でアメリカに完勝した人たちのまち

ベトナムと聞いて世界の人々が共通に思い浮かべるのはベトナム戦争だろう。ベトナムはアメリカに完勝した国として世界史に永遠に刻まれることになった。

アメリカが軍事介入していた時代の南ベトナムの首都がサイゴンである。終戦後は、ベトナムの指導者の名をとってホーチミン市となった。

ホーチミン市を訪れるたび、この国が戦争に勝った理由を考える。私の少年時代に、日本はアメリカの（正確には連合軍の）占領下だったので、マッカーサー総司令官、MP（憲兵）、アメリカ人などは絶対権力だった。そのアメリカに勝ったのだから、ベトナム人を素直に尊敬することができる。

### ベトナム人がアメリカに勝つことができたのはなぜか

ベトナムがアメリカに勝った理由として最初に思ったのは、彼らの体がとても細いことだ。肩幅も、骨盤も、男女ともに極端に細い。ホーチミン市から車で一時間あまり行くと、有名なクチのトンネルがある。中に入るとトンネルの直径は太くなったり細くなったりして、体格のいいアメリカ兵は立ち往生したに違いない。こんなトンネルが延長二〇〇km以上も掘られたというのだ。そして、ベトナムの湿度はとても高い。重装備のアメリカ軍兵士がこの湿度のなかで参ってしまった様は容易に想像がつく。

その後、気がついたのは、彼らが勤勉だということだ。日本人と似たところがある。ベトナムは未だに共産主義国で、平等主義が徹底している。この悪い面が出ると働かないのかもしれないが、国際的に厳しい環境におかれていた時代が長いためか、一般に統制がとれていて、よく働く。

決定的だと思ったのは、メコンがもたらす自然の恵みの豊かさだ。ホーチミン市から車で二時間ほど行くとミトーという賑やかなまちがあり、生鮮食品の大きなマーケットがある。ここから小船に乗ってメコン観光に行くと、はるかかなたに対岸があるなと思っていたのは、実は島で、対岸はそこからさらに向こうなのだ。このあたりの川幅はおよそ三kmもある。島はジャングルが茂っていて、上陸するとそこで採れた各種の南国の果物を食べることができる。

船から見るメコンの水は茶色く濁っていて、いかにも上流の富を運んで来たという感じである。ふと気がつくと、一本の長い竿を深い川に刺して、それにつかまって漁をしている人がいる。おそらく小さな船がその人を運んできて、いずれまた迎えに来るのだろうが、いくつかの籠のような道具と一本の竿だけで、もぐったり水面に顔を出したりを繰り返しながら漁をする光景は、メコンの富の象徴だ。

メコン川は中国、ミャンマー、タイ、ラオス、カンボジアなど数か国を経てベトナム南部に至り、九つの流れに分かれて洪水を発生させ、肥沃な土をもたらす。だからベトナムではメコンを九龍と呼ぶ。なにしろ四五〇〇km、流域面積にして八〇万$km^2$を流れてきた水だ。おかげで米がよくとれる。しかも亜熱帯の気候だ。

あるベトナム人は私に、「アメリカ軍がいくら爆撃しようと、その飛行機の姿が消えたらすぐに田植えをしたものです。ここでは二期作でも三期作でも可能です」と胸を張った。

メコンがベトナムの海に出ると、長大な大陸棚がある。肥沃な土は大量のプランクトンを育て、おいしい魚とベトナム料理の元となる。

長期にわたる戦争に勝ったベトナムは、今、そのマイナスを取り返そうとして急速に発展している。毎年約百万人の人口が増え、経済は高い成長率を維持している。共産主義国家ではあるがドイモイ（刷新）政策によって市場経済を取り入れている。

私は先年、明治大学大学院ガバナンス研究科で共に学ぶ皆さんと一緒に、ホーチミン市近郊にあるベトナム・ジャパン・ガス株式会社という工業用ガス製造会社の工場を訪問して、この会社の剣持社長らの話を聞いたが、ベトナムの経済にはまだまだ成長ポテンシャルがあるように感じた。

また、在ホーチミン市日本総領事館で水城総領事の話を聞いて、日本のODAによるインフラ整備が進めば、さらに経済成長速度が早まるのではないかと思った。自然条件に恵まれたホーチミン市だが、今後の成長のためには、電車やバスなど公共交通システムの整備が不可欠だと思われる。

雲霞のごときバイク群を中心とする移動手段ではあまりに非効率だ。

## ミュージカル「ミス・サイゴン」に見るベトナムの悲劇

ここまでを私は、ベトナムが勝ったという前提で書き進めてきた。しかし、ベトナムは、アメリカには勝ったが、戦争で払った犠牲はとても大きい。それは、数百万人が殺されたということにとどまらない。

私はそのことを、ニューヨークで見たミュージカル「ミス・サイゴン」で知った。アメリカ兵がベトナムに溢れていたころ、サイゴンのナイトクラブでミス・サイゴンに選ばれた女性キムとアメリカの将校が恋をした。やがてアメリカは撤兵を決め、混乱のなか、将校はキムを置いたままアメリカに帰る。キムはそのとき将校の子をみごもっていて、男の子を産む。数年後にそのことを知った将校は、キムとその子に会うため、帰ってくる。ただし、すでに結婚していて、その妻も伴っていた。そのことを知ったキムは、将校には会わず、息子を将校に託し、将校から預かっていたピストルで自殺する。アメリカ人との混血である息子は、ベトナムで生きていくよりアメリカで生きたほうが幸せになると考えたのだ。そのために自らは死を選んだのだ。

かつて私の少年時代には、同様に、アメリカ兵と日本人女性との間にできた子がたくさんいたから、キムの気持ちがよくわかる。その子たちの大勢が、アメリカで生きたほうが幸せになると考え、アメリカに渡って行ったからである。

日系の工業用ガス供給プラント

メコン

アメリカの社会のありようについて、日本よりいいと思うことはあまりないが、少なくとも、日本よりも、異民族に属する住民を特別視する雰囲気がないことは確かだろう。

ミュージカル「ミス・サイゴン」では、ベトナム戦争終結後、元アメリカ兵たちが「私たちがベトナムに残してきたあの子たちもアメリカ人だ。アメリカに引き取ろう」という運動をする場面がある。そのときの訴えの言葉「プリーズ・ヘルプ・アス・トゥ・ヘルプ・ゼム」は印象的だった。

アメリカに渡ったのはアメリカ兵との間に出来た子どもたちだけではない。南ベトナム政府側についていた人たちなど約三百万人がその後、ベトナムを出た。ボートピープルと言われる人たちもそうだ。彼らのうち半数以上がアメリカに渡った。

私はフォード財団のニューオーリンズ復興プロジェクトを手伝っていて、三宅島や墨田区との交流でニューオーリンズ復興のリーダーたちを日本に呼んだとき、公開シンポジウムを開いた。そのとき来日したメンバーの一人にベトナム人がいたが、ニューオーリンズはベトナムと気候が似ているので移り住み、農業や漁業で成功したのだ。いかにもベトナム人らしい根性を持っていて、ハリケーン・カトリーナ災害のあと、当時のブッシュ大統領が彼らの住むゼロメートル地帯を遊水池にしようとしたが、「洪水があるからこそ土地が肥沃なのだ」と言って従わなかった。

ちなみに、ニューオーリンズ市選挙区から選出されたアメリカの下院議員ガオ氏は、八歳のときにベトナムから渡米した。当時、南ベトナム政府の大尉だった父、そしてガオ氏渡米の手配をした母と再会を果たしたのは、それから一六年を経てからだった。

# ハノイ
## 湿度と知恵・勤勉で中・仏・米に勝った国

同じベトナムの都市といっても、ホーチミン（旧サイゴン）とハノイでは、気候、風土、様相がかなり違う。ホーチミンは常夏だが、内陸部のハノイは、冬、けっこう寒い。夏は蒸し暑い。それも、尋常でない暑さで湿気もひどい。湿度の高い日本に住む私たちが耐えられない湿気が人を襲う。ベトナムが中国にもフランスにもアメリカにも勝ったのは、もちろん賢く勤勉な国民性によるが、攻めて来た軍隊がこの湿気に耐えられなかったためといっていいほどだ。

人々の性格も、ホーチミンの人たちが大らかであるのに対して、ハノイの人たちは勤勉できちんとしていると言われる。

### 豊かな水と緑

高温多湿であるだけに、ハノイの魅力は水とみどりが豊富であることだ。中心部にあるハノイ市役所（ハノイ市人民委員会）の前にはホアンキエム湖という大きな池がある。ホン川の浸食でできた湖と言われており、南のホーチミン（旧サイゴン）一帯がメコン川の氾濫により豊かな水と緑を形成しているのに対し、ハノイはホン川の氾濫により形成されたとも言えよう。ハノイ市内には大きな湖がたくさんある。ホアンキエム湖に浮かぶ島には玉山祠という建物があるが、この湖で一九六八年に捕獲された長さ二mという巨大な亀の剝製がある。それほど大きな湖だということでもある。

ベトナムは社会主義国だが、ドイモイ（刷新）政策を打ち出したのが一九八六年、そしてはっきりと市場経済を宣言したのが一九九六年のことである。東南アジアの他の国に比べると本格的な経済成長はまだこれから、したがって潜在的な成長力がある、というのがハノイの魅力でもある。

ハノイ市役所の周辺にはいわゆる旧市街が広がるが、道路は狭く、建物は低層で古いものが多く、行き交うオートバイでどこも混雑している。信号を見ることは滅多になく、私たちが街を歩いていても、おびただしいバイクが走っている中を縫って渡るほかはない。この場合、走ると危ない。ゆっくりゆっくり渡ると、相手がよけてくれる。自転車は少ない。彼らはかなりの長距離をバイクで移動している。バスはたくさん走っているように見えるが、二〇一〇年の統計では年間約四億人しか運んでいない。

地下鉄は日本のODAも含め、三線が建設中、計画では二〇三〇年までに計八線をつくる予定だ。環状線を何本か組み込んだ優れた路線計画だ。東京メトロがこれを支援している。しかし、その前に自動車ブームがやってくると、市内の道路交通は麻痺するかもしれない。自動車保有台数は二〇一〇年に三五万台にすぎない。

ごちゃごちゃした細い道路を、今後、整理して広く整備することができるかどうか。小さな商店や食堂が並んで賑わっている細い道路が延々と続く旧市街を歩くと、これを整理できるのかなあと思う。現在、いわゆる高層ビル街は市内西南部にあり、首都機能もこちらに移転させようとしているが、それをもう少し拡大して高層化をはからないと、ハノイの魅力の源泉である水と緑を守ることができないのではないか。

ハノイ市は二〇〇八年、周辺の都市を合併し、面積はそれまでの約一〇〇〇$km^2$から約三三〇〇$km^2$に、人口は約三百万人から約七百万人に増えた。これらのうち中心部一帯に約三百万人が住んでいる。北、西、南、東そして東南の五か所に衛星都市をつくる計画をもっている。

中心から衛星都市への距離は約三〇kmから四〇km、間にグリーンベルトを配置し、そこにはマンションの建設は禁止する。行政機関、大学、病院等は衛星都市に配置する。

グリーンベルトの外側、東南方向にある野村ハイフォン工業団地は一〇年以上前に開設され、私は訪問したことがあるが、現在では完売され、その後、やはりグリーンベルト外側、ハイフォンより手前にタンロンⅠ、タンロンⅡが開設された。

二〇一三年に、私はタンロンⅡにあるベトナム・ジャパン・ガスという工業用ガスのメーカーの工場を訪問した。矢菅社長の話では、売り上げはこの三年間で三倍に増えているという。工業ガスが売れるということは、それだけベトナムの工業発展が進んでいるということでもある。

## これからの発展に期待

ベトナム人の教育熱心、特にハノイ市民のそれはよく知られている。識字率は高い。小学校では父親か母親のどちらかが送迎する。最近は、小中学校の卒業式を廃止した。もともと塾はないし、宿題は出さない習慣なので、子どもにとって苦痛にしかすぎないセレモニーはやめて、勉強時間を少しでも増やそうということだという。市役所の幹部に、「親は反対しなかったのか」と聞くと、勉強時間が増えることには親も賛成だという。

児童中心主義を唱えているが、実際にはまだまだ一方通行の授業が多く、置いてきぼりになる子どもも多いという。なお学習塾はないというが、ピアノやバイオリン、ギターなどの教室は流行っているらしい。フランスの影響か、ベトナムの人は一般に音楽のセンスがいい。

むしろ、今問題となっているのは、大学で学んだことが役に立たない、専門学校のほうが役に立つことだという。したがって政府としては専門学校を育てることに努力しているという。大卒者の二五%が就職できていないという説もある。大学、高校では、国策で私立を増やしている。

「アメリカの大学院は伝統的に実学を大切にしている」と指摘したが、市役所の幹部からは答がなかった。私が勤務する明治大学専門職大学院ガバナンス研究科にはベトナム人留学生もいるが、いずれも真面目で優秀で礼儀正しく、まちがいがない。

ちなみに、ベトナムの幹部は一般に、中国・フランス・アメリカとの戦争に触れる話題を避ける傾向がある。これは、軍事強国ではなく平和を愛する国であると言いたいのだと解する人もいる。

賑やかな商店街とオートバイ

空から見たハノイの街並み

なかでも、中国との関係は非常にデリケートで、箸と米、漢字が残っている、儒教思想が残る、夫婦とも働くのが普通、外食が多いなど、中国文化との共通性を感じることは多いが、一方、反感も強いと感じることがある。

通貨はドンだが、外国人に対しては、土産物店など米ドルをほしがる傾向がある。円でもいいという場合もある。円のおつりが用意されている店もある。ホテルやタクシーも米ドルをほしがる。いずれも、ドンで支払うよりレートは有利である。

そういう、いい加減というか現実的なところがある一方、ホーチミン廟に行くと、大勢の人が詰めかけて、整然と並んで入場を待っている光景を見ることができる。昔、ニュースで見たことのある北ベトナム軍またはベトコンの帽子をかぶって、質素なシャツとズボンを身につけた、大勢の元兵士らしい高齢者の一団を見ることもある。

総じて、ベトナムの魅力は豊かな水と緑、ユニークな歴史と文化、そして、これからの発展が期待できるという点である。ベトナム、ラオス、カンボジア、タイ、ミャンマーというインドシナ経済圏は、経済発展のポテンシャルが大きいだけに、一国だけとっても大したことはないかもしれないが、インドシナ経済圏としてまとめて考えると、これからの日本の商機が大いにあると考えられる。

本書は、『都政研究』二〇〇八年四月号〜二〇一四年九月号に掲載された連載「世界の街角から東京を考える」に、加除修正のうえ、配列を再構成したものである。写真は、別途明示したものを除き全て著者が撮影した。

## 著者紹介

青山 佾（あおやま・やすし）

1943年東京生。明治大学公共政策大学院教授。都市論、日本史人物論、自治体政策。1967年都庁入庁。都市計画局課長、高齢福祉部長、計画部長、政策報道室理事などを歴任。99～03年、石原慎太郎知事の下で東京都副知事。2004年より現職。博士（政治学）。
著書に『石原都政副知事ノート』（平凡社新書、2004年）、『自治体の政策創造』（2007年）『都市のガバナンス』（2012年、共に三省堂）、『痛恨の江戸東京史』（祥伝社黄金文庫、2008年）、『10万人のホームレスに住まいを！』（藤原書店、2013年）ほか多数、郷仙太郎名義で『小説 後藤新平——行革と都市政策の先駆者』（学陽書房人物文庫、1999年）。

世界の街角から東京を考える

2014年10月30日　初版第1刷発行©

著　者　青山　佾
発行者　藤原良雄
発行所　株式会社 藤原書店

〒162-0041　東京都新宿区早稲田鶴巻町523
電　話　03（5272）0301
ＦＡＸ　03（5272）0450
振　替　00160 - 4 - 17013
info@fujiwara-shoten.co.jp

印刷・製本　中央精版印刷

落丁本・乱丁本はお取替えいたします
定価はカバーに表示してあります

Printed in Japan
ISBN978-4-89434-995-7